Faire de l'Enseignement supérieur le moteur du développement en Afrique Sub-saharienne

Faire de l'Enseignement supérieur le moteur du développement en Afrique Sub-saharienne

AFTHD (Banque mondiale)
DECRG (Banque mondiale)

26 mai 2008

Les recherches, interprétations et conclusions présentées dans cette étude sont entièrement celles des auteurs et ne doivent, en aucune manière, être attribuées, à la Banque mondiale, à ses organisations affiliées, ou aux membres du Conseil d'administration ou encore aux pays qu'ils représentent.

THE WORLD BANK
Washington, D.C.

© 2009 The International Bank for Reconstruction and Development / The World Bank
1818 H Street NW
Washington DC 20433
Téléphone: 202-473-1000
Site web: www.worldbank.org
Courriel: feedback@worldbank.org

Tous droits réservés

1 2 3 4 11 10 09

Ce volume représente le fruit des efforts du personnel de "The International Bank for Reconstruction and Development / The World Bank". Les résultats, interprétations ainsi que les conclusions exprimées dans ce volume ne reflètent pas nécessairement les points de vue des directeurs exécutifs de/ou des gouvernements qu'ils représentent.

"The World Bank" ne garantie pas l'exactitude des données incluses dans ce travail. Les frontières, couleurs, dénominations et autre information n'apparaissant sur aucune carte de ce travail n'impliquent aucun jugement de la part de "The World Bank" au sujet du statut juridique d'aucun territoire ou de l'approbation ou de l'acceptation de telles frontières.

Droits et Permissions

Le matériel de cette publication est protégé par la loi sur le droit d'auteur. Copier et/ou transmettre une partie ou la totalité de cette publication, sans la permission de l'auteur, peut représenter une violation de cette loi. "The International Bank for Reconstruction and Development / The World Bank" encourage la diffusion de son travail et accordera normalement la permission de reproduire des parties du travail.

Pour obtenir une permission de photocopier ou réimprimer n'importe quelle partie de ce travail, veuillez en faire la demande détaillée à Copyright Clearance Center Inc., 222 Rosewood Drive, Danvers, MA 01923, USA; téléphone: 978-750-8400; télécopie: 978-750-4470; Internet: www.copyright.com.

Toutes autres questions sur les droits et permis, incluant les droits subsidiaires devraient être adressés à "Office of the Publisher, The World Bank, 1818 H Street NW, Washington, DC 20433, USA; télécopie: 202-522-2422; courriel: pubrights@worldbank.org."

ISBN-13: 978-0-8213-7926-4
eISBN: 978-0-8213-7739-0
DOI: 10.1596/978-0-8213-7926-4

Library of Congress - données de catalogage avant publication

Rattrapage accéléré: l'enseignement supérieur pour la croissance en SSA / AFTHD (World Bank), DECRG (World Bank).
   p. cm.
   Inclut des références bibliographiques et l'index.
   ISBN 978-0-8213-7738-3—ISBN 978-0-8213-7739-0 (e-livre)
   1. Éducation, supérieur—aspect économique—Afrique, sub-saharienne. 2. Développement économique—Afrique, sub-saharienne—Effet de l'éducation sur. I. World Bank. AFTHD. II. World Bank. DECRG.
LC67.68.A357A23 2008
338.4'337868—dc22

                                                                                               2008035536

Photo couverture: © Wei Yan/Fichier maître
Concept de couverture: Candace Roberts, Quantum Think, Philadelphia, PA, États-Unis

Table des matières

Avant-propos ix
Remerciements xi
Membres externes du Comité consultatif xiii
Études Préliminaires xv
Sigles xvii
Résumé analytique xix

Chapitre 1   Introduction et Contexte   1
         Contexte   5
         Notes   26

Chapitre 2   L'impératif de l'Education   37
         Demande de compétences de haut niveau
           en Afrique subsaharienne   42
         Rôle de l'enseignement supérieur dans un
           contexte de croissance économique   50
         Notes   62

Chapitre 3   Améliorer la performance de l'enseignement
                supérieur en Afrique subsaharienne   67
         Introduction des systèmes d'innovation
           nationaux   67

	Quel est l'état actuel des lieux?	69
	Conclusion des observations : Enseignement supérieur au service de la compétitivité et de la croissance	101
	Notes	108

Annexe A	111
Annexe B	115
Annexe C	127
Annexe D	131
Références	133

Figures

1.1	Nouveaux engagements pour l'Education par sous-secteur, exercice 90-08 Moyenne mobile à double face par tranche de quatre années	2
1.2	Épargne et investissements, 1990-2005	13
1.3	Croissance démographique et taux de fertilité dans les pays choisis, 1990 et 2005	17
1.4	Sophistication et compétitivité des exportations (EXPTY) et niveau d'études supérieures	23
1.5	La compétitivité et la sophistication des exportations (EXPY) augmentent avec le niveau d'études secondaires	24
1.6	Evolution des exportations de produits agricoles et des produits transformés de grande valeur par rapport à celles des matières premières de faible valeur	25
2.1	Changements du profil éducatif en Corée et au Ghana, 1960-2000	38
2.2	Taux brut des inscriptions aux niveaux secondaire et supérieur dans les pays étudiés	38
2.3	Inscriptions brutes dans le secondaire en 2004	40
2.4	Inscriptions brutes dans l'enseignement supérieur en 2004	41
2.5	Taux de croissance de la population en Afrique anglophone et francophone, 1990-2005	42
2.6	Projection du taux de croissance des populations de 20 à 24 ans en Afrique anglophone et francophone, 2005-2050	43

2.7	Indice TBS (Taux brut de scolarisation) par niveau d'éducation, 1990-2005	44
2.8	Tendances du taux brut de scolarisation dans l'enseignement supérieur en Afrique subsaharienne : 2000-2005	47
2.9	Total des dépenses publiques dans la recherche agricole en Afrique subsaharienne en 2000	57
2.10	Source de technologie pour les entreprises en Afrique subsaharienne	60
3.1	Part du budget de l'enseignement supérieur dans le budget de l'éducation par région, 1975-2005	86

Tableaux

1.1	Financement de l'enseignement par la Banque mondiale en Afrique subsaharienne, exercice 1990-2008	4
1.2	Rentabilité privée du primaire et du supérieur	7
1.3	Croissance et indicateurs sectoriels	9
1.4	Transferts de fonds et aide internationale	11
1.5	Exportations de biens et services	12
1.6	Part des exportations de l'industrie de l'ingénierie, alimentaire et du vêtement dans les pays choisis, 2001-2006	12
1.7	Compétitivité des pays d'Afrique subsaharienne – classements divers	14
1.8	Indicateurs des tendances de diversification des exportations en Afrique	26
2.1	Notes moyennes obtenues en mathématiques et en science par les élèves de quatrième dans les pays choisis, 2003	39
2.2	Répartition des diplômés des universités africaines par filière, 2005	48
2.3	Part des étudiants inscrits en filières scientifique et technique par pays	49
2.4	Évolutions des dépenses publiques en Education dans les pays à revenu faible, 1990-2003	52
2.5	Recherche par million de personnes	54
2.6	Recherche par région géographique	55
2.7	Publications scientifiques et technologiques de l'Afrique, 2005–06	56
3.1	Pourcentage de répartition des étudiants par domaines d'études, 2004	74
3.2	Coût unitaire en dollars américains de l'enseignement secondaire, technique et universitaire des pays choisis, 2002	75

3.3	Programmes nationaux de la taxe pour la formation technique dans les pays d'Afrique subsaharienne choisis	76
3.4	Rapport étudiants/personnel dans les universités d'Afrique subsaharienne	87
3.5	Dépenses publiques en éducation comme pourcentage du PIB, 2004	89
3.6	Profils de différenciation des systèmes de l'enseignement supérieur sélectionnés en Afrique	92

Avant-propos

La relance de la croissance économique en Afrique subsaharienne (ASS) depuis le début du millénaire est un développement encourageant. Assurer sa viabilité à long terme constitue non seulement une nécessité mais aussi un défi prioritaire. C'est en effet une nécessité car c'est le seul moyen susceptible de réduire la pauvreté de façon progressive et d'aider à atteindre les OMD. C'est aussi un défi car de nombreux pays africains sont loin de réunir les préalables nécessaires à la stabilité de la croissance. Par ailleurs, ils font face à de fortes contraintes à la croissance, à cause de l'augmentation des prix de l'énergie et des denrées alimentaires, des changements climatiques et des barrières à l'accès aux marchés mondiaux pour leurs produits manufacturés. Ce défi peut et doit être relevé, car une faible performance économique qui pourrait ramener les conditions économiques des années 90 serait une grande tragédie humaine. Mais le maintien du dynamisme actuel tout en accélérant la croissance partout où cela sera possible exige des mesures susceptibles d'améliorer de façon substantielle la compétitivité économique et la mise en place de nouvelles activités commercialisables.

Afin d'atteindre ces objectifs, les pays d'Afrique subsaharienne doivent à la fois mobiliser davantage de capitaux et acquérir davantage de connaissance. Ces deux exigences sont complémentaires. L'ASS doit investir lourdement dans les infrastructures physiques et dans les capacités de production. Cependant, l'optimisation de la productivité et la réalisation de la compétitivité dépendront du succès de l'augmentation du capital humain et d'amélioration de sa qualité. La clé du succès économique dans un monde globalisé réside de plus en plus dans l'efficacité avec laquelle un pays est capable d'assimiler les connaissances disponibles et de construire un avantage comparatif dans des domaines choisis offrant de bonnes perspectives de croissance. Ce succès dépend, par ailleurs, de la capacité du pays à renforcer cet avantage comparatif en faisant reculer les frontières technologiques par l'innovation. Dans le monde actuel, le capital constitue un appui nécessaire au succès économique - voire de sa survie – mais l'aptitude à mobiliser la connaissance et à l'utiliser au mieux en est l'arbitre.

Les pays africains ont fait de grands progrès en alphabétisation et renforcé le taux de scolarisation au Primaire. Actuellement, ils cherchent de plus en plus à améliorer aussi les résultats de l'apprentissage. Ce progrès jette les bases d'un développement futur. Il est à présent nécessaire d'avancer rapidement vers l'acquisition de capacités et d'expertise de niveau plus élevé susceptibles de permettre aux pays africains d'ajouter de la valeur aux activités économiques existantes et de s'engager dans de nouvelles industries et dans de nouveaux services.

Cet ouvrage explique clairement le besoin d'une croissance davantage basée sur la connaissance. Ceci exige une attention de plus en plus accrue à l'enseignement secondaire et, plus important encore, à l'enseignement post secondaire. En dépit de l'augmentation du taux d'inscription dans les établissements d'enseignement supérieur, le nombre de diplômés est pitoyablement faible. Par ailleurs, malgré les efforts de réformes, la qualité reste bien inférieure à la moyenne. Toutefois, les choses sont sur le point de changer, et de meilleures perspectives économiques offrent à la fois des ressources et l'opportunité d'aller de l'avant. Les urgences, les voies vers un développement basé sur les compétences, ainsi que les politiques que les pays africains peuvent mobiliser afin de générer des compétences du niveau de l'enseignement supérieur sont tous pris en compte dans ce livre bien réfléchi et opportun.

J'espère que cette publication amènera tous les acteurs pertinents - aux niveaux national et régional en Afrique, ainsi que les pays africains et leurs partenaires au développement - à s'engager dans un dialogue résolu sur la nécessité et le défi de mener des réformes et de faire face au défi y relatif. Il en est de même des investissements dans l'éducation. Ainsi les pays pourront acquérir les compétences de haut niveau et l'expertise nécessaires pour réussir dans l'économie mondiale compétitive de nos jours. Comme dans toute transformation, les conditions des pays seront importantes dans la conception des programmes de réformes ; et le processus impliquera souvent des changements difficiles, des choix et des efforts soutenus pour obtenir des résultats. Soutenir les pays africains dans ce processus est une tâche importante pour la communauté des partenaires au développement. Ce processus nécessitera une collaboration entre les agences et la coordination avec les stratégies nationales informées par la bonne pratique mondiale, et pilotées par les autorités nationales. Ce n'est que par cet effort concerté que l'Afrique peut réaliser ses objectifs sociaux et économiques dans les années à venir.

Yaw Ansu
Directeur du Développement Humain, Région Afrique

Remerciements

Shahid Yusuf, William Saint et Kaoru Nabeshima ont rédigé le rapport principal, en se basant sur 16 études générales réalisées sur l'enseignement supérieur en Afrique subsaharienne. Ces études comprenaient des analyses de la diversification des exportations menées par Vandana Chandra et des rapports universités-industries préparés par plusieurs chercheurs africains. Yaw Ansu a reconnu la nécessité du présent rapport et l'a soutenu tout au long de son élaboration. Jee-Peng Tan a initié les travaux et supervisé l'équipe qui a préparé ce rapport. Peter Materu a dirigé le projet et a mené des concertations avec le Comité consultatif extérieur. Petra Righetti a apporté son soutien à la recherche, à l'organisation et à l'administration du projet. Marinella Yadao a aidé à la production du manuscrit.

La Banque mondiale et les spécialistes associés à ce rapport sont reconnaissants du généreux soutien financier apporté par le Fonds norvégien pour l'enseignement post-primaire à la Région Afrique, sans lequel la préparation et la publication de ce volume n'auraient pas été possibles.

Membres externes du Comité consultatif

Philip Altbach	Professeur de l'Enseignement supérieur, Université de Boston, EU.
Jean-Eric Aubert	Banque mondiale, Paris
Robert Bates	Professeur à l'Université de Harvard, EU.
Kerry Bolognese	Responsable des programmes, NASULGC
George Bugliarello	Secrétaire étranger de la "National Academy of Engineering", EU.
Arlindo Chilundo	Ex-Coordinateur de l'Enseignement supérieur, Mozambique
Carl Dahlman	Professeur, Université de Georgetown, EU.
Gerardo della Paolera	Professeur et Directeur de l'Université américaine de Paris
Philip Griffiths	Président, IAS
Gudmund Hernes	Professeur à l'École de gestion de Norvège
Jeroen Huisman	Directeur du Centre européen de gestion des Études supérieures, RU
Piyushi Kotecha	PDG de l'Association régionale des Universités d'Afrique australe (SARUA)
David Lindauer	Professeur à l'Université de Wellesley, EU.
Inacio Calvino Maposse	Ancien Coordinateur de l'Enseignement supérieur, Mozambique

Hon. Venancio Massingue	Ministre des Sciences et de la Technologie, Mozambique
Peter McPherson	Président, NASULGC
Bonaventure Mvé-Ondo	Vice-recteur à la régionalisation, Agence Universitaire de la francophonie
John Mugabe	Conseiller en Science et Technologie, NEPAD
Ahmadou Lamine Ndiaye	Vice-président de l'Académie nationale des sciences, Sénégal
Njuguna Ng'ethe	Professeur à l'Université de Nairobi
Beatrice Njenga	Chef du service de l'Éducation de la Commission de l'Union africaine
Dorothy Njeuma	Recteur de l'Université de Yaoundé I, Cameroun
Chacha Nyaigotti-Chacha	Secrétaire Exécutif "d'Inter-University Council of East Africa (IUCEA)"
Daniel O'Hare	Retraité, Conseils de développement des compétences, Irlande
Peter Okebukola	Ancien Secrétaire exécutif de la Commission nationale des universités, Nigéria
Jan Sadlak	Directeur du Centre européen de l'Enseignement supérieur UNESCO-CEPES
Akilagpa Sawyerr	Secrétaire général de l'Association des universités africaines
Juma Shabani	Directeur de l'UNESCO, Bamako
Law Song Seng	Ancien Président de l'Institut de l'Enseignement technique de Singapour
Sibry Tapsoba	Chef de Division, Division de l'Enseignement supérieur, des Sciences et de la Technologie, BAD
Ulrich Teichler	Professeur à l'Université de Kassel, Allemagne

Études Préliminaires

Basant, Rakesh et Pankaj Chandra. (2006). « Linking Technical Education to Business Growth: A Case Study on Building Technical Skills in India » traité. Ahmedabad: Indian Institute of Management.

Bloom, David, David Canning et Kevin Chan. (2006). *Higher Education and Economic Development*. Africa Human Development Series No. 102. Washington, DC: Banque mondiale.

Brossard, Mathieu et Borel Foko. (2007). «*Coûts et financement de l'enseignement supérieur en Afrique francophone.* « Human Development Series, Africa Region. Washington, DC: Banque mondiale.

Bunwaree, Sheila et Sanjeev K. Sobhee. (2007). « University-Industry Linkages: The Case of Mauritius » mis en page. Washington, DC: Banque mondiale.

Chandra, Vandana, Jessica Boccardo, et I. Osorio. (2007). « Export Diversification and Competitiveness in Developing Countries » traité. Washington, DC: Banque mondiale.

Darvas, Peter. (2007). « Tertiary Education in Sub-Saharan Africa: An Overview. », traité. Washington, DC: Africa Region Human Development Department, Banque mondiale.

Essegbey, George O. (2007). « University-Industry Linkages in Africa: The Ghana Case Study » mis en page. Washington, DC: Banque mondiale.

Kaijage, Erasmus S. (2007). « A Survey on the University-Industry Linkage in Tanzania and Its Impact on the Country's Economic Development. » traité. Washington, DC: Banque mondiale.

Kruss, Glenda et Jo Lorentzen. (2007). « University-Industry Linkages for Development: The Case of Western Cape Province, South Africa » mis en page. Washington, DC: Banque mondaile.

Materu, Peter (2007). *Higher Education Quality Assurance in Sub-Saharan Africa: Status, Challenges, Opportunities and Promising Practices*. Washington, D.C.: Africa Regional Human Department, Banque mondiale.

Ng'ethe, Njuguna et Charles Ngome. (2007). « University-Industry Linkages in Kenya: With Special Reference to the Jomo Kenyatta University of Agriculture and Technology (JKUAT) .» traité. Washington, DC: Banque mondiale.

Ng'ethe, Njuguna, George Subotzky, et George Afeti. (2007). « Differentiation and Articulation in Tertiary Education Systems: a Study of Selected African Countries. » Africa Human Development Series. Washington, DC: Banque mondiale.

Oyelaran-Oyeyinka, Banji et Boladale Abiola. (2007). « University-Industry Linkage in Nigeria ». mis en page. Washington, DC: Banque mondiale.

Tettey, Wisdom. (2006). « Staff Retention in African Universities: Elements of a Sustainable Strategy. » mis en page. Washington, DC: Banque mondiale.

Tusubira, F. F. et Ali Ndiwalana. (2007). « University-Industry Linkages for Development: The Case of Uganda » mis en page. Washington, DC: Banque mondiale.

Banque mondiale. (2006). *Nigeria: Science and Technology Education at the Post-Basic Level*. Report No. 37973. Washington, DC: Banque mondiale: Africa Region Human Development Department.

Sigles

ADE	Aide au développement à l'étranger
ADI	Aide au développement international
ANAFE	Réseau africain pour l'éducation en agriculture, forêts et ressources naturelles
AQ	Assurance de la qualité
ASS	Afrique subsaharienne
ASTI	Indicateurs relatifs aux sciences et technologies agricoles
CIRAD	Centre de coopération internationale en recherche agronomique pour le développement
CITE	Classification internationale type de l'éducation
CNUCED	Commission des Nations unies sur le Commerce et le Développement
CODESRIA	Conseil pour le développement de la recherche en sciences sociales en Afrique
EXPY	Niveau de complexité et compétitivité des exportations de Rodrik Hausmann
GCRAI	Groupe consultatif pour la recherche agricole internationale
GTZ	Agence allemande de coopération technique
ICA	Évaluation du climat des investissements
ICM	Indice de compétitivité mondiale
IDE	Investissement étranger direct
K4D	Connaissance pour l'indice de développement

LCS	Laboratoire central des sciences
OCDE	Organisation de coopération et de développement économique
OMS	Organisation mondiale de la Santé
ONUDI	Organisation des Nations Unies pour le développement industriel
PIB	Produit intérieur brut
R&D	Recherche et Développement
RAIST	Réseau africain des institutions scientifiques et techniques
SIDA	Syndrome immunodéficietaire acquis
STE	Science, Technologie et Ingénierie
TBS	Taux brut de scolarisation
TI	Technologie de l'information
TLO	Bureaux d'octroi de licences technologiques
UNESCO	Organisation des Nations Unies pour l'éducation, la science et la culture
VAM	Valeur ajoutée manufacturière
VIH	Virus immunodéficitaire humain

Résumé analytique

La croissance du produit intérieur brut (PIB) en Afrique subsaharienne (ASS) est passée d'un taux moyen annuel de 2 % au cours des années 90 à plus de 6 % entre 2002 et 2007. Ce redressement impressionnant de l'économie provient de la stabilité macroéconomique croissante et des réformes qui ont réduit les imperfections du marché et les barrières commerciales. Il provient également de l'accélération de la demande globale de produits liés aux ressources naturelles exportées par les pays d'Afrique subsaharienne. Cette demande croissante, alimentée par l'expansion des principales économies d'Asie, a amélioré les termes de l'échange de certains pays d'Afrique subsaharienne, et a augmenté, de façon considérable, le transfert des ressources de l'étranger, encourageant ainsi les investissements dans le secteur primaire, les infrastructures, le logement urbain et les services. Survenant après plus de deux décennies de stagnation, la récente accélération de la performance économique est un développement opportun.

Mais, pour que cette accélération de la croissance devienne une spirale vertueuse qui stimule des taux de croissance plus élevés et soutenus dans de nombreux pays africains, une augmentation importante des investissements en capital humain et physique est nécessaire sur une longue période. Le présent rapport soutient qu'il est urgent et nécessaire pour les pays d'Afrique subsaharienne d'acquérir les capacités susceptibles de créer de nouvelles industries, génératrices d'un plus grand nombre d'emplois productifs, de multiples liens et d'une plus grande diversification des exportations. Les capacités souhaitées découlent des investissements dans les biens matériels - notamment les infrastructures et les unités de production, ainsi que dans les institutions et dans le capital humain. Nous avons mis un accent particulier sur le capital humain dans ce rapport, car dans le cas de l'Afrique subsaharienne, le capital humain constitue le tremplin pour promouvoir la croissance d'un système industriel viable. L'investissement physique et les institutions sont des compléments importants. Cependant, comme l'expérience l'a montré, l'investissement physique ne peut être utilisé ou maintenu efficacement là où les compétences techniques et de gestion sont insuffisantes, et les institutions ne peuvent être conçues ou mises sur pied lorsque le capital humain est désespérément rare et de qualité douteuse. L'importance du capital humain est renforcée par la nécessité de gravir l'échelle technologique afin d'assurer la diversification, en vue de l'accès à des activités de grande valeur, basées sur le savoir et sur la recherche intensive, et offrant des perspectives de demande à long terme, prometteuses de meilleurs rendements, et moins sujettes aux pressions de la compétitivité. Cependant, ce n'est pas la seule raison pour laquelle le capital humain devient le point central de la stratégie de développement de l'Afrique subsaharienne. Le capital humain, s'il est exploité efficacement, permettrait aux économies africaines d'accroître l'allocation optimale des ressources et de maximiser les profits à partir des offres (initialement) limitées en capital physique. Par ailleurs, ce n'est que par l'application de la connaissance que les pays africains pourront faire face aux menaces potentiellement paralysantes, dues aux maladies prédominantes, à une jeunesse en expansion, à l'urbanisation des populations et aux changements climatiques à venir.

La réserve de capital humain de l'Afrique avec un niveau d'études secondaires et supérieures est relativement faible.[1] Sa qualité varie considérablement et l'accumulation des compétences dans certains pays est affectée par la mortalité due aux maladies infectieuses et par l'émigration de la plupart des personnes qualifiées. Ce n'est qu'en augmentant le taux d'investissement en capital humain que la région peut atteindre et maintenir le niveau de performance économique dont elle a besoin pour créer un volume adéquat d'emplois pour les populations croissantes, pour atteindre les Objectifs du Millénaire pour le Développement (OMD) et pour réduire l'écart économique entre l'Afrique subsaharienne et les autres régions en développement. Le présent rapport identifie et analyse les défis auxquels les pays d'Afrique subsaharienne sont confrontés dans leurs efforts pour atteindre ces objectifs. Ce rapport souligne le rôle que l'enseignement supérieur doit jouer pour relever ces défis; en s'appuyant sur l'expérience africaine et internationale, il spécifie les étapes stratégiques qui permettront aux institutions africaines de l'enseignement supérieur de soutenir des stratégies de croissance basées sur le savoir.

L'importance croissante de l'enseignement supérieur

Une foison de recherches récentes a établi, de façon convaincante, le lien entre l'accumulation du capital physique et l'ensemble des facteurs de productivité (augmentation de la productivité due au capital et à la main d'œuvre) et la croissance. Ces deux facteurs sont liés. Le capital contribue directement à la croissance par une application du changement technologique qui améliore la productivité. Le changement technologique étant de plus en plus basé sur la connaissance, le capital humain complète la création de la capacité de production. Le capital humain affecte la croissance par de multiples canaux: par l'augmentations de l'allocation optimale des ressources et l'efficacité avec laquelle les biens sont gérés, utilisés et maintenus ; par l'entreprenariat et par l'innovation qui accroit la productivité, débloque de nouvelles opportunités d'investissement et améliore la compétitivité des exportations. L'expansion des technologies de l'information et de la communication (TIC) renforce davantage le besoin en compétences, et notamment, en compétences de qualité supérieure.

Les rentabilités privée et publique de l'éducation se sont accrues de façon consistante. Les premières recherches avaient trouvé que les rendements de l'enseignement primaire étaient plus importants que ceux de l'enseignement secondaire ou de l'enseignement supérieur. Cependant, cette image est en train de changer et les rendements de l'enseignement supérieur ont augmenté de façon appréciable. La rentabilité privée de l'enseignement supérieur dans les pays à faible revenu est actuellement comparable à celle de l'enseignement primaire. Chaque année supplémentaire d'enseignement peut augmenter la rentabilité de 10 à 15 % sous la forme de meilleurs salaires. Par ailleurs, les micro-études identifient actuellement les liens qui existent entre les compétences et une meilleure productivité au niveau des entreprises, alors que les recherches utilisant des données macro montrent que la R&D développe la productivité, tout comme la qualité de l'éducation (mesurée par la performance dans les tests dans les collèges). En fait, une augmentation des niveaux d'études supérieures moyens d'un an renforcerait la croissance annuelle du PIB en Afrique subsaharienne de 0,39 % et augmenterait ainsi le niveau stable à long terme du PIB africain par habitant de 12 %. Cette situation peut provenir des pressions concurrentielles dues à l'intégration de l'économie mondiale, à l'accélération de l'évolution technologique et au degré de compétence de nouvelles méthodes de production et de services.

En augmentant le niveau d'éducation et en améliorant sa qualité, les pays d'Afrique subsaharienne pourraient stimuler l'innovation, promouvoir la diversification des produits et des services et maximiser les profits tirés des actifs immobilisés par une allocation et une gestion plus efficaces des ressources. Face à la concurrence des pays d'Asie du Sud et de l'Est, une voie de développement basée sur de grandes compétences pourrait fournir aux pays riches en ressources naturelles aussi bien qu'à ceux qui n'en ont pas, une possibilité d'élever la valeur ajoutée intérieure.

L'évolution de l'approche de la Banque mondiale

La Banque mondiale a longtemps promu l'éducation et elle continue de considérer les OMD de l'éducation primaire universelle comme un objectif nécessaire pour les pays en développement. Cependant, au regard de toutes les raisons mentionnées plus haut et compte tenu des tendances récentes en technologie, négliger l'enseignement supérieur pourrait sérieusement compromettre les perspectives de croissance des pays d'Afrique subsaharienne et ralentir les progrès nécessaires pour atteindre les OMD, dont la réalisation de la plupart exige une formation de haut niveau. En confirmant l'importance accrue de l'éducation primaire aussi bien que celle du secondaire- qui conditionne la productivité globale de la main d'œuvre et constitue la base d'un meilleur enseignement supérieur - la présente étude met un accent particulier seulement sur l'enseignement supérieur, complétant ainsi les rapports récents de la Banque mondiale qui analysent les principales composantes du système éducatif. Ce rapport se propose d'éclairer les débats et la formulation des politiques, pendant que les pays africains réfléchissent aux types d'innovations nécessaires à mettre en place en vue de développer des systèmes d'enseignement supérieur en rapport avec les défis économiques mondiaux auxquels ils sont et seront confrontés.

Une approche au développement basée sur la connaissance apparaît comme une option attrayante pour la plupart des pays africains. En fait, cette approche est probablement la seule qui pourrait permettre un développement orienté vers l'extérieur. Même si les exigences sociales et politiques poussent à l'augmentation du taux d'inscription dans les institutions publiques de l'enseignement supérieur, celles-ci doivent être équilibrées en fonction de la nécessité d'accroître la pertinence de l'éducation et de la recherche, tout en ciblant la production de ces compétences techniques et les domaines des recherches appliquées susceptibles de promouvoir des industries compétitives. Une augmentation trop rapide du taux d'inscription, comme ce fut le cas dans le passé, détériore la qualité et sape la contribution de l'enseignement supérieur à la croissance.

Ainsi, l'incapacité de gérer l'augmentation des inscriptions dans les institutions supérieures traditionnelles du secteur public de façon à préserver la qualité de l'éducation et à assurer un financement durable, constitue un obstacle majeur pour les nations cherchant à se joindre à l'économie du savoir. Sans doute, les universités privées, les instituts techniques, les collèges universitaires communautaires étrangers et les programmes de télé-enseignement offrent des cadres financièrement viables pour une augmentation des inscriptions, pendant que les institutions publiques se consolident en mettant l'accent sur l'amélioration de la qualité, le renforcement de la recherche et sur les programmes pos-universitaire. Á la longue, les systèmes traditionnels de prestation de l'enseignement supérieur basés sur des campus résidentiels et l'enseignement face à face pourraient être complétés par, ou transformés en différents modèles de prestation pour favoriser l'augmentation des inscriptions au niveau de l'enseignement postsecondaire.

Pourquoi l'éducation et la qualité de l'éducation sont-elles importantes?

Il y a au moins quatre raisons pour lesquelles il est important de mettre la priorité sur la qualité de l'enseignement plutôt que sur la quantité. *D'abord*, cette mesure accroît de façon substantielle l'effet des dépenses éducatives sur la performance économique –la qualité est étroitement liée à la croissance. *Ensuite*, il y a peu de doute que les travailleurs ayant une qualité cognitive élevée, des aptitudes techniques, une facilité de communication et une capacité de travail d'équipe, sont plus à même d'assimiler la technologie, de faire reculer les frontières de la connaissance, de travailler en équipe et de prendre des décisions efficaces. Il s'agit là des « compétences » dont les pays d'Afrique subsaharienne ont énormément besoin pour renforcer les capacités technologiques requises pour être compétitifs et pour servir de base à l'innovation dans la recherche appliquée en ingénierie et en biosciences. Ces dernières sont prometteuses, par exemple, de variétés de cultures mieux adaptées, plus productives, plus nutritives, de nouvelles technologies de transformation alimentaire, de nouveaux médicaments, de nouveaux biocarburants et de nouveaux matériaux. Ces produits et procédés permettront à l'Afrique subsaharienne de faire une transition vers une trajectoire de croissance plus élevée qui facilite le progrès vers les OMD en matière de réduction de la pauvreté, de sécurité alimentaire, d'éducation et de santé. *En troisième lieu*, les institutions d'enseignement supérieur qui sont équipées pour assurer un enseignement de qualité et pour entreprendre une recherche appliquée pertinente sont également plus susceptibles d'établir de nombreux liens avec l'industrie et de stimuler un développement basé sur la connaissance, à travers de multiples canaux établis, dont quelques uns seulement sont actuellement utilisés en Afrique. Les institutions d'enseignement supérieur en ASS, ainsi que les instituts de recherche, ont un rôle de plus en plus déterminant à jouer, notamment celui de permettre à l'industrie d'accéder à, et de tirer partie des avantages de la technologie locale et internationale et de se diversifier vers une plus grande variété de produits. *Enfin*, comme de nombreux pays en Afrique et dans d'autres régions le découvrent, assurer simplement l'enseignement supérieur n'est pas une panacée. Lorsque qu'il est de mauvaise qualité et qu'il n'y a pas adéquation entre les compétences et la demande, de nombreux diplômés ont des difficultés à trouver un emploi. Les institutions d'enseignement supérieur doivent mieux s'ajuster à la demande du marché pour le court terme, tout en assurant aux étudiants une formation solide dans les disciplines de base, ce qui leur permettra d'acquérir de nouvelles compétences pour le futur en cas d'évolution probable des demandes du marché. Ceci n'éliminera pas le chômage frictionnel des diplômés, mais dans des conditions de stabilité macroéconomique, la mise en œuvre des priorités pourra réduire le gaspillage des ressources publiques et du capital humain.

La fuite du capital humain

L'inadéquation entre les compétences et la demande, des salaires de base inférieurs aux attentes, les rares opportunités d'emploi et les conditions politiques instables constituent aussi les causes de l'émigration des diplômés de l'enseignement supérieur des pays africains, et de la réticence de ceux qui ont étudié à l'étranger à retourner dans leurs pays. La fuite des cerveaux continue de. vider les pools intérieurs du capital humain de leurs membres les plus qualifiés. L'émigration nette des pays d'Afrique subsaharienne était estimée à 0,57 million en 1995 ; elle est tombée à 0,29 million en 2000, puis a augmenté à 1,07 million en 2005. On estime qu'un tiers de ces populations était des diplômés de l'enseignement supérieur. Mais les transferts de fonds de ces émigrés renforcent la consommation des ménages et constitue une ressources indispensable pour les familles les plus démunies. Dans quelques cas cependant, ces transferts provoquent la montée des taux de change, rendant ainsi difficile l'accès aux marchés d'exportation des produits de bas de gamme et des services commercialisables des pays affectés. Tout en reconnaissant le coût de la fuite des cerveaux, nous mettons l'accent sur une vision à long terme. L'option de l'émigration est une motivation pour la poursuite d'études spécialisées. L'expansion de la diaspora des travailleurs africains éduqués constitue un réservoir de talents et d'entreprenariat que certains pays commencent à exploiter par le biais d'une collaboration basée sur l'Internet, par exemple. Les transferts constituent, par ailleurs, une source de 22 milliards de dollars américains de transfert des fonds vers l'ASS. En outre, lorsque les pays sont capables de maintenir leurs performances et que les opportunités d'emploi se multiplient, les talents ont tendance à retourner chez eux.

Solutions régionales

Certaines difficultés dans la recherche d'un équilibre du marché des compétences de niveau supérieur peuvent efficacement être traitées par des interventions régionales coordonnées qui modèlent l'offre des diplômés et la demande de compétences. Compte tenu de la petite taille de la plupart des pays et de leurs ressources limitées, des partenariats régionaux entre des groupes de pays seraient à la fois rentables et plus susceptibles d'aider à la création d'institutions dont la taille et les finances permettraient d'offrir une formation spécialisée et de faire de la recherche stratégique. Dans plusieurs cas, la meilleure façon de créer un centre d'excellence régional serait de mettre en place une institution nationale solide, capable de créer progressivement un pôle d'attraction au fur et à mesure que sa réputation s'accroit. Comme le libéralisme économique et la compétitivité s'étend à travers le monde, le commerce régional et les accords de développement entre les pays africains, tels que la Conférence pour la coordination du développement de l'Afrique australe (SADC), la Zone d'Echanges Préférentiels (ZEP) et la Communauté économique des Etats de l'Afrique de l'Ouest (CEDEAO), enregistrent un soutien politique croissant et renforcent leur capacité institutionnelle. Ils pourraient servir de base de coordination des approches régionales au renforcement des systèmes d'enseignement supérieur. Cependant, pour que les initiatives régionales produisent l'effet escompté, des procédures et des capacités institutionnelles qui permettent aux étudiants d'évoluer librement dans la région et qui assurent l'équivalence des diplômes, seront nécessaires.

Faiblesses des institutions d'enseignement supérieur et politiques antérieures

Les efforts déployés pour réformer les systèmes d'enseignement supérieur en vue d'améliorer la qualité et d'augmenter l'offre des diplômés, en S&I en particulier, sont en cours dans la plupart des pays africains depuis les années 90, et la preuve d'un progrès encourageant est palpable dans certains pays et dans de nombreuses institutions d'enseignement supérieur. Il n'en demeure pas moins, cependant, qu'aucun pays ne peut déclarer avec conviction avoir placé l'enseignement supérieur dans une bonne situation pour le long terme ; par ailleurs, aucune université de l'ASS ne figure parmi les 200 meilleures universités au monde. La nature des réformes requises a été souvent répétée et des cas particuliers de réformes institutionnelles réussis ont été documentés. Cependant les efforts de réformes systémiques ont été insuffisants sur trois points importants.

D'abord, très peu de pays ont reconnu à sa juste valeur l'importance des compétences dans le développement et ont considéré la réforme de l'enseignement supérieur comme partie intégrante de leurs stratégies de croissance économique. Le lien entre les stratégies de développement économique national, le type, la qualité et le nombre de diplômés de l'enseignement supérieur requis pour leur mise œuvre n'a pas encore été établi. C'est la raison pour laquelle il y a eu peu d'évolution dans la définition des objectifs de développement pour l'enseignement supérieur, l'identification des mesures de politiques nécessaires pour atteindre ces objectifs, la détermination d'un délai pour leur mise en œuvre et le suivi de leur progrès.

Ensuite, alors que l'absorption de la technologie et les capacités technologiques deviennent des clés de la compétitivité industrielle et des gains dans les facteurs de productivité, les universités phares de chaque pays n'ont toujours pas initié la recherche orientée vers la résolution des problèmes, qui interagirait avec les principaux sous-secteurs économiques et qui leur apporterait une contribution. Cette recherche doit être menée de façon à servir de base pour combler le retard accusé en technologie et à la fondation d'un système d'innovation national. Les économies de l'Asie de l'Est sont toutes engagées dans un développement basé sur la connaissance car elles se rendent compte maintenant que les avancées des capacités technologiques sont étroitement liées aux économies en croissance. L'ASS ne peut se permettre de rester inactive sur ce front, et le temps presse dans une économie mondiale compétitive.

Enfin, les structures organisationnelles complémentaires ne sont pas en place dans les pays d'Afrique subsaharienne pour renforcer les capacités technologiques. D'autres pays ont adoptés différentes formes de structure pour satisfaire à leurs besoins. A titre d'exemple, l'Inde a crée le Conseil scientifique et industriel, organe indépendant placé sous l'autorité du Premier Ministre et chargé de la promotion de la recherche dans les secteurs commercialement prometteurs, du renforcement des capacités en R&D, de la publication des résultats de la recherche (Institut de la Banque mondiale 2007). La Fundacion Chile s'est faite une réputation en Amérique latine par le succès de ses efforts dans la mise en place d'entreprises innovantes en association avec le secteur privé ; elle les a également aidées à accéder aux technologies et à les adapter. De façon plus générale, la Fundacion Chile a permis de créer une infrastructure pour l'acquisition et le transfert de technologie. D'autres exemples existent ; on compte parmi eux : l'Institut de Recherche et de

Développement de l'Agriculture de Malaisie qui travaille avec le Conseil malaisien pour l'huile palme et avec les universités, pour développer de nouveaux produits basés sur les trois principales cultures arbustives de Malaisie (Rasiah 2006). La Finlande a mis en place la TEKES- Agence finlandaise de financement de l'innovation et de la technologie, un organe de financement public, surtout pour la R&D mené par les institutions d'enseignement supérieur, les entreprises et les instituts de recherche. Par son financement de priorités stratégiques, elle dirige et coordonne les activités de R&D menées par diverses entités.

La vision du présent

L'enseignement supérieur en Afrique a connu une évolution remarquable au cours des deux dernières décennies. Les inscriptions ont augmenté de 8,7 % par an, contre 5,1 % dans le monde en général, et ont triplé depuis 1990 pour atteindre environ 4 millions d'étudiants. Le nombre des institutions d'enseignement supérieur dépasse actuellement 650 (dont 200 publiques et 450 privées). Le secteur privé s'est imposé comme un acteur important du système d'enseignement supérieur, enregistrant 18 % des inscriptions dans la région. L'accès des femmes à l'enseignement supérieur s'est amélioré de façon considérable, passant d'une étudiante sur dix en 1990 à presque une sur trois aujourd'hui. Des systèmes plus diversifiés ont été mis en place grâce à la création d'institutions spécialisées destinées à l'agriculture, à la formation des enseignants, à la science et à la technologie, et à l'éducation des femmes. Les capacités d'enseignement à distance ont été développées au sein des institutions existantes ainsi que par des universités ouvertes entièrement consacrées à l'enseignement à distance. Un tiers des pays africains ont actuellement mis sur pied des agences d'assurance de la qualité et dix pays ont également créé des agences de contrôle ou des « organes tampons » afin de gérer le développement du système d'enseignement supérieur. En conséquence, des systèmes d'enseignement supérieur mûrs existent désormais dans de nombreux pays africains.

Cependant, ces résultats ont été obtenus à un coût élevé. En moyenne, les pays d'Afrique subsaharienne consacrent actuellement 18,2 % du budget de l'État à l'Education ; ce taux avoisine la limite supérieure de ce qui est généralement considéré comme réalisable. Les pays de la région consacrent également 20 % de leur budget d'Education à l'Enseignement supérieur ; ce montant frise le niveau supérieur de ce qui est acceptable comme bonne pratique. Parallèlement, les enquêtes sur les ménages révèlent que les familles dépensent une part importante de leur revenu pour l'éducation, et la flambée actuelle des prix des denrées alimentaires et du carburant pourrait réduire ces possibilités à l'avenir.

Malgré ces efforts, l'augmentation du taux d'inscription a dépassé les capacités financières et abouti, dans de nombreux cas, à la détérioration de la qualité de l'enseignement. Les dépenses publiques par étudiant ont baissé, passant de 6 800 dollars américains en 1980 à 1200 dollars en 2002. Ces dépenses étaient récemment de 981 dollars en moyenne dans 33 pays à faible revenu en ASS. Le ratio personnel universitaire - étudiants a considérablement baissé et a entraîné des classes surchargées et des volumes de travail très lourds pour le personnel enseignant. Cette situation a entraîné une grave crise en personnel, compliquée par les départs à la retraite (avec un plus grand nombre en vue), la fuite des cerveaux, l'attrition due au VIH/SIDA, les mauvaises conditions de travail et le rendement insuffisant des programmes postuniversitaires. Cette dynamique a amené certaines institutions à recruter des titulaires de la licence pour enseigner les étudiants du premier cycle et a paralysé les rendements de la recherche sur le continent. Cependant, malgré l'évolution des taux d'inscription, 5 % seulement du groupe d'âge approprié bénéficient d'un enseignement supérieur.

Il n'y aura donc aucun répit dans un avenir proche. En effet, une marée grandissante de diplômés du primaire, témoignage du succès d'une décennie de l'Éducation pour Tous, se bouscule pour entrer au secondaire et frappera bientôt aux portes des institutions d'enseignement supérieur. Si cette tendance n'est pas suivie de près, les inscriptions au supérieur tripleront de nouveau en 2020. Les inscriptions seront alimentées par le nombre sans précédent de jeunes, à mesure que la « poussée » démographique s'infiltre dans le système éducatif au cours de la décennie à venir. L'interaction de ces facteurs créera une très forte pression sociale pour l'accès à l'enseignement supérieur que la plupart des élus politiques dans les démocraties africaines relativement nouvelles ne peuvent se permettre d'ignorer. Comme mentionné plus haut, l'État et les ménages se trouvent déjà presque à la limite de leur capacité de contribution raisonnable au financement de l'enseignement supérieur. Ainsi, le grand défi de politiques est de trouver un équilibre entre la qualité de l'enseignement et l'augmentation des taux d'inscription, et les moyens de les financer.

La solution idéale est d'avoir un environnement macroéconomique bien géré qui produise une croissance suffisante, capable d'améliorer les recettes du gouvernement, de sorte que tous les secteurs économiques et sociaux puissent en bénéficier. Une option complémentaire pour le gouvernement est d'encourager davantage l'augmentation de l'offre privée d'éducation – dans divers pays d'Asie et d'Amérique latine, le taux d'inscription dans l'enseignement supérieur privé représente 60 % ou plus du total- suivi des garanties appropriées d'assurance de la qualité. Une solution non encore testée est la possibilité de développer des modes d'offre d'éducation différents, plus rentables que le mode traditionnel d'une instruction face à face sur des campus résidentiels. Cependant, il est peu probable que les institutions du secteur privé puissent former des diplômés en S&I en nombre suffisant pour répondre aux besoins de l'Afrique subsaharienne.

Finalement, l'éventail des choix de politiques se situe entre la voie facile de l'expansionnisme du laisser faire et celle plus difficile de la gestion stratégique de la qualité. Une expansion non contrôlée ne constitue pas en réalité une solution. Elle entraînerait une aggravation de la détérioration de la qualité de l'enseignement, une surproduction de diplômés par rapport à la capacité d'absorption du marché du travail, ce qui provoquerait un chômage élevé des diplômés, avec les risques d'instabilité politique associés, ce qui aggraverait les difficultés de la croissance économique. Une gestion stratégique de l'expansion nécessitera un leadership politique engagé et visionnaire, capable d'obtenir le consensus des acteurs sur les domaines d'études clés pour l'expansion et sur les investissements qui offriront les ressources humaines de qualité requise pour la mise en œuvre de la stratégie nationale de développement économique. Elle dépendra également de la capacité institutionnelle en vue de la création de liens avec le marché du travail et de la mise en place de partenariats productifs entre les secteurs privé et public autour de la recherche appliquée dans les domaines d'importance stratégique identifiés. Ceci doit être complété par des mesures d'encouragement de l'offre privée d'éducation dans les domaines négligés dans les priorités de financement du gouvernement, et par des efforts à long terme en vue de mettre en place des modèles de prestation peu coûteux d'enseignement supérieur, par une combinaison de cours de courte durée, de campus non résidentiels, d'enseignement assisté par ordinateur, d'apprentissage individualisé et d'enseignement à distance. Cette dernière voie de gestion stratégique s'efforce de redéployer l'enseignement supérieur comme un instrument de croissance économique au lieu de le considérer comme un droit social général.

Cadre des réformes

L'accélération récente de la performance économique de l'Afrique accroit potentiellement les ressources disponibles pour façonner le type de système d'enseignement supérieur dont les pays d'Afrique subsaharienne ont actuellement besoin. La possibilité de rechute de la croissance aux niveaux antérieurs si les pays d'Afrique subsaharienne (ASS) ne prennent pas des mesures en vue de la consolider par la diversification et l'amélioration de leurs bases industrielles constitue un danger. Une telle éventualité devrait encourager les décideurs africains à être plus agressifs pour transformer leur enseignement supérieur et leurs systèmes de recherche en l'un des principaux moteurs de la croissance nationale. Cependant, pour que l'enseignement supérieur puisse contribuer à la croissance, il doit être lui-même plus compétitif. Compte tenu du temps qu'il faut pour améliorer de façon substantielle la pertinence et la qualité du système d'enseignement supérieur, et pour mettre en place des institutions de recherche, la fenêtre d'opportunité actuelle n'est que temporaire. Le monde n'attendra pas l'Afrique.

La détermination des conditions suffisantes constitue un handicap, mais le moindre des deux. La mise en œuvre de ces conditions sera une tâche difficile, bien que des exemples d'initiatives pertinentes réussies puissent être trouvées en Afrique et ailleurs. Nous divisons les conditions suffisantes en deux ensembles de tâches qui devraient être poursuivies parallèlement. Un ensemble s'occuperait de la demande des compétences et des obstacles à un environnement de la connaissance. L'autre ensemble chercherait à supprimer les contraintes au sein de l'enseignement supérieur, contraintes relatives à la prestation des services et à leur qualité, et à la dissémination du savoir.

Réformes axées sur la demande.
Les politiques axées sur la demande cherchent à optimiser l'absorption des travailleurs qualifiés dans des emplois bien rémunérés. En plus des interventions contribuant à la stabilité macroéconomique et à un environnement favorable des affaires, une croissance déterminée par la productivité et soutenue par le développement de la connaissance et des compétences serait renforcée par trois types d'interventions axées sur la demande et qui sont :

- Des mesures d'incitation pour les industries nationales et étrangères basées sur le savoir, et la création de parcs scientifiques à proximité des principales universités. La coordination régionale aiderait à obtenir une masse critique de compétences et une échelle de marché d'opportunités souhaitable.
- Un capital de démarrage des entreprises de hautes technologies. Cela peut être associé à des mesures d'incitation financières pour la R&D par des entreprises publiques et privées, des mesures institutionnelles et fiscales pour encourager ces financements, un soutien accru à la recherche menée par les entités publiques et privées. Ici encore, la coordination régionale et la mise en commun des ressources peuvent aider à atteindre une échelle optimale des instituts de recherche, une spécialisation dans la recherche et une répartition du travail entre les pays.
- Des mécanismes privés et publics de stage pour placer les diplômés de l'enseignement supérieur dans les entreprises afin de promouvoir l'absorption des compétences et le transfert des connaissances, notamment dans les petites et moyennes entreprises (PME). Ceci peut être combiné avec des programmes d'incitation en vue d'attirer les institutions d'enseignement supérieur et les entreprises à travailler en collaboration en matière de recherche, de conception, d'expérimentation ou de développement des produits.

En d'autres termes, une stratégie de croissance soutenue par l'enseignement supérieur qui cherche à améliorer la qualité et le volume de la connaissance, doit être étayée par des politiques axées sur la demande. Ces politiques garantiraient un rendement adéquat des compétences et inciteraient les entreprises à grimper la chaîne des valeurs technologiques. Elles peuvent également modérer la fuite des cerveaux, voire créer les conditions pour un gain de cerveaux.

Réformes axées sur l'offre
Pour satisfaire aux conditions relatives à l'offre, les gouvernements doivent s'atteler à sept tâches:

- Encourager une combinaison d'institutions diversifiées - privées, publiques et spécialisées, répondant ainsi aux besoins industriels de segments spécifiques ou à ceux de la population des étudiants.

- Renforcer la gouvernance et l'autonomie des institutions d'enseignement supérieur et promouvoir la compétition entre elles sur une base nationale, voire régionale.
- Soumettre toutes les institutions d'enseignement supérieur aux exigences d'accréditation basée sur la qualité, le suivi et l'évaluation de la performance.
- Prendre des mesures urgentes pour compenser la retraite en attente d'une grande partie des enseignants dans les institutions publiques et commencer simultanément à accroître le nombre des instructeurs, ainsi que leur envergure par de meilleurs salaires et autres mesures incitatives professionnelles. Ces dispositions doivent être complétées par une révision des pratiques pédagogiques, des programmes, et par l'accès aux bibliothèques, aux laboratoires et aux installations de TI.
- Encourager la recherche appliquée dans quelques domaines stratégiques dans les meilleures universités. Offrir des mesures d'incitation aux institutions d'enseignement supérieur et aux entreprises afin qu'elles collaborent en matière de renforcement des capacités technologiques et de la mise en place de structures de dissémination et de commercialisation des résultats de la recherche.
- Assurer que les réformes, qui seront très onéreuses à engager et qui nécessiteront des années pour produire des résultats, sont systématiquement financées par des ressources budgétaires publiques. Cependant, le financement public ne serait pas suffisant et doit, par conséquent, être complété par d'autres sources de financement, notamment par les frais d'inscription, les activités génératrices de revenus, les dons privés, des subventions offertes sur une base compétitive, et des redevances, etc. En d'autres termes, un plan de financement complet assorti de fortes mesures incitatives pour des réformes, demeure la pierre angulaire de la transformation du système d'enseignement supérieur.

Le jeu s'appelle désormais 'développement basé sur le savoir'. Il en appelle à une nouvelle vision - plus stratégique et intégrée au plan national - de la nature de la contribution que l'éducation peut apporter à l'industrialisation, à l'exportation et à la construction d'une économie plus résistante à la confrontation des défis du XXIe siècle posés par les changements climatiques, le SIDA, la sécurité alimentaire, l'approvisionnement en énergie et autres. Par ailleurs, il invite à une réévaluation des résultats empiriques du lien entre l'éducation et la croissance, en réponse au changement des circonstances. En particulier, il invite à rétablir l'équilibre entre l'attention relative accordée à l'enseignement primaire, secondaire et supérieur en fonction de la situation des pays et au regard de leurs objectifs de l'enseignement primaire, de l'état de l'enseignement supérieur, et du rôle anticipé que la connaissance et les compétences auront à jouer dans leur développement. Toutes ces composantes doivent être intégrées à une nouvelle compréhension du rôle et de la mission de l'enseignement supérieur dans le cadre d'une économie mondiale basée sur le savoir. Cette nouvelle vision, avec les interventions de politiques qu'elle implique, ouvre la voie sur des compétences essentielles et sur un savoir accru que les économies africaines doivent exiger en vue d'accroître leur compétitivité et par là même soutenir leur récente croissance.

Note

1. L'enseignement supérieur comprend toutes les formes d'enseignement postsecondaire, notamment les universités, les instituts techniques, les écoles de formation d'enseignants, les universités publiques et d'autres programmes conduisant á l'octroi de diplômes universitaires.

CHAPITRE 1

Introduction et Contexte

Tous les pays sont confrontés aux défis du développement. Chacun de ces défis comporte des implications pour la stratégie de développement des ressources humaines d'un pays. La construction d'un pays ne peut être basée uniquement sur l'éducation de base ; l'enseignement secondaire et supérieur, qui produisent un niveau de compétences et de connaissances élevé, comportent nécessairement des éléments importants à toute approche au développement d'un pays. L'avènement d'une économie mondiale compétitive et basée sur la connaissance, souligne davantage l'importance des capacités nationales à générer le progrès social, économique et politique.

Pendant près de deux décennies, l'aide internationale au développement n'a pas tenu compte, à quelques exceptions près,[1] du rôle fondamental de l'enseignement post-primaire en Afrique subsaharienne.[2] Poussés par les conditionnalités et tiraillés par les exigences des fonds de contrepartie, les gouvernements africains se sont alignés à contrecœur. En fait, les priorités de financement, la réduction de la pauvreté et les objectifs de développement du millénaire, n'étaient pas inadéquats, mais ils ont été définis sans tenir compte des besoins correspondants en professionnels hautement qualifiés pour mettre en œuvre efficacement ces programmes. En conséquence, l'aide publique au développement (APD) consacrée à l'enseignement post secondaire en Afrique ne s'élevait en moyenne qu'à environ 110 millions de dollars EU par an entre 1990 et 1999, avant d'atteindre une moyenne de 515 millions de dollars EU par an de 2000 à 2005.[3]

Les investissements de la Banque mondiale en Education reflètent cette tendance ; en effet, la Banque a joué un rôle de premier plan dans la promotion de l'aide internationale en en faveur des plus pauvres parmi les pauvres en Afrique et ailleurs. En conséquence, le financement de l'enseignement supérieur sur le continent, qui était en moyenne de 103 millions de dollars EU par an, entre les années financières 90 et 94, a baissé à 30,8 millions de dollars EU entre les années financières 95 et 99 ; il a ensuite modestement augmenté à 36,6 millions par an entre les années financières 00 et 04. Cette tendance était l'opposé de la tendance positive observée dans le financement de l'enseignement primaire et secondaire. Au cours de ces dernières années, le financement de l'enseignement supérieur augmente, mais la moyenne de 83,9 millions de dollars EU entre les années 05 et 08, demeure en deçà des niveaux observés au début des années 90 (voir Figure 1.1). Le financement de l'Enseignement technique et professionnel par la Banque mondiale a suivi la même tendance, mais moins prononcée que dans le cas de l'enseignement supérieur. L'importance de la baisse du financement de l'Enseignement supérieur par la Banque, particulièrement entre la décennie de 1994 à 2004 a, sans

Figure 1.1 Nouveaux engagements pour l'Education par sous-secteur, exercice 90-08 Moyenne mobile à double face par tranche de quatre années

Source: Banque de données de la Banque mondiale sur l'éducation.

surprise, amené plusieurs acteurs de la communauté éducative africaine à conclure que la Banque mondiale était activement opposée à l'enseignement supérieur.

En réalité, les raisons de la tendance observée dans le financement de l'Enseignement supérieur par la Banque dépassent la simple question de défense d'un sous-secteur ou d'opposition à ce sous-secteur de l'éducation. Dans la première analyse complète du développement de l'éducation en Afrique subsaharienne, la Banque mondiale (1988) a identifié les principaux défis à l'éducation sur le continent, notamment la stagnation générale des inscriptions et la dégradation de la qualité. Le rapport a recommandé à chaque pays l'élaboration d'un ensemble de politiques éducatives internes et cohérentes, avec des programmes d'ajustement, de redynamisation et de développement sélectif de chaque niveau d'enseignement. Cependant, la stagnation économique qui prévalait en ce moment a limité les capacités du gouvernement à financer les réformes éducatives et a souligné l'importance d'une mûre réflexion avant la prise de décisions d'investissement. La croissance économique, l'équité sociale et l'analyse coûts-avantages constituaient des arguments convaincants qui militaient en faveur de la concentration des investissements dans l'éducation de base. Le rapport considérait par ailleurs l'enseignement supérieur comme particulièrement problématique. Ce rapport a relevé deux points importants: la plupart des pays ont achevé leur devoir de formation des fonctionnaires pour leurs administrations de l'après indépendance et les systèmes d'enseignement supérieur sont minés par quatre points faibles. D'abord, ces systèmes produisaient un nombre trop élevé de diplômés, avec des programmes de qualité et de pertinence douteuse, généraient peu de connaissances et apportaient peu de soutien direct au développement. Ensuite, la qualité des produits de l'enseignement supérieur s'est indubitablement détériorée dans de nombreux pays, à tel point que l'efficacité fondamentale des institutions d'enseignement supérieur était remise en question. En troisième position, les coûts de l'enseignement supérieur étaient sont inutilement élevés, à cause, en partie de la pratique généralisée de l'offre de repas, de logement et d'autres services sociaux gratuits aux étudiants. Enfin, le modèle de financement de l'enseignement supérieur était socialement inéquitable et économiquement inefficace (Banque mondiale 1988). Par ailleurs, l'environnement politique qui prévalait sur le continent au cours des années 90 n'était pas favorable aux réformes profondes de l'enseignement supérieur, nécessaires pour s'atteler à ces faiblesses. Les nations n'avaient pas de défenseurs des réformes ; des syndicats puissants d'enseignants et les associations d'étudiants étaient opposés aux réformes et les pressions politiques exercées sur les jeunes démocraties pour le développement de l'enseignement supérieur étaient très fortes. Tous ces facteurs ont accru les risques d'investissement de la Banque dans ce secteur et l'ont amenée à orienter son financement vers des activités plus viables et moins problématiques du secteur de l'éducation (voir Tableau 1.1).

À l'aube du nouveau millénaire, ces conditions liées aux pays sont toujours en fluctuation. D'une part, les taux d'inscription dans le primaire ont augmenté,

**Tableau 1.1 Financement de l'enseignement par la Banque mondiale en Afrique subsaharienne, exercice 1990-2008
(en millions de dollars EU)**

Nouveaux engagements de la BIRD (Banque internationale pour la reconstruction et le développement) + AID (Aide publique au développement) (en millions de dollars américains (valeur actuelle)

Sous-secteur	Exercice 90	Exercice 91	Exercice 92	Exercice 93	Exercice 94	Exercice 95	Exercice 96	Exercice 97	Exercice 98	Exercice 99	Exercice 00	Exercice 01	Exercice 02	Exercice 03	Exercice 04	Exercice 05	Exercice 06	Exercice 07	Exercice 08
Moyenne mobile du taux d'alphabétisation des adultes/d'éducation informelle1	–	2.44	9.22	–	–	–	10.21	–	–	30.45	6.07	–	13.52	0.69	4.63	–	0.72	18.50	–
Moyenne mobile du secteur de l'enseignement général	57.96	9.36	0.86	2.55	18.02	18.05	36.78	56.50	27.38	10.95	92.90	89.22	128.28	128.91	79.89	174.77	173.46	131.40	190
Moyenne mobile de l'enseignement préscolaire	–	–	–	8.03	–	–	–	8.34	–	0.42	–	9.20	–	–	–	–	–	–	7
Moyenne mobile de l'enseignement primaire	90.74	153.25	82.71	184.35	99.42	104.46	95.45	15.39	226.11	126.47	57.29	59.94	214.18	237.94	91.80	106.11	90.56	257.90	45
Moyenne mobile de l'enseignement secondaire	38.65	18.54	40.21	32.19	25.74	12.28	–	18.98	98.17	10.85	13.65	14.40	–	53.92	124.20	11.19	18.26	106.60	4
Moyenne mobile de l'enseignement supérieur	119.72	30.67	163.75	131.04	69.94	30.20	41.76	11.59	46.00	24.68	13.95	17.02	69.48	–	45.93	61.16	29.07	140.10	105
Moyenne mobile de la formation professionnelle	3.13	6.66	27.36	6.25	55.37	10.04	10.45	4.41	2.37	4.94	5.92	19.75	47.15	2.12	16.46	15.80	27.20	51.50	22
Total de la Région	310.20	220.93	324.11	364.42	268.48	175.02	194.64	115.21	400.03	208.76	189.77	209.53	472.61	423.58	362.91	369.02	339.26	707.00	373

Source : Base de données de la Banque mondiale sur l'éducation.

passant de 72 % en 1991 à 80 % en 1999, et les coalitions gouvernement-bailleur de fonds étaient en place pour veiller au développement soutenu du secteur (UNESCO 2007).[4] D'autre part, les taux de croissance économique ont augmenté et les taux de rentabilité sur investissement dans l'enseignement supérieur augmentent, vraisemblablement en réponse à la demande de compétences de niveau supérieur et de l'accroissement de la gestion des connaissances. Par ailleurs, les engagements relatifs à la réforme de l'enseignement supérieur ont envahi le continent, depuis l'Afrique du Sud, où un processus intensif d'analyse des politiques postapartheid et la recherche de consensus ont profondément transformé le système d'enseignement supérieur de ce pays. En conséquence, plusieurs des réserves antérieures de la Banque sur l'engagement dans l'enseignement supérieur en Afrique se sont atténuées, compte tenu des résultats obtenus et des changements ; de nouveaux arguments convaincants en faveur du développement de l'enseignement supérieur ont même fait surface.

Dans ce contexte de changement, la Banque mondiale reconnaît la nécessité de mettre à jour sa compréhension du système éducatif supérieur en Afrique, de définir ses vues en la matière et d'offrir un soutien technique aux gouvernements avec lesquels elle collabore et aux partenaires au développement. Le présent rapport a pour but d'atteindre cet objectif. Il apporte une justification aux investissements africains et à ceux des bailleurs de fonds dans l'enseignement supérieur, dans le contexte d'une économie mondiale compétitive et basée sur la connaissance. Elle suggère par ailleurs des domaines probables pour ce financement. Toutefois, ce rapport n'est pas une évaluation exhaustive de l'enseignement supérieur en Afrique, ni un programme général de réforme et encore moins une déclaration de politiques par la Banque elle-même. Il s'efforce plutôt de partager des idées et des expériences contemporaines sur le rapport entre le développement des ressources humaines et la croissance économique. Son principal public cible comprend notamment le personnel des gouvernements africains, des agences partenaires au développement, des systèmes de l'enseignement supérieur africain et de la Banque mondiale, qui ont la charge de susciter le développement des ressources humaines en Afrique subsaharienne et de s'assurer que les investissements effectués dans l'enseignement supérieur contribuent de façon stratégique et durable à la croissance et à la compétitivité des économies africaines.

Contexte

Le défi majeur auquel sont confrontés les professionnels du développement concerne les moyens d'amélioration et de pérennisation de la performance économique de l'Afrique subsaharienne (ASS). Plusieurs solutions ont été proposées certes, mais, lorsqu'elles ont été appliquées par le biais de politiques, elles se sont généralement avérées inefficaces. Cependant, les efforts du passé et ceux en cours ont élargi notre compréhension des contraintes de la croissance économique. Ces contraintes sont relatives au contrôle de la productivité de la main d'œuvre, à la limitation de la diversification des produits d'exportation et à la faiblesse dans l'innovation. Ces contraintes sont dues à plusieurs causes dont le temps de formation dans l'enseignement supérieur, la qualité de cet enseignement et la recherche deviennent de plus en plus dominants. En effet, les liens entre la technologie et la croissance se renforcent dans les pays développés ainsi que dans ceux en voie de développement.

Cette étude examine le rapport entre la croissance économique et l'éducation en Afrique subsaharienne en accordant une attention particulière, mais non exclusive, aux sept pays suivants : le Ghana, le Kenya, l'Île Maurice, le Nigéria, l'Afrique du Sud, la Tanzanie et l'Ouganda. L'étude donne un aperçu de la performance de la croissance de ces pays et des facteurs clés de cette croissance. Elle définit quelques uns des principaux défis économiques auxquels l'Afrique subsaharienne est confrontée, et les options disponibles pour promouvoir la croissance, surtout par la diversification des activités économiques et des exportations et le renforcement de la capacité technologique. Cette diversification est basée sur la réussite des mesures d'amélioration du niveau de l'enseignement supérieur et de la recherche, et de la multiplication des rapports entre les institutions universitaires et le secteur des affaires. L'étude évalue brièvement la performance actuelle de l'enseignement supérieur et sa contribution aux activités des affaires et, sur la base de ces éléments, elle définit un certain nombre d'initiatives pouvant permettre d'améliorer sa qualité et contribuer au développement de l'Afrique, basé sur la technologie.

L'étude est basée sur 16 documents de fond, dont une enquête sur les rapports entre l'université et l'industrie dans les pays choisis et une étude empirique de l'évolution des exportations des pays d'Afrique subsaharienne. Les informations tirées de ces documents sont complétées par divers classements en compétitivité et étayées par les résultats obtenus à partir d'autres travaux de recherche appropriés. L'étude propose une stratégie d'amélioration de la performance des pays d'Afrique subsaharienne qui utilisent les réformes de l'enseignement supérieur comme support. A l'heure actuelle, il est indéniable que la croissance économique moderne est plus que jamais centrée sur les compétences et nécessite des niveaux d'éducation de plus en plus élevés, des compétences techniques et une connaissance informatique.[5]

Bien que des études antérieures aient des doutes sur la contribution du capital humain à la croissance (Bils et Klenow 2000; Pritchett 2001), des recherches plus récentes estiment que la croissance pourrait se ralentir si l'offre en capital humain est insuffisante (voir Cohen et Soto 2007; Lutz, Cuaresmaet Sanderson 2008).[6] Une découverte qui découle de cette constatation et qui est intuitivement attrayant, montre que la qualité de l'éducation a une influence plus importante sur les résultats de la croissance que le volume de compétence produite après que les pays aient atteint un certain seuil d'alphabétisation et un niveau moyen d'éducation par habitant. Selon Hanushek et Woessmann (2007), « la qualité de l'éducation affecte indépendamment les résultats économiques même après avoir pris d'autres facteurs en considération ... la qualité peut venir de l'école formelle, des parents ou d'autres influences auxquelles les élèves sont soumis. Par ailleurs, une population plus qualifiée – y compris une population globalement éduquée et un groupe de spécialistes de haut niveau – amène une performance économique plus solide des nations. » Selon Bloom, Canning et Chan (2006b), le niveau de production de l'Afrique subsaharienne est de 23 % inférieur à la limite de son potentiel de production du fait de l'insuffisance du capital humain. En augmentant la fréquentation de l'enseignement supérieur d'un an, la croissance des pays peut augmenter de 0,24 % (par une augmentation des facteurs de production) et de 0,39 % supplémentaires par une augmentation de la productivité. Tandis que la croissance basée sur les facteurs de production diminue après la première année si aucune augmentation subséquente n'est réalisée, une productivité plus élevée sera maintenue jusqu'à ce qu'elle converge vers la limite mondiale, pour augmenter à terme le PIB par habitant des pays africains de 12 %.

Des recherches antérieures ont montré que les taux de rentabilité sociale de l'enseignement supérieur étaient inférieurs à ceux de l'enseignement primaire et secondaire. Psacharopoulos et Patrinos (2004) ont montré que le taux moyen de rentabilité sociale de l'enseignement supérieur dans le monde était de 10,8 %, tandis que celui de l'enseignement primaire était de 18.9 %.[7] Par contre, le taux de rentabilité privée de l'enseignement supérieur était de 19 % contre 26,6 % pour l'enseignement primaire.[8] Cependant, d'autres recherches indiquent que les rendements privés de l'enseignement supérieur peuvent être supérieurs à ceux de l'enseignement primaire et secondaire. Cette situation est constatée dans les pays en voie de développement où les compétences de haut niveau sont relativement rares. (voir Tableau 1.2).

Par ailleurs, ces dernières années, les rendements de l'enseignement supérieur ont augmenté. Sur le plan mondial, le rendement de l'enseignement supérieur a augmenté de 1,7 % au cours des 15 dernières années tandis que celui l'enseignement primaire a baissé de 2 % (Psacharopoulos 2006). Selon les résultats d'une

Tableau 1.2   Rentabilité privée du primaire et du supérieur

	Rentabilité privée		
Pays/Région	Enseignement primaire	Enseignement supérieur	Auteurs
World	26,6%	19,0%	Psacharopoulos et Patrinos (2004)
Papouasie-Nouvelle-Guinée	6,0%	9,2%	Gibson et Fatai 2006
Philippines	9–10%	17,0%	Schady, 2003
Inde	2,4%	10,3%	Dutta 2006
Kenya	7,7%	25,1%	Kimenyi Mwabu et Manda, 2006
Nigéria	2–3%	10–15%	Aromolaran 2006
Ethiopie	25,0%	27,0%	Banque mondiale 2003

Source: Authors.

étude de l'OCDE, on observe une légère tendance à la hausse des rendements de l'enseignement supérieur dans les pays de l'OCDE (Boarini et Strauss 2007).[9] En Inde, les rendements de l'enseignement supérieur sont passés de 9 % en 1983 à 10,3 % en 1999 (Dutta, 2006). Par ailleurs, les rendements de l'enseignement supérieur dans certains pays d'Afrique subsaharienne augmentent (Schultz 2004). En outre, les salaires relatifs des employés issus de l'enseignement supérieur augmentent en Amérique latine, en dépit de la forte hausse des inscriptions dans l'enseignement supérieur. Cette situation démontre que la demande en personnel qualifié s'est accrue, en raison surtout du transfert de technologie et des réformes commerciales qui ont intensifié les pressions concurrentielles (de Ferranti et autres 2003).[10] Des études ont montré que lorsqu'une économie est confrontée aux changements, que ce soit à cause de l'introduction de nouvelles technologies comme la Révolution verte, de la transition vers une économie de marché ou de la libéralisation d'une économie, l'éducation joue un important rôle dans la facilitation de ces changements et les plus éduqués sont ceux qui gèrent les processus et qui sont mieux payés. (Dutta 2006; Foster et Rosenzweig 1996; Yang 2005). Les constatations indiquées plus haut sont soutenues par la recherche sur les taux de rendement perçus de l'éducation. À titre d'exemple, les taux de rendements perçus (calculés pour des élèves du secondaire avant leur sortie) de l'enseignement supérieur à Chypre s'élèvent à 9,4 % en 2003/2004, par rapport aux 6,7 % en 1993/1994 ; ces chiffres reflètent la forte demande de diplômés de l'enseignement supérieur. Cette situation est liée en partie à l'accès escompté de Chypre à l'UE, ce qui s'est fait en 2004, qui améliorerait les opportunités économiques (Menon 2008). Par conséquent, l'analyse ex-post (basée surtout sur la documentation empirique) et les conclusions ex-ante démontrent l'importance de l'enseignement supérieur et l'augmentation des taux de rendement de l'enseignement supérieur.[11,12]

Statut et perspectives économiques

Sur une période de vingt ans, du milieu des années 70 au milieu des années 90, la croissance du PIB par habitant en ASS était soit nulle, soit négative (Artadi et Sala-i-Martin 2003). Parmi les régions en voie de développement, l'ASS a enregistré la plus faible performance économique (Ndulu et autres 2007).[13] À partir de la dernière moitié des années 90, la croissance a commencé à s'accroître. La croissance du PIB global avoisinait 2,3 % au cours des années 1995-2000. Depuis 2001, elle a connu une forte accélération et a atteint près de 6 % par an entre 2007-2008 («Africa's Economic Prospects, 2006), quoique le PIB par habitant n'était que légèrement supérieur à 2 % à cause d'une croissance démographique toujours élevée en ASS.[14] Certains pays se développent plus rapidement parce que leur base de départ est de bas niveau, et parce qu'ils sont exportateurs de pétrole ou de produits miniers. Il s'agit principalement de l'Angola, de la Guinée équatoriale, de la Mauritanie et du Soudan.[15] Le Tableau 1.3 présente certains indicateurs clés des sept pays de notre échantillon des années 1990 et 2005. A l'exception de l'Ile Maurice qui a connu une augmentation de 56 % de son PIB par habitant en dollar constant de 2000 dollars, la croissance dans les autres pays était bien inférieure. Le secteur manufacturier a augmenté sa part dans le PIB de deux pays: le Kenya, de 11,7 à 12,4 % et l'Ouganda, de 5,7 à 9 %. Dans les autres pays, ces parts ont baissé, ce qui est une tendance significative et inquiétante.

Tableau 1.3   Croissance et indicateurs sectoriels

		1990	*2006*
Ghana	Croissance du PIB (% annuel)	3,3	6,2
	PIB par habitant (dollar constant de 2000)	211,0	299,6
	Manufacture, valeur ajoutée (% du PIB)	9,8	7,6
	Services, etc., valeur ajoutée (% du PIB)	38,4	41,1
Kenya	Croissance du PIB (% annuel)	4,2	5,7
	PIB par habitant (dollar constant de 2000)	450,6	455,8
	Manufacture, valeur ajoutée (% du PIB)	11,7	12,1
	Services, etc,, valeur ajoutée (% du PIB)	51,4	54,8
Île Maurice	Croissance du PIB (% annuel)	5,8	3,5
	PIB par habitant (dollar constant de 2000)	2.532,1	4.522,3
	Manufacture, valeur ajoutée (% du PIB)	24,7	19,1
	Services, etc., valeur ajoutée (% du PIB)	53,8	67,6
Nigéria	Croissance du PIB (% annuel)	8,2	5,9
	PIB par habitant (dollar constant de 2000)	357,5	439,0
	Manufacture, valeur ajoutée (% du PIB)	5,5	..
	Services, etc., valeur ajoutée (% du PIB)	25,9	19,4
Afrique du Sud	Croissance du PIB (% annuel)	−0,3	5,0
	PIB par habitant (dollar constant de 2000)	3151,8	3.562,1
	Manufacture, valeur ajoutée (% du PIB)	23,6	18,2
	Services, etc., valeur ajoutée (% du PIB)	55,3	67,0
Tanzanie	Croissance du PIB (% annuel)	7,0	5,9
	PIB par habitant (dollar constant de 2000)	259,3	334,6
	Manufacture, valeur ajoutée (% du PIB)	9,3	6,9
	Services, etc., valeur ajoutée (% du PIB)	36,4	37,3
Ouganda	Croissance du PIB (% annuel)	6,5	5,3
	PIB par habitant (dollar constant de 2000)	173,3	274,3
	Manufacture, valeur ajoutée (% du PIB)	5,7	8,6
	Services, etc., valeur ajoutée (% du PIB)	32,4	43,7
Afrique subsaharienne	Croissance du PIB (% annuel)	1,1	5,6
	PIB par habitant (dollar constant de 2000)	529,0	583,4
	Manufacture, valeur ajoutée (% du PIB)	16,6	14,4
	Services, etc., valeur ajoutée (% du PIB)	46,8	52,3
Asie de l'Est et Pacifique	Croissance du PIB (% annuel)	5,5	9,4
	PIB par habitant (dollar constant de 2000)	481,2	1.472,6
	Manufacture, valeur ajoutée (% du PIB)	29,8	30,8
	Services, etc., valeur ajoutée (% du PIB)	35,1	42,4

Source: Indicateurs de développement dans le monde (2007).

La hausse des prix de l'énergie et des matières premières, couplée avec la hausse des volumes exportés, constituent les principaux facteurs de la relance économique depuis le début de la décennie. Ces facteurs sont renforcés par l'augmentation des exportations de l'industrie légère et des produits agricoles, ainsi que par un plus important investissement dans l'habitat, l'immobilier commercial et les infrastructures, stimulé grâce à l'aide et aux envois de fonds par les travailleurs à l'étranger. Les premiers facteurs sont plus importants que les derniers. Pour l'ASS, l'envoi de fonds s'élève à 2,5 % seulement du PIB, par rapport à une moyenne de 5 % pour les autres pays en voie de développement[16,17] Quand aux pays de notre échantillon, les fonds envoyés sont peu significatifs pour le Kenya, l'Île Maurice, l'Afrique du Sud et la Tanzanie. Le taux de l'envoi de fonds est élevé au Ghana (0,9 %) et plus élevé encore en Ouganda (9,7 %) (voir Tableau 1.4).

Cette relance de l'économie n'a toutefois pas changé les données de base. Les sources de la croissance à long terme sont faibles et les pays africains accusent toujours du retard par rapport aux autres en matière d'exportation, d'investissement, de rendement industriel, de classement économique, d'indicateurs relatifs à la facilité de faire des affaires et d'indicateurs de connaissance. L'apport de l'ASS à la production industrielle mondiale est passé de 0,79 % en 1990 à 0,74 % en 2002. A l'exclusion de l'Afrique du Sud, la contribution s'élevait à 0,25 % en 2002 (UNIDO 2004). Quoique la contribution à la valeur ajoutée des pays en voie de développement dans le secteur manufacturier ait augmenté de 17 % en 1990 à 24 % en 2001, celle des pays de l'ASS a baissé et a perdu du terrain dans tous les sous-secteurs à l'exception du textile, de l'habillement, du cuir, des chaussures et des métaux de base, qui ont bénéficié de l'augmentation de la demande intérieure. Le faible taux de la valeur ajoutée dans le secteur manufacturier (VAM) est présenté dans le Tableau 1.3: Croissance et indicateurs sectoriels. Entre 2001 et 2005, la contribution de l'ASS à la VAM a davantage reculé en dépit du renforcement de la performance de la croissance. Cette situation est due à l'accélération de la croissance du secteur manufacturier dans les autres pays en cours d'industrialisation. Une diversification des exportations agricoles et des produits manufacturés (exemple: une forte augmentation de l'exportation des fleurs provenant d'Ethiopie) est certaine, mais celle-ci demeure modeste. La part du commerce mondial de l'ASS a augmenté entre 2003 et 2005, mais d'un pourcentage infime, soit de 2,5 % à 2,9 %. Ce chiffre représente environ un tiers de leur part au milieu du vingtième siècle. Le Tableau 1.5 montre que les rapports exportation/PIB dans les sept pays choisis sont généralement en dessous de ceux des pays de l'Asie de l'Est, à l'exception de l'Île Maurice. Le pourcentage relativement élevé du Nigéria représente le volume de ses exportations de pétrole. Par ailleurs la dépendance des pays africains vis-à-vis des matières premières n'a pas diminué. Plus de trois quart des exportations sont composées de matières premières (86 % achetées par l'Asie) et deux tiers des recettes d'exportation proviennent du pétrole uniquement (Broadman, 2007). La part du génie technique, des produits alimentaires et des vêtements demeure toujours faible, à l'exception de l'Ile Maurice (voir tableau 1.6).[18] La

Tableau 1.4   Transferts de fonds et aide internationale
(% du PIB)

		2001	2005
Ghana	Transferts de fonds des travailleurs (BP, en dollars courant)	0,9%	0,9%
	Assistance officielle au développement et aide officielle	12,1%	10,4%
	(% formation brute de capital)	45,3%	36,0%
Kenya	Transferts de fonds des travailleurs (BP, en dollars courant)	0,0%	1,0%
	Assistance officielle au développement et aide officielle	3,5%	4,0%
	(% formation brute de capital)	18,4%	24,4%
Île Maurice	Transferts de fonds des travailleurs (BP, en dollars courant)	0,0%	–
	Assistance officielle au développement et aide officielle	0,2%	0,5%
	(% formation brute de capital)	2,0%	2,2%
Nigéria	Transferts de fonds des travailleurs (BP, en dollars courant)	2,4%	3,4%
	Assistance officielle au développement et aide officielle	0,4%	6,6%
	(% formation brute de capital)	1,5%	31,2%
Afrique du Sud	Transferts de fonds des travailleurs (BP, en dollars courant)	0,0%	–
	Assistance officielle au développement et aide officielle	0,4%	0,3%
	(% formation brute de capital)	2,4%	1,6%
Tanzanie	Transferts de fonds des travailleurs (BP, en dollars courant)	0,1%	0,1%
	Assistance officielle au développement et aide officielle	0,1%	12,0%
	(% formation brute de capital)	79,4%	65,8%
Ouganda	Transferts de fonds des travailleurs (BP, en dollars courant)	6,0%	9,7% [a]
	Assistance officielle au développement et aide officielle	14,0%	13,7%
	(% formation brute de capital)	74,9%	64,8%

Source: Indices du développement mondial (2006).
a. Sur 2000
b. BP = Balance of payments

hausse du prix du pétrole et des autres matières premières a contribué en grande partie à l'augmentation des recettes d'exportation en 2005.[19] Cependant, le taux de croissance en volume (5,2 %) était légèrement inférieur au taux de croissance du commerce mondial (6 %, *Economist Intelligence Unit*, 2007a).

Tableau 1.5 Exportations de biens et services
(en % du PIB)

	1990	2006
Ghana	16,9%	39,2%
Kenya	25,7%	24,3%
Île Maurice	64,2%	59,7%
Nigéria	43,4%	53,4%[a]
Afrique du Sud	24,2%	29,1%
Tanzanie	12,6%	24,3%
Ouganda	7,2%	13,8%
Afrique subsaharienne	27,0%	32,1%
Asie de l'Est & Pacifique	24,0%	43,8%

Source: Indicateurs de développement mondial (2006).
a. Sur 2005

Tableau 1.6 Part des exportations de l'industrie de l'ingénierie, alimentaire et du vêtement dans les pays choisis, 2001-2006

Pays	Moyenne de la part des exportations du secteur de l'industrie (2001–2006)	Moyenne de la part des exportations de produits alimentaires transformés (2001–2006)	Moyenne de la part des exportations de vêtements (2001–2006)	Moyenne de la part des trois catégories d'exportations (2001–2006)
Botswana	1,13	0,67	2,45	4,31
Ghana	0,50	8,62	0,07	9,54
Kenya	1,32	8,91	0,38	10,57
Ile Maurice	2,62	23,28	47,49	73,18
Afrique du Sud	8,81	4,19	0,73	13,73

Source: Indicateurs de développement mondial (2007).

L'investissement et les taux d'épargne intérieurs constituent une source de faiblesse supplémentaire. Au début des années 60, les taux d'investissement représentaient en moyenne 7 à 8 % du PIB, atteignant parfois un niveau de pointe, d'environ 13 % au cours des années 1975-80 avant de retomber aux environs de 7,5 % au cours des années 1990-95. Depuis le début de la deuxième moitié des années 90, ils ont lentement augmenté et approchent actuellement 10 % (Artadi et Sala-i-Martin 2003). La faiblesse des investissements en ASS, qui ralentit la croissance, n'est pas la conséquence d'un financement inadéquat ; elle est plutôt étroitement liée à la perception du risque par les investisseurs (Bigsten et autres 1999; Fafchamps et Oostendorp 2002; Gunning et Mengistae 2001). Quand aux sept pays de notre échantillon, les taux d'épargne tournaient autour de 20 % en 2005 pour le Kenya, l'Ile Maurice et l'Afrique du Sud. En Tanzanie, Ouganda et Ghana, ces taux n'étaient que de la moitié de ceux constatés pour les autres pays ; ils sont beaucoup plus élevés au Nigéria à cause des exportations de pétrole (voir figure 1.2). Cependant, des taux d'investissement dans la marge des 18-25 % demeurent toujours sensiblement inférieurs à ceux des pays de l'Asie de l'Est au début de leur processus d'industrialisation dans les années 70 et 80 et bien au dessous de ceux de la Chine et de l'Inde aujourd'hui (Ndulu et al 2007).

Les indicateurs de compétitivité sont également troublants.[20] Des sept pays de notre échantillon - qui comprend quelques unes des économies les plus prometteuses de la région - tous, sauf l'Afrique du Sud et l'Ile Maurice, enregistrent de mauvais résultats sur cinq indices (voir tableau 1.7). L'Afrique du Sud est, de façon consistante, classée première dans tous les indices parmi les 7 pays, mais elle est derrière la Malaisie, dans les indices suivants : Indice de croissance en compétitivité (GCI), Connaissance pour le Développement (K4D), l'environnement des affaires et l'Organisation des Nations Unies pour le Développement Industriel (ONUDI). L'Afrique du Sud vient en tête dans le classement des pays uniquement en raison de sa taille. Le Kenya, l'Ouganda, l'Afrique du Sud, le Nigéria et le Ghana ont régressé dans les classements du CGI et de l'ONUDI, ont stagné ou chuté dans les classements K4D. La Tanzanie a amélioré de 8 points son classement dans l'environnement des affaires entre 2005 et 2006. Le Kenya, l'Ouganda et l'Ile Maurice ont amélioré leur classement par rapport au PIB, bien qu'ils se classent toujours relativement bas: 77 ; 99 et 102 sur un groupe de 130 pays.[21]

Figure 1.2   Épargne et investissements, 1990-2005
(% du PIB)

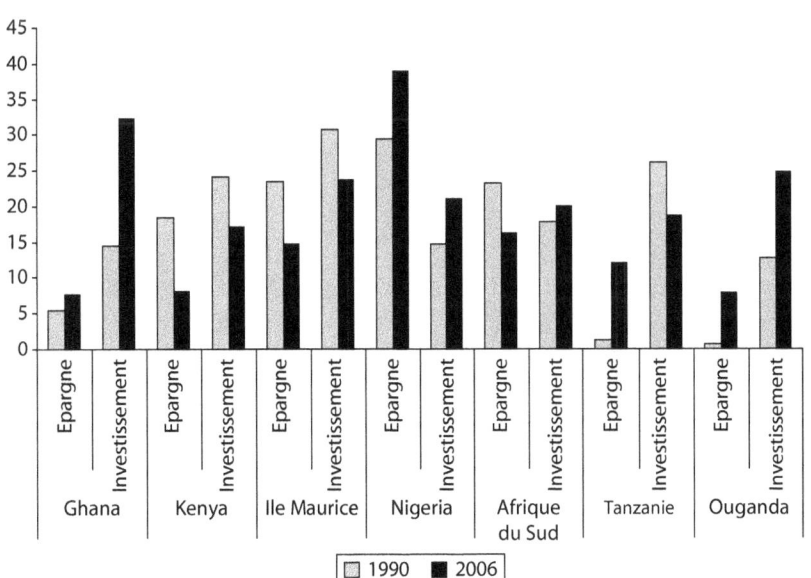

Remarque: Les données sur le Nigéria datent de 2005.
Source: Indicateurs de développement mondial (2006)

Tableau 1.7 Compétitivité des pays d'Afrique subsaharienne – classements divers

Pays	Indice de compétitivité mondiale (125 Pays)			Indice de la connaissance pour le développement (K4D) (131 Pays)			Environnement des affaires (175 Pays)			ONUDI (87 Pays)			Classement par pays (130 Pays)		
	2006	1998	Différence	Most Recent	1995	Différence	2006	2005	Différence	1998	1985	Différence	2005	1980	Différence
Kenya	94	–	–	3.10	2.85	0.25	83	80	–3	62	64	2	73	78	5
Ouganda	113	–	–	2.42	2.48	-0.06	107	103	–4	84	80	–4	99	103	4
Tanzanie	104	–	–	2.33	2.44	-0.11	142	150	8	80	70	-10	86	65	-21
Afrique du Sud	45	42	–3	6.00	6.15	-0.15	29	28	–1	39	32	–7	28	22	–6
Île Maurice	55	29	-26	5.08	4.84	0.24	32	32	0	56	47	–9	103	115	12
Nigéria	101	–	–	2.61	2.60	0.01	108	109	1	78	75	–3	49	33	-16
Ghana	–	–	–	2.40	2.54	-0.14	94	102	8	86	76	-10	93	89	–4
Vietnam	77	39	-38	3.74	3.00	0.74	104	98	–6	–	–	–	56	35	-21
Malaisie	26	–	–	6.33	5.86	0.47	25	25	0	22	30	8	38	43	5

Sources: Indice de la compétitivité mondiale. http://www.weforum.org/pdf/Global_Competitiveness_Reports/Reports/gcr_2006/gcr2006_summary.pdf Connaissance pour le Développement: http://info.worldbank.org/etools/kam2/KAM_page5.asp Environnement des affaires http://www.doingbusiness.org/ExploreEconomies/?economyif=197 [Doing Business 2007] ONUDI http://www.unido.org/doc/24397 - Industrial Development Report 2002-03 [1998] Global Prospect. « Managing the Next Wave of Globalization. » (2007). Banque mondiale.
Remarque: – not ranked

Bien que la performance de la croissance soit encourageante depuis 2001, les expériences passées rappellent que si les prix des matières premières venaient à s'effondrer, le taux de croissance des pays de l'Afrique subsaharienne riches en matières premières chuterait très probablement à son niveau de la première moitié des années 90.[22] La persistance du prix élevé de l'énergie et des denrées alimentaires, aura une forte incidence sur les pays importateurs d'énergie et de céréales tels que l'Erythrée, ce qui freinerait probablement la croissance du continent dans son ensemble. Les expériences des économies des pays en développement indiquent que la possibilité du maintien de la croissance dans une fourchette de 5-7 % (même l'hypothèse la plus optimiste permettrait une croissance du PIB par habitant inférieure à 5 %) dépend de la réalisation à terme d'une base manufacturière de 25-30 % du PIB et de la production de services à une échelle comparable. Dans les pays qui ont atteint de tels taux de croissance pendant de longues périodes, les épargnes et les investissements ont atteint une moyenne de 30-35 % ou plus, et ont rarement été au dessous de 25 %.[23] L'intensité du niveau de technicité dans le développement industriel et la contribution croissante des services à croissance suggèrent que les aptitudes techniques sont appelées à jouer un rôle de plus en plus important. Toutefois, surtout dans les premières phases du développement, le capital demeurera le principal moteur de la croissance.

Les défis et les options

Les changements technologiques constituent un environnement commercial très compétitif. Ces changements et les capacités de production des biens et services acquises par les pays d'Asie du Sud et de l'Est ont sérieusement restreint les options qui auraient pu être à la portée de certains pays africains il y a quinze ans (voir aussi Collier 2007). Aujourd'hui, il ne reste plus que des choix difficiles:

- Tenter de réussir avec le modèle de développement traditionnel, en élargissant la très réduite part de ces pays sur les marchés internationaux pour les produits manufacturés standards et les produits agro-industriels pour lesquels la valeur ajoutée du producteur est faible rencontre une intense concurrence. La survie dépend de l'exploitation optimale des bas prix de la terre, de la main d'œuvre, des services publics et d'une règlementation environnementale plus souple tout en intégrant les chaînes de valeur mondiales. La diversification vers des produits agricoles ou industriels de grande valeur et prometteurs de meilleurs profit, impliquera une plus grande participation aux chaînes d'approvisionnement et aux réseaux « conditionnés par l'acheteur », tout en se conformant aux attentes de l'acheteur en matière de livraison, de fiabilité et d'innovation. Il faudra par ailleurs satisfaire les exigences et les normes de certification établies pour les articles de forte valeur.[24] Les fournisseurs de cafés de spécialité et autres qui ont implanté des usines de traitement humide et amélioré la qualité de leur café y sont parvenus (CNUCED 2007). Le marché des produits organiques certifiés qui connaît une expansion rapide offre des opportunités que l'Ouganda commence à saisir avec ses fruits frais, ses légumes et son coton. (Raynolds 2004). Malheureusement, il est difficile pour les petits propriétaires d'obtenir le label organique – qui implique une documentation importante, une bonne délimitation des plantations, la non utilisation d'engrais synthétiques et de pesticides –. Il en est de même de la participation aux chaînes alimentaires mondiales où les acheteurs sont prompts à rejeter la responsabilité sur le fournisseur (Humphrey et Memedovic 2006). Ainsi, le succès sur ces marchés dépendra plutôt de l'émergence de gros fournisseurs capables de se conformer aux normes de certification, aux exigences d'uniformité des produits, ainsi qu'à celles relatives à la livraison rapide, aux emballages appropriés, au flux continu de nouveaux produits et aux articles transformés. (Raynolds 2004). Les producteurs agricoles et les entreprises agro-industrielles - à l'exception de celles d'Afrique du Sud – sont de loin de plus petite taille, et de ce fait, d'autres pays raflent les nouvelles opportunités commerciales.[25]

- diversifier vers des marchés moins sollicités pour des entreprises de faible et de moyenne technologie ou des produits agricoles, rechercher des technologies inexploitées et innovatrices dans l'espoir de conquérir de nouveaux marchés, celui des biocarburants par exemple.
- prendre une part du marché des services commercialisables et en particulier dans le domaine de la TIC, ce que des pays comme le Ghana essaient de faire actuellement.
- Améliorer la chaîne de valeur des ressources naturelles en transformant localement davantage de ces produits, et réaliser une intégration verticale pour la fabrication de produits en vue d'approvisionner le secteur de l'extraction minière comme l'Afrique du Sud l'a fait.
- commencer à acquérir des compétences technologiques en redoublant d'effort pour l'assimilation des connaissances disponibles avec le concours des spécialistes de brevets et de nouveaux logiciels de recherche (voir Arora, Fosfuri et Gambadella 2001)[26]. Ceci se ferait par exemple, dans les industries de technologie de pointe pertinents pour la région, comme la biotechnologie[27] agricole, le mobilier en bois[28], les sources d'énergies alternatives[29], les nouveaux matériaux basés sur des produits agricoles locaux, les logiciels[30], l'agro-industrie, et autres pour lesquels les coûts initiaux en investissement ne sont pas anormalement trop élevés.
- gérer soigneusement les ressources naturelles afin de maximiser les profits soit par la négociation et le suivi des contrats signés avec des sociétés multinationales qui exploitent les ressources minières, l'application des techniques d'extraction les plus efficaces, ou par la gestion durable des ressources renouvelables telles que les forêts ou les réserves de chasse. Les questions environnementales deviendront plus urgentes et beaucoup plus difficiles à gérer avec la croissance démographique et le changement climatique.

Pour l'Afrique subsaharienne, l'urgence d'un changement d'approche à la croissance est rendue plus impérieuse par :

- Le changement climatique à venir et ses implications pour les pays enclavés, mais aussi pour certains pays côtiers. Les tendances climatiques négatives actuellement observées sont en effet inéluctables. Les seules impondérables demeurent la vitesse du déclenchement et leur gravité. Les prairies de l'Afrique de l'Est et australe seront probablement les plus affectées par la hausse des températures, l'insuffisance des précipitations et la désertification.[31] La disponibilité de l'eau et les climats extrêmes constitueront de véritables problèmes dans toute la région. Les régions côtières souffriront d'inondations, de la destruction de récifs coralliens, probablement plus en Afrique de l'Ouest qu'à l'Est. Les conséquences sur l'agriculture et le secteur touristique seront profondes[32].
- La propagation du SIDA[33] et d'autres maladies qui affectent les ratios de dépendance, la fertilité, la productivité de la main d'œuvre, le taux de scolarité, le taux d'assiduité, le nombre d'orphelins, la nutrition de la petite enfance et biens d'autres.
- Les tensions dues à la croissance démographique et à celle de la population active (voir figure 1.3), l'exode rural et la proportion de la population des moins de 18 ans, le soi-disant « boom des jeunes » (Cincotta Richard 2005).[34]

Figure 1.3 Croissance démographique et taux de fertilité dans les pays choisis, 1990 et 2005

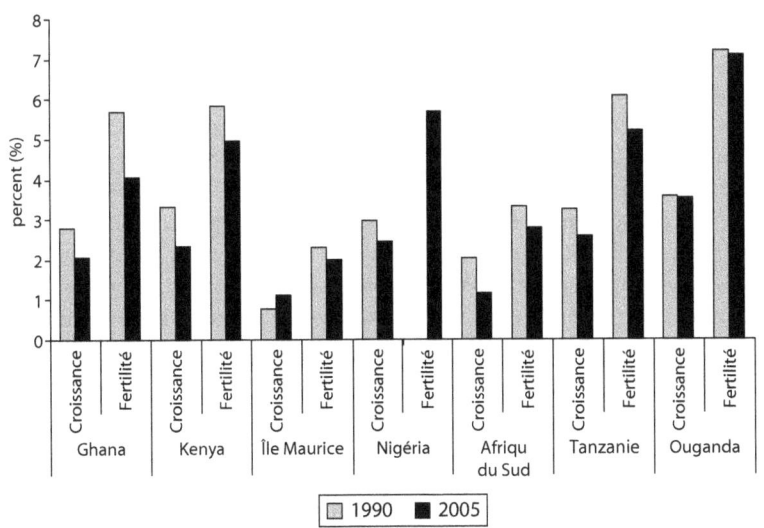

Remarque: Les données sur la fertilité au Nigéria datent de 2002.
Source: Indicateurs de développement mondial (2006).

- La vulnérabilité économique créée par la répartition inégale des revenus. L'inégalité associée au ralentissement économique et à une plus grande fragilité face aux chocs externes (Johnson, Ostry et Subramanian 2007) [35]. La vulnérabilité résulte également de l'isolement et les coûts de transport élevés dont souffrent certains pays enclavés.[36]
- Des retards dans l'exploitation de nouvelles techniques agricoles, qui ont limité la productivité et accru la vulnérabilité aux parasites et aux climats [37] extrêmes.
- Des difficultés dans la planification et la mise en œuvre des projets, ainsi que dans la gestion et l'entretien des infrastructures.[38]
- La fuite des cerveaux et les pertes induites par la mortalité élevée des personnes éduquées à cause du SIDA, qui a aggravé la pénurie de compétences (Ndulu 2004; Ndulu et al. 2007).
- Des infrastructures institutionnelles sous-développées et inadéquates responsables de l'environnement défavorable des affaires, du retard technologique, des institutions d'enseignement supérieur inefficaces et des troubles sociaux chroniques.[39]

Il est inutile de dire qu'à l'exception des industries légères et du secteur agro-industriel à faible technologie, de nombreuses autres options dépendront de la disponibilité d'une offre importante de main d'œuvre qualifiée et technique, ainsi que de l'accès au capital risque pour financer le démarrage des activités dans la haute technologie. Initialement au moins, et jusqu'à ce que les marchés financiers s'intensifient, une part substantielle de ce capital pourrait provenir de sources publiques, comme c'est le cas en Asie de l'Est. Johnson, Ostry, et Subramanian (2007) ont remarqué qu'à certains égards, les pays d'Afrique subsaharienne sont bien placés pour une avancée de la croissance. En effet, plusieurs de ces pays ont atteint la stabilité macroéconomique et ont libéralisé les échanges. Parallèlement, les institutions économiques qui empiètent sur les activités économiques sont faibles et les taux de change se sont appréciés. Par ailleurs, seuls 12 pays à faible revenu ont pu soutenir une croissance rapide sur une longue période. Dans pratiquement tous les cas, cela a été possible grâce à une expansion rapide des exportations de produits manufacturés. Rodrick (2006) a montré que la mauvaise performance de l'Afrique du Sud, l'économie la plus forte d'Afrique subsaharienne, s'explique largement par la faible croissance de son secteur manufacturier.

Sauf de très fortes injections de ressources extérieures, les investissements nationaux bruts de 30 % ou plus sont peu probables pour la grande majorité des pays d'Afrique subsaharienne et surtout dans les pays à faibles ressources. Ainsi, les taux de croissance les plus élevés recherchés par ces pays ne seront atteints que par des gains dans l'efficacité d'utilisation des ressources et dans les facteurs de productivité totale découlant des avancées technologiques. Une fois que le taux de croissance aura atteint un niveau supérieur, l'épargne et l'investissement pourront s'accroître comme en Inde, et pourront même atteindre le niveau d'Asie de l'Est. Mais tout ceci suivra un processus lent, le temps que le revenu par habitant s'accroisse, que la confiance en l'avenir se renforce, que la fuite des capitaux (qui a drainé vers l'extérieur 40 % des richesses de la région) soit enrayée ou inversée et que les problèmes sociopolitiques décourageants responsables de la violence et du malaise social soient atténués, (Bates, Coatsworth, et Williamson 2006; Collier 2007; Freeman et Lindauer 1999; Ndulu et al. 2007). Entre temps, la croissance accélérée, du point de vue de l'offre, nécessite :

- des progrès notables dans l'allocation des ressources effectuée par les agence publiques, le système financier[40] et le secteur des affaires;
- une amélioration substantielle de l'efficacité avec laquelle les actifs immobilisés (infrastructures et industrie) sont utilisés et des efforts conséquents pour l'entretien de ces actifs.[41]
- une amélioration soutenue dans la capacité de recherche et d'assimilation des technologies pertinentes, pour enregistrer des avancées progressives et exploiter la technologie à des fins variées – production de biens commercialisables, amélioration de la santé publique et la préservation de l'énergie et de l'eau faisant partie des objectifs.[42]
- l'accumulation des compétences de gestion, d'organisation et l'expérience, non seulement pour soutenir l'industrialisation et les relations économiques internationales, mais également pour faire face aux tendances de décentralisation dans plusieurs domaines, et d'urbanisation. La décentralisation fiscale et administrative en cours dans de nombreux pays africains et la croissance des centres urbains nécessiteront l'approfondissement de connaissances générales.[43] Partout où ces compétences sont faibles, les pays sont soumis à de fortes pressions fiscales et à des crises urbaines qui peuvent gravement retarder, voire entraver le développement.

Toutes ces prévisions sont faites sur la base de l'accroissement du ratio travailleurs qualifiés et techniques par rapport au capital, au cours des toutes premières phases du développement. Comme Theodore W. Schultz (1975) l'a montré dans un fameux article publié il y a plus de 30 ans, les travailleurs qualifiés et les professionnels offrent non seulement des connaissances techniques et la promotion de l'innovation, mais ils servent aussi comme agents d'affectation de ressources et comme coordinateurs et régulateurs capables de percevoir et d'exploiter les opportunités technologiques. La destination des ressources investies, l'évaluation des risques, les technologies utilisées, l'organisation de la production, les incitations pour la motivation et la commercialisation de nouvelles technologies dépendent des choix faits par les décideurs exerçant dans les secteurs public et privé. La qualité de cette panoplie de décisions est aussi significative pour les résultats à terme que l'apport direct de capital humain dans le processus de production. Les fonctions d'allocation et de gestion de risques, les nombreuses concessions, la communication et la coopération avec différents acteurs en vue d'améliorer la qualité des décisions constituent un complément vital à l'activité d'innovation. Ensemble, elles contribuent à augmenter la contribution de la connaissance à la performance économique.

Les États-Unis ont pu augmenter la « vitesse limite » de leur croissance à un taux entre 3 et 4 % de 1995 à 2005, alors que les investissements bruts étaient en moyenne de 20 %, et que les investissements nets ne dépassaient pas 7,5 %. Cela a été possible parce que les États-Unis jouissaient d'une combinaison de compétences entrepreneuriales, de gestion et de techniques pour saisir les opportunités offertes par la révolution des TIC (Jorgenson et Stiroh, 2000, Nordhaus, 2001; Solow 2001).[44] Les indicateurs de croissance macroéconomiques et le facteur de productivité totale sont reflétés par les indicateurs industriels de productivité de la main d'úuvre qui, avec consistance indiquent que les Etats-Unis sont plus productifs que tout autre pays dans presque tous les secteurs. Les Etats-Unis ne sont pas en tête quand au rapport capital/main d'œuvre[45], mais ils dominent en termes de volume d'innovation, et, surtout, - dans les TIC par exemple - dans l'assimilation et la commercialisation des innovations. Entre 1973 et 1990, la croissance de la productivité dans les pays d'Afrique subsaharienne était négative - chutant de 1,16 % par an. Depuis lors, on constate quelques progrès, mais il est évident que le potentiel de gain reste important, compte tenu de l'importance de la marge de rattrapage technologique et des immenses retombées pouvant en découler (Ndulu et al. 2007).

Fuite des cerveaux: quelle est l'importance du problème ?

L'amélioration de la qualité du capital humain et son déploiement constituent une alternative à l'accélération de la croissance en ASS[46] où le capital physique est relativement rare et susceptible de demeurer ainsi pendant quelques temps encore. Les décideurs dans les pays africains s'inquiètent du fait que la plupart des personnes recevant une formation onéreuse au niveau de l'enseignement supérieur, dans leurs pays comme à l'étranger, émigreront ou ne reviendront plus chez eux une fois leurs études achevées. Il s'agit là d'un problème auquel de nombreux pays de l'ASS sont en prise depuis quelque temps. Ce problème constitue également une préoccupation pour d'autres pays, développés comme en voie de développement. L'émigration des compétences affecte davantage les plus petits pays et les pays à revenu intermédiaire, que ceux à revenu faible (Docquier et Marfouk 2005). Par exemple, un tiers de la main d'œuvre des Caraïbes avec une éducation secondaire et supérieure et presque deux tiers de la Jamaïque et de Haïti ont émigré (Lowell, B Lindsay 2003). L'augmentation du niveau d'émigration affecte également d'autres pays, notamment le Royaume-Uni, le Vietnam et Hong Kong. Dans les années 60 et 70, un cinquième des étudiants taïwanais était parti étudier à l'étranger, mais peu d'entre eux sont retournés dans leur au pays. Sur une période de 30 années, environ 100 000 personnes ont quitté le pays (O'Neil, 2003). Dans le cas des pays d'Afrique subsaharienne les plus affectés, la fuite des cerveaux, couplée avec les pertes causées par le VIH/SIDA[47], renforce la dépendance de ces pays par rapport aux experts étrangers. Environ 100 000 travaillent dans la région pour un coût annuel de 4 milliards de dollars américains (Ndulu et al 2007). Face à une telle situation, il est souhaitable de prendre conscience de la gravité du problème et de faire preuve de clairvoyance quand aux dispositions à prendre.

D'abord, bien que les statistiques soient peu fiables, la fuite des travailleurs qualifiés et des techniciens pourrait être gérée par la plupart de ces pays. La plus haute estimation de l'émigration des médecins, qui sont parmi ceux dont le départ est le plus probable, n'est que de 28 % et la plus faible est de 9 %.[48] Beaucoup moins d'ingénieurs et de techniciens sont susceptibles d'émigrer. Ces pourcentages sont certes élevés, mais comparables à ceux observés dans les pays d'Asie de l'Est et du Sud dans les années 60 jusqu'aux années 90. Ensuite, la majorité de l'émigration (jusqu'à 2000) provient des pays qui ont connu des difficultés, notamment la Somalie, l'Érythrée, la Sierra Léone, le Mozambique et le Libéria- Cependant, plusieurs personnes qualifiées ont également quitté le Ghana et l'Ile Maurice- et une partie de cette émigration est intra régionale. En fait, 63 % du nombre total des migrants (non seulement les personnes qualifiées) sont restés en ASS et seulement un quart est parti dans les pays de l'OCDE. Les premiers sont plus susceptibles de retourner chez eux (Banque mondiale 2008). Enfin, un nombre croissant d'Africains qui vont étudier à l'étranger actuellement se rendent en Chine. À l'heure actuelle, on compte plus de 2000 étudiants d'Afrique subsaharienne inscrits dans des programmes de science et d'ingénierie en Chine et leur nombre s'accroît très rapidement. Il y a des chances qu'un pourcentage relativement élevé de ces étudiants retourne dans leur pays d'origine.

Il existe bien entendu, un quatrième facteur que constituent les transferts non négligeables que les migrants effectuent vers leurs pays chaque année. Environ 16 millions d'émigrants des pays d'Afrique subsaharienne ont rapatrié 22 milliards de dollars américains en 2006, ce qui est une injection de ressources remarquable, surtout pour les plus petits pays tels que le Burkina Faso, la Guinée - Bissau, le Libéria, le Burundi, et le Lesotho (IFAD 2008). Par ailleurs, comme l'Inde, la Chine et la Corée l'ont découvert, la diaspora peut servir de « banque de connaissances », de source d'investissements étrangers et de réseau capable de faciliter le flux des échanges commerciaux.

Certaines fuites de cerveaux sont inévitables[49] et doivent être prises en compte dans les calculs des gouvernements. Lorsque la fuite devient « excessive », elle vide clairement les pays de certaines de leurs ressources les plus inestimables. Cependant, comme le souligne Benno Nudlu, les pays ne peuvent pas « contrôler la fuite des cerveaux en érigeant des barrières pour contenir l'émigration. Les compétences fuiront les endroits où leur utilisation ne génère aucun gain. L'une des solutions pour juguler le problème de fuite de cerveaux est d'augmenter les opportunités d'emplois bien rémunérés. De meilleures compétences conduisent à une plus forte augmentation de la croissance et les taux de croissance élevés entraînent une augmentation de la demande en compétences » (Ndulu et Al 2007). 176). Les pays d'Afrique subsaharienne doivent redoubler d'effort pour constituer, à un niveau plus élevé, la réserve en capital humain nécessaire en vue de compenser la fuite des cerveaux et, dans un contexte de mondialisation, poursuivre une stratégie risquée certes, mais plus attrayante et qui met un accent particulier sur le degré de technicité et la qualité des compétences afin d'encourager l'innovation, promouvoir la diversification des produits et des services et optimiser les profits tirés des biens immobilisés, par une meilleure allocation des ressources et une gestion plus efficace.

Diversification de l'économie

Pour diversifier le portefeuille des exportations et profiter de la croissance, les pays doivent « découvrir » de nouveaux produits d'exportation (Rodrik 2007). Le mode de découverte varie largement d'une région à l'autre, et le processus d'accélération de « bonnes » découvertes est mal compris.[50] Cependant, une hypothèse plausible est que la découverte de nouvelles possibilités d'exportation est une combinaison de l'esprit d'entreprise et des compétences, auxquels s'ajoutent la capacité de production et à un environnement des investissements, provenant de politiques qui permettent de répondre rapidement aux opportunités perçues.[51] L'Afrique subsaharienne (ASS) accuse un retard dû aux lacunes persistantes dans ces domaines. Lorsque la valeur de nouvelles exportations est mesurée comme moyenne pondérée du revenu par habitant des pays exportateurs,[52] les nouvelles découvertes en Asie de l'Est en 2004 atteignent un total de 4 milliards de dollars EU, comparé à 3 millions de dollars en Amérique latine et dans les Caraïbes. La valeur moyenne d'une nouvelle découverte, de 2000 à 2005, en Asie de l'Est était de 50 000 dollars EU, 12 000 dollars EU en Amérique latine, et de 4000 dollars EU en ASS (Chandra Boccardo, et Osorio 2007). En moyenne, il existe un lien solide et positif entre les compétences secondaires et supérieures et les niveaux de compétitivité des exportations dans les pays en voie de développement (voir Figures 1.4 et 1.5). Cependant, sur un niveau d'enseignement supérieur presque semblable, le Ghana, le Kenya et l'Ouganda ont un niveau de sophistication d'exportation et de compétitivité (mesuré par la grille de sophistication des exportations de Rodrick-Hausmann, connu sous le nom d'Indice EXPY) beaucoup plus faibles que l'Inde, l'Indonésie et la Chine. Cette situation suggère que d'autres facteurs peuvent être responsables du taux relativement faible des découvertes par les pays de l'Afrique subsaharienne

Certains pays, comme le Kenya, la Tanzanie, l'Ouganda, et l'Ethiopie sont parvenus à « découvrir » de nouveaux produits d'exportation. Une grande partie de leurs exportations comprend actuellement des produits de base de grande valeur, des produits basés sur des ressources naturelles et certains produits de manufacture légère (voir Figure 1.6)[53]. Plusieurs pays ont pu réduire leur dépendance vis-à-vis de quelques produits clés d'exportation, bien que leur dépendance vis-à-vis de leurs cinq principaux produits soit toujours assez forte. La Tanzanie a réalisé des progrès satisfaisants dans la diversification de son portefeuille d'exportations. Toutefois,

Figure 1.4 Sophistication et compétitivité des exportations (EXPTY) et niveau d'études supérieures (pourcentage de la main d'œuvre ayant achevé des études supérieures)

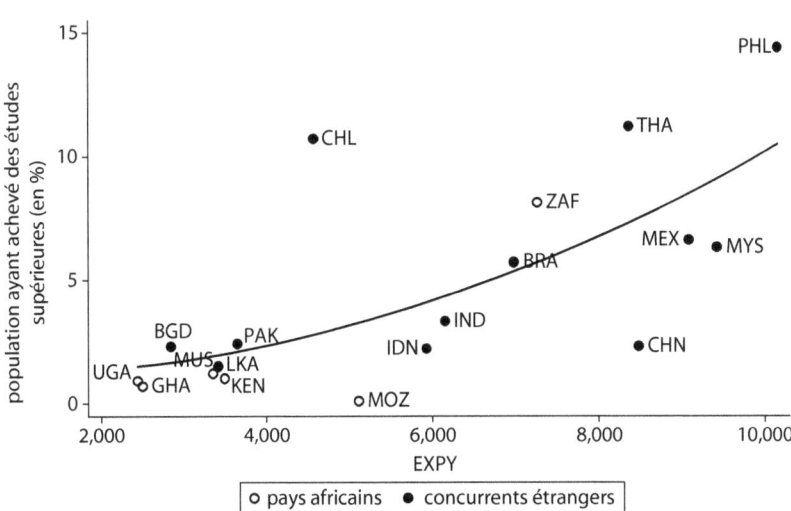

Source: Éducation correspondant à l'année 1999 d'après les estimations de Barro et de Lee (2000)
EXPY était calculé à l'aide du Comtrade des Nations unies, SITC Rev. 2 - 4 points pour l'exercice 2000-2004.

l'augmentation de la sophistication des exportations est relativement faible (voir Tableau 1.8). En ce qui concerne le Ghana et l'Ile Maurice, la sophistication des exportations a en fait baissé entre 1985 et 2004.

Les économies de l'Asie de l'Est ont réussi à diversifier rapidement leurs exportations et certaines continuent à découvrir de nouvelles exportations sophistiquées qui présentent une valeur ajoutée locale élevée. Leur réussite est due en partie à l'appartenance de nombreuses entreprises d'Asie de l'Est à des réseaux de production mondiaux. Cela implique des échanges commerciaux de pièces et de composants au cours du processus de production. Ce commerce s'est rapidement développé depuis les années 70. Entre 1970 et 1990, le commerce facilité par les chaînes de valeur représentait 21 % des exportations et 30 % de la croissance des exportations (Hummels, Ishii et Yi 2001). En faisant partie des réseaux de production mondiaux, les entreprises de l'Asie de l'Est avaient plus d'opportunités de développer de nouveaux produits d'exportation et de s'adapter rapidement, souvent avec l'aide des entreprises de file. Ce rôle d'entreprise de file est important, même dans l'habillement. Alors que l'industrie du vêtement peut encore fournir aux pays à revenu faible une opportunité de diversifier leurs exportations (en dépit de la domination de la Chine et de l'Inde), l'importance des acheteurs à l'échelle mondiale traduit la nécessité pour les exportateurs de faire partie d'un réseau.

Un développement majeur en Asie de l'Est a été l'émergence de grandes entreprises servant de points de connexion aux réseaux de production. Ces entreprises

Figure 1.5 La compétitivité et la sophistication des exportations (EXPY) augmentent avec le niveau d'études secondaires (pourcentage de main d'œuvre ayant achevé les études secondaires)

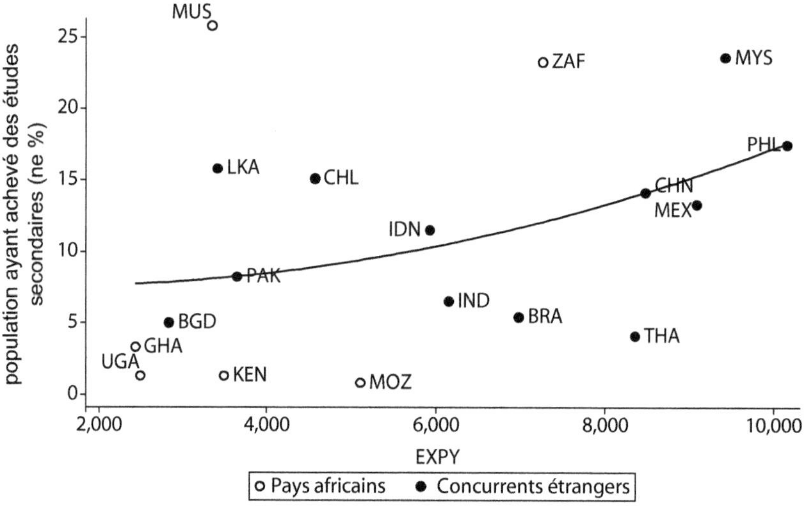

[Graphique : axe Y « population ayant achevé des études secondaires (ne %) » de 0 à 25 ; axe X « EXPY » de 2 000 à 10 000. Points : MUS, ZAF, MYS, LKA, CHL, PHL, CHN, MEX, IDN, PAK, IND, BRA, THA, BGD, GHA, UGA, KEN, MOZ. Légende : o Pays africains ● Concurrents étrangers]

Source : Éducation correspondant à l'année 1999 d'après les estimations de Barro et de Lee (2000)
EXPY était calculé à l'aide du Comtrade des Nations unies, SITC Rev. 2 - 4 points pour l'exercice 2000-2004.

favorisent la rencontre entre les nombreux petits fournisseurs et servent d'intermédiaires entre les acheteurs et les producteurs dispersés dans la région. Des entreprises comme 'Yue Yuen' (le plus grand producteur mondial de chaussures); 'Hon Hai Precision Industry' (le plus grand sous-traitant dans la fabrication d'appareils électroniques) et Esquel (l'un des plus grands producteurs de chemises) constituent des exemples de ces entreprises. Jusqu'ici, les entreprises africaines ne font pas encore partie de ces réseaux de production.[54]

Le faible niveau de compétence de l'Afrique limite son potentiel à découvrir de nouvelles options d'exportation et à se diversifier vers des produits manufacturés ou à exporter des produits transformés à base des ressources naturelles (Wood 1994; Wood et Berge; Wood et Mayer 2001). Les économies qui dépendent des ressources naturelles comme la Malaisie se sont lancées dans la biotechnologie agricole afin d'accroître les rendements et de trouver de nouvelles méthodes d'utilisation des matières premières agricoles comme l'huile de palme.[55]

Outre sa contribution à l'accroissement de la productivité des produits de base, la biotechnologie agricole peut stimuler le développement de la biotechnologie dans les domaines avoisinants, en médecine notamment, ce qui peut améliorer les soins de santé dans la région (Paarlberg 2008). A ce stade, il n'est pas nécessaire de souligner davantage les attraits d'un secteur de technologie agricole solide. La Chine, par exemple, qui effectue 20 % des R&D mondial dans ce

Figure 1.6 Evolution des exportations de produits agricoles et des produits transformés de grande valeur par rapport à celles des matières premières de faible valeur

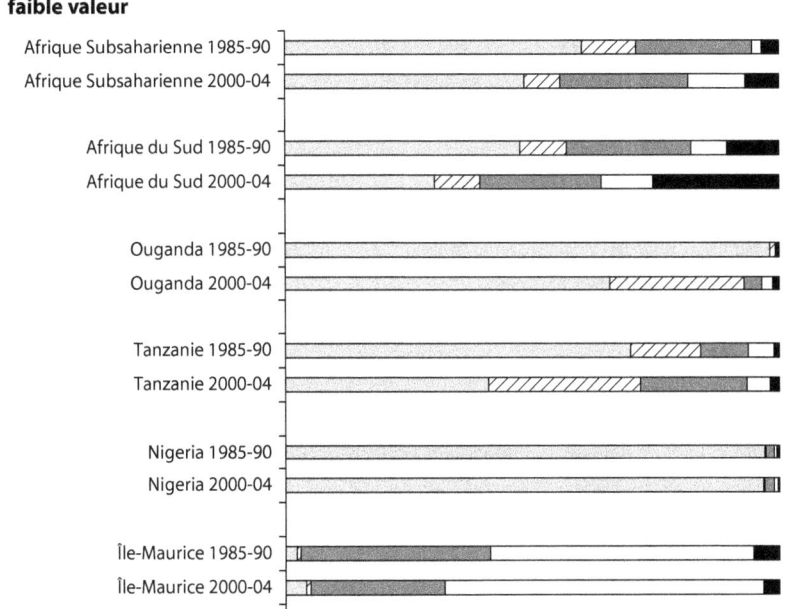

Source: Chandra, Boccardo, et Osorio 2007.

secteur, dépense 400 millions de dollars EU pour cette recherche, soit un doublement du niveau de financement de 2003 (*Financial Times* 2007a), et prévoit de doubler de nouveau ce niveau d'investissement d'ici 2010.

La biotechnologie repose largement sur la science et dépend des universités pour apporter les principales avancées dans la connaissance, des chercheurs hautement qualifiés pour développer les produits, et fréquemment, des entrepreneurs

Tableau 1.8 Indicateurs des tendances de diversification des exportations en Afrique

	Indice de Herfindal		Part des 5 principales matières premières (%)		Croissance des exportations (%)		EXPY	
	85–90	00–04	85–90	00–04	85–90	00–04	85–90	00–04
Ghana	0,21	0,17	81	70	14	4	2597	2560
Kenya	0,17	0,09	67	54	5	6	2243	3375
Maurice	0,14	0,10	67	63	14	3	4088	3563
Mozambique	0,08	0,25	47	72	10	26	3412	3839
Nigéria	0,87	0,81	97	96	1	14	2974	3774
Reste des pays d'ASS)	0,38	0,35	85	80	5	15	1575	2250
Afrique du Sud	0,05	0,04	44	37	6	10	5000	6551
Tanzanie	0,13	0,07	62	49	3	8	1513	2365
Ouganda	0,69	0,38	92	79	7	3	1025	2039

Remarque: La part des 5 principales matières premières représente les 5 plus grands produits sur l'ensemble des exportations; la croissance des exportations représente la croissance annuelle des exportations (nominale); et l'EXPY représente le niveau Rodrik Hausmann de compétitivité/sophistication des exportations, et un chiffre plus élevé indiquant une plus grande sophistication. Les données sont basées sur le Comtrade des Nations unies, CTCI2 - niveau à 4 chiffres.

universitaires pour lancer des entreprises commerciales et amener la recherche des laboratoires dans les champs et de là au marché.[56] C'est à ce niveau que l'éducation universitaire devient déterminante. En formant les travailleurs techniques et professionnels, les institutions d'enseignement supérieur peuvent stimuler la recherche locale et construire des « usines à idées » qui peuvent permettre aux pays Africains d'étendre leur récente réussite dans les domaines des fleurs coupées, des légumes et des arboricultures aux biocarburants, à de nouveaux produits et nouveaux composés médicamenteux comme l' *artemisia afra* et le précurseur antipaludique artemesinin (Gans et Stern 2003)[57].

Notes

1. Parmi les exceptions les plus connues, figurent diverses fondations privées américaines (Carnegie, Ford, Mac Arthur, Rockefeller), l'Agence suédoise pour la coopération dans la recherche avec les pays en développement, l'Agence norvégienne de développement international (NORAD), le Département finlandais pour la coopération internationale au développement international (FINNIDA) et l'UNESCO (Organisation des Nations Unies pour l'éducation, la science et la culture).
2. Pour les besoins de rédaction de ce rapport, les termes Afrique subsaharienne et Afrique sont utilisés de façon interchangeable.
3. Voir la base de données des activités liées à l'assistance du Système d'enregistrement des crédits de l'OCDE (Organisation de Coopération et de Développement économiques) à l'adresse http://www.oecd.org.

4. En 2005, les taux bruts d'inscription dans les établissements primaires ont atteint 97 % (UNESCO 2007).
5. Voir Autor, Levy et Murnane (2001). Avec la multiplication des sous-spécialités dans les industries, la demande de travailleurs dotés d'une expertise dans ces spécialités est également croissante (voir Arora, Fosfuri et Gambardella 2001).
6. Dans son discours à l'Association de l'histoire de l'économie (Economic History Association) en 1980, Richard Easterlin (1981) affirmait que l'augmentation de la croissance économique semblait être liée à l'offre en éducation de masse. Un rapport de l'ONUDI sur l'industrie révèle que près de 60 % des différences observées au niveau des revenus entre les pays de l'ASS et les pays industrialisés peuvent être attribuées à la différence de niveau de connaissance. Entre 1992 et 2002, 20 % de la croissance enregistrée en Asie de l'Est était attribuée aux changements intervenus au niveau de la connaissance, tandis que cette contribution est négative pour l'ASS (ONUDI 2005). Barro et Sala-i-Martin (1995) révèlent que l'augmentation de 0,68 année de la moyenne de fréquentation scolaire des garçons génère une augmentation du taux de croissance du PIB de l'ordre de 1,1 % et que l'augmentation de 0,09 année de cette moyenne dans l'enseignement supérieur augmente la croissance de 0,5 %. Par ailleurs, les pays retardataires qui ont amélioré leur capital en éducation ont pu se développer plus rapidement. Lin (2004) révèle qu'une augmentation de l'ordre de 1 % du capital d'enseignement supérieur à Taïwan (Chine) a augmenté la production industrielle de 3,5 %, tandis que l'augmentation du nombre de diplômés en génie technique et sciences naturelles de l'ordre de 1 % a entraîné une augmentation de la production agricole de l'ordre de 0,15 %. L'enquête de Krueger et Lindahlís (2001) présente des taux de rendements élevés de l'éducation sur la base de données prises individuellement. Toutefois, cette étude ne clarifie pas les différences entre les taux de rendement social et les taux de rendement privé. Bloom, Hartley et Rosovsky (2006) révèlent que les personnes les plus éduquées sont plus entreprenantes et que les entrepreneurs éduqués créent plus d'emplois que les entrepreneurs non éduqués. Par ailleurs, l'augmentation des inscriptions dans le supérieur est liée à une meilleure gouvernance. Heckman (2002) estime que le taux de rendement de l'éducation en Chine se situe entre 30 et 40 %. Selon Guarini, Molini et Rabellotti (2006) la transformation de l'industrie en Corée est due à la contribution substantielle des compétences.
7. Historiquement, la rentabilité de l'enseignement est supérieure à celle des investissements physiques (Psacharopoulos 2006). La rentabilité sociale de l'enseignement supérieur se situe entre 9,7 % et 17 %. Cette rentabilité peut être inférieure à celle de l'enseignement primaire certes, mais ces taux sont beaucoup plus élevés que la rentabilité du capital physique (Azcona et autres 2008). En 2001, la moyenne de l'OCDE était de 8,5 %, variant de 4 à 14 % entre les 21 pays de l'Organisation (Boarini et Strauss 2007). Dans les pays d'Amérique latine choisis, le taux de rendement est compris entre 11 à 22 %; il est beaucoup plus élevé que celui de l'enseignement secondaire (de Ferranti et autres 2003).
8. Le faible taux du rentabilité sociale de l'enseignement supérieur par rapport à celui de la rentabilité privée est dû au fait que l'enseignement supérieur public est très subventionné. Toutefois, une fois que la définition d'avantages « sociaux » est élargie et inclut la sécurité, la démocratisation et moins de corruption (qui sont difficiles à quantifier), le taux de rentabilité social peut être élevé (Psacharopoulos 2006).

9. Voir Silles (2007) pour l'analyse détaillée de cette étude sur les hommes au Royaume-Uni.
10. Une forte demande de travailleurs qualifiés a également été observée aux Etats-Unis. Lemieux (2007) établit un rapport entre cette situation et l'augmentation de la rentabilité de l'enseignement supérieur aux Etats-Unis.
11. Par ailleurs, l'utilisation du tutorat devient un phénomène généralisé dans le monde, ce qui signifie que les taux de rentabilité privée sont en hausse, particulièrement aux niveaux élevés (Dang et Rogers 2008).
12. Voir par exemple, Carnoy (2006) à propos du Brésil, de la Russie, de l'Inde et de la Chine.
13. Cette situation indiquait une baisse sensible des tendances observées dans les années 60 lorsque les taux de croissance par habitant avoisinaient 2,5 % pour ensuite chuter à 1,5 % entre 1970-74 (Artadi et Sala-i-Martin 2003). Voir également Johnson, Ostry et Subramanian (2007). Certaines recherches récentes associent la performance actuelle de l'ASS à l'expérience coloniale et aux changements institutionnels qu'elle a introduits ou n'a pas permis (Nunn 2007). Cooper (2002) présente un compte-rendu succint de la transition de l'ASS du régime colonial à l'indépendance et la façon dont ce changement a influencé les politiques et les institutions.
14. En dépit de tous ces facteurs, l'Afrique subsaharienne demeure relativement petite. Calderisi (2006. p.143) écrit que « A l'exception de l'Afrique du Sud, [l'Afrique subsaharienne] a une production sensiblement égale à celle de la Belgique. En 2000, l'économie africaine typique avait un revenu pas plus important que celui de la banlieue d'une grande ville américaine comme Bethesda, Maryland (2 milliards de dollars EU) . . . seulement un dixième des exportations sont des produits manufacturés . . . le tourisme est réduit et superficiel– peu de touristes reviennent sur le continent pour une deuxième ou une troisième visite– et la liste des destinations les plus connues est restée la même depuis 40 ans. »
15. La diversité des taux de croissance est présentée par Ndulu et autres (2007). La façon dont les exportateurs de pétrole peuvent éviter la baisse de la croissance et le gaspillage des ressources associés au soi-disant fléau des ressources est explorée dans les contributions de Humphreys, Sachs, et Stiglitz (2007), par Collier (2007) et Levy (2007).
16. Les flux informels pourraient ajouter plus de 90 milliards de dollars américains à l'agrégat général (Gupta, Pattillo et Wagh 2007).
17. En 2005, le total des transferts de fonds s'élevait à 188 milliards de dollars américains, soit le double de l'aide publique au développement. Le flux de transfert a augmenté de 15 % en moyenne depuis 2000. Parmi les 25 premiers pays bénéficiaires, le seul pays de l'ASS était le Nigéria. Les plus grands bénéficiaires sont la Chine, l'Inde et le Mexique (Gupta, Pattillo, and Wagh 2007). Toutefois, depuis 2000, les transferts aux pays de l'ASS ont augmenté de 55 % et en 2005, le flux vers ces pays est estimé à 6,5 milliards de dollars américains, soit 4 % du total des transferts aux pays en voie de développement. Ces transferts peuvent servir à augmenter la consommation des membres des familles dans les pays bénéficiaire ou pour l'investissement. D'après les documents sur les transferts de fonds, en particulier au niveau général, le transfert est motivé principalement par le souci d'accroître la consommation les membres des familles dans les pays bénéficiaire. À l'aide des données de panel recueillies, Chami, Fullenkamp et

Jahjah (2005) estiment que les flux des transferts sont contre-cycliques de nature, car ils visent à améliorer la consommation plutôt qu'à investir. Par ailleurs, certaines études soulignent un risque potentiel de problème de moralité. Les familles bénéficiaires comptent de plus en plus sur les transferts pour satisfaire leurs besoins de consommation (Azam et Gubert 2006). Les études basées sur les enquêtes sur les ménages révèlent certains exemples où les transferts sont utilisés pour des investissements tels que le logement et l'éducation (Adams 2006; Salisu 2005). Tandis les transferts peuvent ne pas avoir de conséquences directes sur la croissance par le biais des investissements, Aggarwal, Demirguc-Kunt, and Peria (2006) indiquent que les flux de transferts contribuent au développement du secteur financier. Pour des données récentes sur la migration et la les transferts, voir Page et Plaza (2006).

18. Une analyse plus détaillée des cinq principales matières premières en génie technique, produits alimentaires et vêtements indique que le groupe des matières premières dans ces sous-secteurs subit une large fluctuation, sauf à l'Ile Maurice et en Afrique du Sud. Cette situation suggère qu'en dépit de la capacité de ces pays à produire ces matières premières, celles-ci sont limitées et constituent une source de recettes variable. Les exportations de ces pays augmentent uniquement lorsque les approvisionnements mondiaux sont temporairement épuisés, puis elles diminuent à nouveau par la suite. Cette situation indique une faible compétitivité de ces pays en matière d'exportation de produits manufacturés.

19. L'augmentation des prix des produits agricoles entre 2000-2007 n'a pas eu d'impact négatif sur les termes de l'échange grâce à l'augmentation des prix des matières premières. Toutefois les pays confrontés à une pression inflationniste qui touche les pauvres, surtout en milieu urbain et la hausse rapide des prix des céréales en 2008 constituent une source d'inquiétude (Banque mondiale 2008f). Entre 2000 et 2006, la demande mondiale en céréales a augmenté de 8 %, mais les prix ont augmenté de 50 % à cause de la lenteur de la réaction de l'offre jusqu'en 2007-2008 et à cause de la production des biocarburants qui a puisé dans les réserves de maïs (« Precious Grains » 2008). Comparé à 2004, le prix du riz a plus que doublé (« International: Rice Rise » 2008) et les prix du blé et du soja ont doublé au cours des deux dernières années (International: Wheat's Dramatic Rise » 2008). D'une part, cette situation a poussé les pays importateurs à réduire ou à supprimer les tarifs douaniers d'importation sur les produits alimentaires. D'autre part,, de nombreux pays exportateurs comme l'Inde, le Vietnam et l'Argentine imposent des taxes à l'exportation ou interdisent les exportations afin de freiner la hausse des prix de leurs produits, situation qui entraîne une pression supplémentaire sur les prix sur le plan international (« Cereal Offenders » 2008; « International: Food Crisis » 2008; « Killing the Pampas's » 2008; «Needed: A New Revolution» 2008). Certains pays comme la Chine ont introduit des mesures de contrôle des prix pour contenir le prix des produits alimentaires et celui des intrants tels que les engrais («China: Fertilizer (Chine: engrais)» 2008). L'augmentation du prix des denrées alimentaires oblige les organisations d'aide comme le PAM et l'USAID à réclamer des financements supplémentaires de l'ordre de 500 et 350 millions de dollars américains respectivement («Food for Thought» 2008). Cette augmentation des prix des denrées alimentaires devrait perdurer jusqu'en 2015 au moins (Banque mondiale 2008f).

20. Les indicateurs sur la gouvernance et la corruption en Afrique subsaharienne ne donnent pas une image positive des progrès au cours des dernières décennies. On note une

petite amélioration dans la responsabilité et la stabilité politique, efforts occultés par les indicateurs de gouvernance négatifs dans de nombreux pays y compris dans cinq des sept pays de notre échantillon. Seuls l'Ile Maurice et l'Afrique du Sud ont progressé depuis 1996. « Slipping » (2006). En effet, la corruption s'est aggravée dans la région. Le résultat moyen des pays d'Afrique subsaharienne dans cet indice est passé de 3,3 en 2001 à 2,8 en 2006. A l'exception une fois encore de l'Île Maurice et de l'Afrique du Sud, les cinq autres pays ont enregistré de mauvais résultats en 2006. Mais à líexception du Ghana, tous ont amélioré leur résultat entre 2001 et 2006 («Oiling Palms» 2006).

21. Ndulu et autres (2007) abordent la question de la pression que le coût élevé des transactions exerce sur la croissance.

22. En ce qui concerne l'Amérique latine, Edwards (2007, p.22) se montre pessimiste sur l'amélioration des perspectives de croissance car « les pays de la région ne font preuve d'aucune volonté politique pour engager des réformes nécessaires au renforcement de leur institutions ». Ceci est également valable pour de nombreux pays africains.

23. Comme le relèvent Freeman et Lindauer (1999), les taux de croissance enregistrés dans le passé étaient surtout le fait du capital et non du capital humain. Les estimations en termes de taux de croissance indiquent que 10 % de la croissance en Corée est impulsée par le capital humain. Toutefois, Devarajan, Easterly et Pack (2002) pensent qu'en Afrique, le rapport entre l'investissement et la croissance n'est pas aussi fort qu'en Asie de l'Est en raison d'autres facteurs qui peuvent rendre les investissements improductifs.

24. La valeur des chaînes de production est maintenant largement reconnue car elles sont souvent capables de fournir une meilleure valeur aux clients. Fung, Fung, et Wind (2008) soulignent à juste titre, que la participation au « réseau [génère] des bénéfices tangibles et non tangibles dont l'apprentissage, la confiance, l'accès aux clients internationaux et le développement à long terme ». (p. 49). Les réseaux permettent de résoudre plus facilement les problèmes et de renforcer les capacités afin qu'elles puissent rapidement répondre à la demande. Les producteurs des pays africains peuvent profiter de ces réseaux, car la valeur ajoutée agricole par travailleur en Afrique subsaharienne, estimée à 343 dollars américains en 2004, était la plus faible au monde. La moyenne internationale avoisine 900 dollars américains. Celle de l'Amérique latine est estimée à plus de 3000 dollars américains (J.E.Austin Associates 2007).

25. Gibbon et Ponte (2005) sont de ceux qui pensent que le démantèlement des organismes parapublics africains a réduit le pouvoir de négociation des producteurs locaux et leur capacité à mettre sur pied des mécanismes de contrôle qualité.

26. Comme l'ont souligné Arora, Fosfuri, et Gambardella (2001), de nombreuses entreprises comme GE possèdent un stock de brevets inutilisés qui peuvent être octroyés à d'autres. IBM a pris le devant en mettant gratuitement plusieurs de ses brevets à la disposition d'autres utilisateurs.

27 Les cultures transgéniques présentent de nombreux avantages dont la résistance aux maladies, des substances nutritionnelles améliorées, une plus longue durée de conservation et la réduction des meurtrissures pendant le transport, etc. (Graff, Roland-Holst et Zilberman 2006). Cependant, compte tenu des multiples évolutions techniques et des obstacles à la certification, la plupart des pays de l'ASS doivent attendre 10 à 15 ans avant de profiter des cultures génétiquement modifiées (Eicher, Maredia et Sithole-Niang 2006).

28. Au sujet de la performance et de la croissance de l'industrie du meuble en Chine, voir Robb et Xie (2003).
29. Voir Caesar et Seitz (2007) pour les opportunités existant dans le domaine des biocarburants.
30. Par exemple, les logiciels spécialisés qui simplifient les diagnostics d'équipement et des maladies humaines peuvent aider à résoudre le problème des besoins en travailleurs qualifiés tout en améliorant la qualité de la maintenance et des soins de santé.
31. Cette situation pourrait amener l'agriculture à changer des cultures vers des activités pastorales et de préférence, à l'élevage des chèvres et des moutons plutôt que celui des poules et des bovins (Seo et Mendelson 2007).
32. Watson, Zinyowera, et Moss 2007; Stern 2007.
33. Les problèmes posés par le SIDA, le paludisme et autres maladies sévissant en Afrique ont fait l'objet de recherches approfondies ; il n'est donc pas nécessaire de résumer toute cette documentation ici. Il suffit de dire que les maladies infectieuses freinent le développement économique de l'ASS, maintiennent des taux de fécondité élevés car les familles veulent s'assurer qu'elles ont quelques enfants survivants, et qu'elles accumulent de futurs problèmes sociaux liés aux orphelins, aux travailleurs dont la croissance dans la petite enfance a été affectée par la maladie et à des cohortes de jeunes dont les perspectives d'emploi sont limitées (Kalemli-Ozcan 2006; Conley, McCord et Sachs 2007; Haacker 2007). En 2005, 6,1 % de la population de l'ASS, dans la tranche d'âge des 15-55 ans, étaient VIH séroposifs. Le paludisme infecte 300 à 500 millions personnes par an, dont 90% en ASS et tue 1 million de personnes, principalement des enfants dont la majorité est, une fois de plus, en Afrique (5 % des enfants qui meurent en ASS le sont par cette maladie ; la moyenne d'âge spécifique de cette mortalité est de 4 ans). Le coût associé à cette maladie s'élève à 12 milliards de dollars américains (About Malaria 2007). D'après une estimation, pour réduire le nombre des victimes causées par le paludisme, il faut engager des dépenses de l'ordre de 3,2 milliards de dollars EU par an, alors que moins de 800 millions de dollars américains ont été engagés à ce jour (« Africa Urged to Boost Spending to Fight Malaria » 2007). Johnson, Ostry et Subramanian (2007) également fait des commentaires sur le poids des problèmes liés à la santé.
34. Jimenez et Murthi (2006) soutiennent qu'en investissant de façon appropriée dans le capital humain, ce boom pourrait constituer la base d'un développement économique fort. Dans le cas de l'Afrique subsaharienne, près de 258 millions de travailleurs auront atteint d'ici 2025, l'âge d'activité (15-24 ans), offrant ainsi au continent un « bonus démographique » (Azcona et autres 2008).
35. Ces dernières années toutefois, l'enclavement pose apparemment moins de problèmes, tant que les biens exportés peuvent être transportés par voie aérienne et que leur valeur est élevée. L'exportation des matières premières est un exemple frappant. L'Ouganda par exemple, a réussi à exporter par voie aérienne, des fruits frais et des produits biologiques conformes aux normes de l'Union européenne (Chandra, Boccardo et Osorio 2007). Il est difficile de prédire l'évolution de cette situation, si le coût d'énergie continuent d'augmenter et si le changement climatique commence à montrer ses effets sur la viabilité de certaines activités agricoles. Cependant, tout dépendra en grande partie de la flexibilité économique, de la vitesse d'adaptation et de la tolérance fondamentale

36. Broadman (2007) relève que 40 % des populations de l'ASS vivent dans des pays enclavés par rapport à 23 % des populations d'Europe de l'Est et de l'ex-Union soviétique
37. Des études ont montré que les revenus générés par les recherches menées dans le secteur agricole sont élevés et oscillent entre 16 et 135 % en Afrique subsaharienne. Toutefois, le manque de collaboration viable entre les instituts de recherche et les agriculteurs a conduit à l'adoption, par les agriculteurs, de moins de 10 % des nouvelles variétés de produits développés par les instituts de recherche (Aczona et all 2008).
38. En 1990 par exemple, le Mozambique comptait moins de 3 000 diplômés de l'enseignement supérieur et moins de 15 % de ses fonctionnaires étaient des diplômés universitaires. Grâce à l'expansion du secteur des universités, plus de 600 diplômés sortent désormais chaque année des universités. Cette situation entraîne la mise à niveau des compétences générales dans les secteurs public et privé (Institut de la Banque mondiale 2007).
39. L'étude menée par Collier (2007) et de nombreux autres sur la question de « l'échec de l'état » s'inspire également de cette situation.
40. Voir Beck et Levine (2002), qui soulignent la contribution de l'intensification des circuits financiers consolidée par le renforcement des institutions légales.
41. Le Rapport sur le développement dans le monde 1994 (Banque mondiale 1994) faisait observer, treize ans plus tôt, que la négligence de la maintenance préventive estimée à 12 milliards de dollars américains obligerait les pays de l'ASS à engager des dépenses évaluées à 45 milliards de dollars pour la reconstruction. Des recherches ultérieures menées par Charles Hulten (1996) révèlent qu'une évaluation appropriée des infrastructures a une influence considérable sur la croissance. Lorsque Hulten compare la performance des économies de l'Asie de l'Est à celle de l'ASS, il note qu'un quart de la différence observée au niveau du taux de croissance, environ 0,75 % par an, s'explique par l'utilisation efficace des infrastructures. Le mauvais état des routes réduit sensiblement les échanges et augmente les coûts du transport ainsi que les pannes de véhicules. Si on attribue l'index 100 à la qualité des routes d'Afrique du Sud, celle du Nigéria et du Ghana seront à 34 et 30 respectivement, tandis que celles du Kenya, de l'Ouganda et de la Tanzanie seront à moins de 20. La Tanzanie enregistre la note la plus basse, soit 6,4 (« Driving Growth » 2007). Selon les estimations de la Banque mondiale, l'ASS a besoin d'environ 20 milliards de dollars américains d'investissement en infrastructure pour réduire le déficit (« Infrastructure africaine » 2006). L'investissement dans les infrastructures et la maintenance de leur qualité opérationnelle pourraient augmenter le taux de croissance de 2,3 % (Calderon 2008). Il est par ailleurs nécessaire d'améliorer la gestion et la maintenance du niveau actuel des infrastructures et de celles à venir. Cela requiert des compétences managériales et techniques.
42. Les pays en voie de développement (généralement habitués aux machines importées) doivent désormais s'arrimer aux technologies développées, en rapport avec l'évolution de leur potentiel humain. En effet, lorsque les pays en voie de développement importent ces instruments, ils manquent généralement de compétences nécessaires pour les utiliser efficacement (Acemoglu 2002; Acemoglu et Zilibotti 2001). Les recherches ont certes, tendance à se concentrer sur les technologies physique, mais la situation n'est

des différents pays; il s'agit en fin de compte, d'une question de compétences et d'institutions. La relance économique au Japon et en Allemagne après la deuxième guerre mondiale était en grande partie due aux facteurs susmentionnés.

43. Selon des enquêtes de l'évaluation du climat d'investissement (ICA), un quart des directeurs en Afrique sont titulaires d'un diplôme d'études supérieures, 7 % possèdent un diplôme de technicien et 30 % ont fait quelques études universitaires. La proportion de directeurs titulaires d'un diplôme de l'enseignement secondaire est estimée à 30 %, également répartis entre l'enseignement professionnel et non professionnel. Moins de 2 % n'ont pas reçu d'éducation scolaire. En comparaison, plus de 80 % de directeurs au Chili et en Chine sont titulaires d'un diplôme de l'enseignement supérieur. Les directeurs de la majorité des entreprises d'exportation possèdent un diplôme post universitaire. Les grandes entreprises et les entreprises de taille moyenne comptent plus de directeurs titulaires d'un diplôme universitaire ou post universitaire, tandis que les petites entreprises et celles n'évoluant pas dans le secteur des exportations comptent surtout des directeurs titulaires d'un diplôme de l'enseignement secondaire. Sans surprise, plus de 34 % des directeurs en Afrique du Sud et à l'Ile Maurice sont titulaires d'un diplôme post universitaire. C'est tout le contraire en l'Ouganda, qui compte le plus grand nombre de gestionnaires parmi sa population active; très peu d'entre eux sont titulaires d'un diplôme post universitaire. D'une manière générale, la plupart des directeurs de l'ASS sont diplômés d'une université étrangère; seulement 10 % sont titulaires d'un diplôme d'une université locale. Depuis 1950, l'Inde attache une importance particulière au niveau d'étude des directeurs. La capacité de recrutement des titulaires d'un diplôme d'études supérieures à la direction des entreprises était évaluée à 83 000 en 2005 (Chandra 2007). L'Inde met un accent particulier sur la formation des gestionnaires, mais elle est toujours confrontée à un manque de personnel enseignant qualifié. Le déficit actuel est estimé à environ 6.000, et elle ne sort que 150 diplômés de doctorat en gestion par an.

44. Entre 1995 et 2000, la croissance de la productivité du travail avoisinait 2,7 % par an, la moitié provenant surtout des gains en efficacité. Ce taux est passé à 3,4 % par an entre 2000-05, dont 56 % provenait de l'amélioration de l'efficacité (Rapport économique du Président 2007). Certes, les autres pays ont également accès aux nouvelles technologies et ont des taux de compétences comparables, mais les Etats-Unis occupent le premier rang en matière de productivité et de croissance, en raison de la qualité des compétences employées pour l'attribution et l'utilisation des ressources et de la compétitivité du marché (Gordon 2003; Gordon 2004a et 2004b); voir McMorrow et Roger pour la zone Euro (2007).

45. Les principales économies européennes ont un fort potentiel de capital et peu de main d'œuvre semi qualifiée ou non qualifiée (Crafts 2007).

46. Depuis 1991, la contribution annuelle du capital au développement a connu une augmentation de 0,4 % (Ndulu et Al 2007).

47. Le Botswana, par exemple, a perdu 17 % de personnel de la santé entre 1999 et 2005 à cause de la mortalité due au VIH/SIDA (Connel et al 2007).

48. Le besoin en personnel de santé augmente à l'échelle mondiale ; par conséquent, un grand nombre de pays en voie de développement sont confrontés à une émigration sans cesse croissante du personnel de santé, y compris ceux de l'Afrique subsaharienne. Traditionnellement, les pays exportateurs sont l'Afrique du Sud et le Nigéria, mais au cours des dernières années, l'émigration a augmenté au Ghana, au Kenya et en

Ouganda. Comme région, l'Afrique subsaharienne enregistre les taux d'émigration les plus élevés, suivie de l'Asie du Sud (Multan 2005). Avant la deuxième guerre mondiale, l'émigration s'effectuait, en réalité, des pays développés vers les pays en voie de développement, mais on assiste à une situation inverse à l'heure actuelle. Aux Etats-Unis, le nombre de médecins étrangers qualifiés est passé de 70 646 en 1973 à 210 000 en 2003. Au Royaume-Uni, le nombre de médecins étrangers qualifiés est passé de 20 923 en 1970 à 69 813. Dans ces pays, les travailleurs étrangers qualifiés représentent plus de 30 % de l'ensemble du personnel de santé (Connell et al 2007).

49. En fait, l'émigration motive certaines personnes à rechercher díune éducation de niveau de l'enseignement supérieur. Par ailleurs, l'augmentation du nombre de chômeurs qualifiés, qui accroît la recherche d'emploi au niveau local, peut améliorer l'équilibre entre les compétences et les emplois (Stark et Fan 2007).

50. Imbs et Wacziarg (2003) constatent que la relation entre la diversification économique et le développement économique est en forme de U avec un point d'inflexion d'au moins 10 000 dollars américains (2000 dollars américains). Cela rent dire que les pays à revenu faible tendent à diversifier leur panier d'exportations. Une fois le niveau de revenu intermédiaire atteint, ces pays commencent à se spécialiser, en particulier dans les biens à valeur ajoutée de plus haute qualité. Cependant, les économies à croissance rapide sont celles qui passent rapidement à l'étape suivante de la diversification. (Hesse 2006, Chandra, Boccardo et Osorio 2007).

51. Une enquête menée par Wagner révèle que d'une manière générale, les entreprises les plus productives tendent à se tourner vers l'exportation. Par ailleurs, les résultants suggèrent que les entreprises adoptent consciemment des stratégies pour renforcer leurs capacités d'exportation dans líavenir (Wagner 2007).

52. La justification derrière le calcul de la moyenne pondérée du revenu par habitant du pays exportateur est de saisir la qualité intangible et la complexité technologique de ces marchandises. Plus la valeur est élevée, plus la qualité est élevée et plus la sophistication est nécessaire pour produire et exporter ces marchandises.

53. Seuls quelques pays africains sont d'importants producteurs de produits agricoles de haute qualité exportés principalement vers l'UE. Au nombre de ces pays figurent notamment le Kenya (légumes frais et fleurs coupées), l'Ethiopie (fleurs coupées et café), l'Afrique du Sud (agrumes, pommes, raisin de table), l'Ouganda et la Tanzanie (filet de pêche), le Mozambique et le Malawi (noix de coco) et Madagascar et les Comores (vanille et clou de girafe) Voir Kjollerstrom et Dallto (2007) pour un exposé détaillé sur les exportations basées sur les ressources.

54. Par exemple, Brenton et Hoppe (2007) constatent que les entreprises africaines n'exportent pas autant que leur modèle ne le prédit.

55. Voir également Weir et Knight (2007) sur la façon dont les niveaux d'éducation de la communauté agricole accroissent la production et stimulent l'innovation.

56. Un début prometteur avec la « chimie verte » basé sur les plantes cultivées telles que le bananier d'Abyssinie et le manioc, a été observé à l'Université d'Addis-Abeba. Par ailleurs, ce début augure des lendemains meilleurs pour les pays pauvres à fort potentiel de ressources d'hydrocarbures et qui cherchent à remplacer les produits dangereux par des produits moins dangereux (« *Empowering Green Chemist* » 2007).

57. *L'Artemisia afra* est un composant médicamenteux africain traditionnel à base de plantes depuis des générations. Il est utilisé dans le traitement des troubles mineurs. Les essais réalisés sur la culture de *l'artemisia annua* (ou *absinthe douce*) – une plante qui tire ses origines des régions montagneuses du Sud-ouest de la Chine – ont commencé il y a environ une décennie. Avant 2006, *l'artemisia* recouvrait 1000 hectares au Kenya, en Tanzanie et en Ouganda. *Advanced Bio Extracts*, entreprise avec des entités établies dans les trois pays, travaille actuellement avec les producteurs agricoles pour assurer la stabilité des approvisionnements et une extension des cultures. Son unité de production, spécialisée dans l'extraction et la purification du composant, est située à Athi River (Kenya). L'entreprise approvisionne *Novartis* – qui fournit l'assistance aussi bien technique que financière – le producteur du *Coartem*, médicament antipaludique, ATC (Malaria Herb Now Turns Top Cash Crop 2004; Artemisinin 2007).

CHAPITRE 2

L'impératif de l'Education

Dans plusieurs pays d'Afrique subsaharienne (ASS), les taux d'alphabétisation et d'inscription dans le primaire ont augmenté au point qu'ils ont cessé d'être des contraintes à la performance économique. Contrairement au passé, le développement futur dépend beaucoup plus du niveau et de la qualité de l'enseignement secondaire et de l'augmentation et de l'offre des compétences au niveau de l'enseignement supérieur. Au cours des années, le contenu des connaissances de presque tous les secteurs industriels s'enrichit et les seuils technologiques de la plupart des activités industrielles se développent. Le renforcement des capacités de la main-d'œuvre doit se faire en conséquence. Les pays en voie de développement et les pays développés reconnaissent que si la connaissance détermine le progrès économique, la préparation des diplômés de l'enseignement secondaire et la formation des étudiants du supérieur doivent figurer au rang des hautes priorités dans la formulation des politiques économiques.[1]

Les pays qui ont réussi, comme la Corée (et plus récemment, la Chine), ont pu rapidement développer l'offre de travailleurs qualifiés, et ont ainsi considérablement modifié le profil éducatif de leurs populations. En revanche, plusieurs pays d'Afrique subsaharienne (SSA) n'ont pas pu atteindre ces résultats (voir la Figure 2.1 qui présente les profils contrastants de la Corée et du Ghana).

Les inscriptions dans le secondaire, bien qu'en hausse, restent toujours faibles. Celles du supérieur sont bien inférieures à ce qu'il faudrait pour accélérer le développement du secteur industriel et la diversification des exportations (voir figure 2.2). Par ailleurs, les résultats des derniers tests internationaux

Figure 2.1 Changements du profil éducatif en Corée et au Ghana, 1960-2000

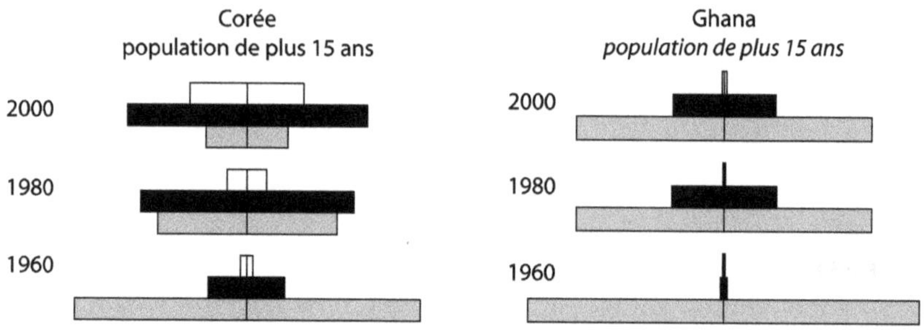

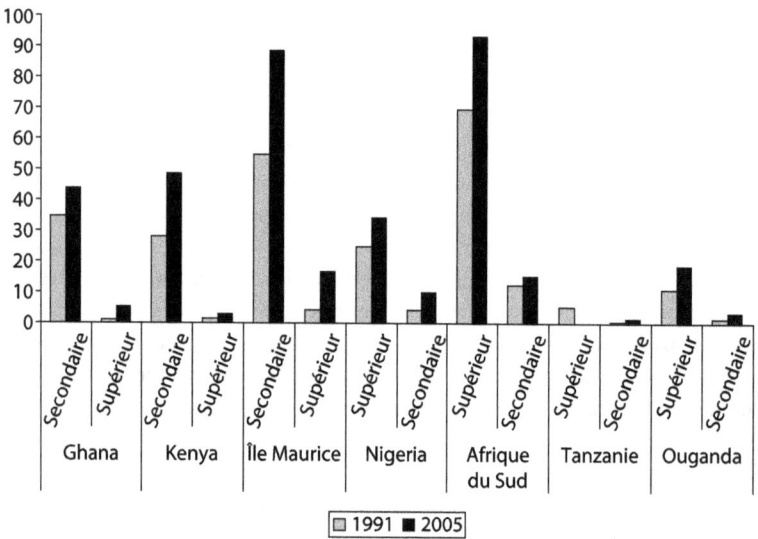

Remarque: le bloc supérieur représente le pourcentage de la population ayant fait des études supérieures, celui du milieu représente le pourcentage de la population ayant uniquement fait des études secondaires, et le dernier représente le pourcentage de la population ayant uniquement fait des études primaires.

Figure 2.2 Taux brut des inscriptions aux niveaux secondaire et supérieur dans les pays étudiés

Remarque: Il s'agit ici des données relatives au taux d'inscription dans l'enseignement supérieur au Kenya de 1990 à 2004; au Nigéria de 1992, 2004 et en Ouganda dès 2004.
Source: Indicateurs de développement dans le monde (2006) et EdStat.

en mathématiques et en science dans l'enseignement secondaire ont révélé que les performances du Ghana, du Botswana et d'Afrique du Sud, étaient bien plus faibles que la moyenne internationale (voir Tableau 2.1). Cet exemple suggère que les efforts déployés pour améliorer la qualité de l'éducation dans le secondaire seront avantageux au niveau universitaire en termes de préparation des étudiants aux études et à l'emploi.

Tableau 2.1   Notes moyennes obtenues en mathématiques et en science par les élèves de quatrième dans les pays choisis, 2003

	Résultats en Mathématique	Résultats en Science
Corée	589	558
Malaisie	508	510
Moyenne internationale	**466**	**473**
Jordanie	424	475
Indonésie	411	420
Egypte	406	421
Chili	387	413
Botswana	366	365
Ghana	276	255
Afrique du Sud	264	244

Remarque: Quatre points de référence internationaux sont définis : le point de référence supérieur est de 625, le point de référence élevé est de 550, le point de référence intermédiaire est de 475, et le point de référence faible est de 400.
Source: Centre national pour les Statistiques sur l'Éducation (2004).

Nous avons présenté graphiquement les données pour un échantillon de pays d'Afrique subsaharienne (ASS) et quelques comparateurs sur les Figures 2.3 et 2.4. Les courbes dans les Figures 2.3 et 2.4 indiquent le niveau d'inscription prévu en fonction du revenu par habitant. Ce n'est qu'au Ghana, au Kenya et en Afrique du Sud que le taux d'inscription dans l'enseignement secondaire est supérieur au taux prévu. Dans le supérieur, seules les inscriptions brutes du Nigéria et de l'Ouganda sont plus élevées que celles prévues par le modèle. Les inscriptions brutes dans l'enseignement secondaire sont inférieures aux valeurs prévues dans les pays ayant une croissance économique rapide comme l'Ile Maurice, la Malaisie et la Thaïlande. Les inscriptions brutes dans le supérieur sont également bien inférieures aux valeurs prévues pour l'Ile Maurice, l'Afrique du Sud et, dans une moindre mesure, pour la Malaisie, alors que dans les autres pays, elles sont proches des valeurs prévues par rapport au niveau de revenu. Cette situation s'explique sans doute par le fait que dans certains pays économiquement dynamiques, qui se retrouve en dessous de cette tendance, la qualité vient avant la quantité. Toutefois, pour l'avenir, les options souhaitables pour le développement appellent une augmentation du niveau et de la qualité de l'enseignement supérieur. Un point placé sur la courbe de la tendance historique (qui représente le niveau moyen des réalisations du passé) n'est plus approprié pour les pays qui veulent accélérer leur croissance. Il est plutôt souhaitable de viser un niveau d'inscription plus élevé.

Fort heureusement, on observe une émergence d'opportunités de la poursuite de l'impératif de l'éducation. La récente accélération de la croissance et la promesse d'une assistance extérieure supplémentaire contribueront à accroître les ressources destinées aux pays d'Afrique subsaharienne. Sur le plan politique, la région est plus stable que par le passé et moins perturbée par les conflits sociaux.

Figure 2.3 Inscriptions brutes dans le secondaire en 2004

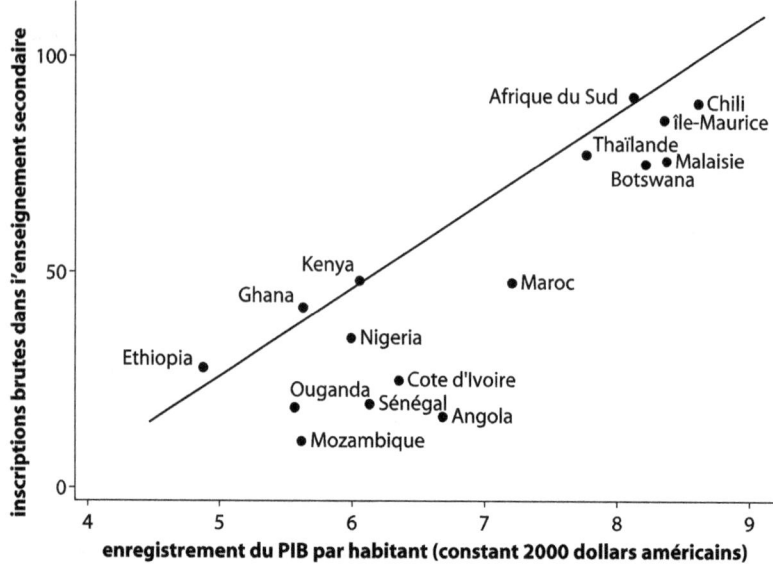

Remarque: La valeur prévue est basée sur une régression de 105 pays à revenu faible et à revenu intermédiaire, pondérée par la population. Les données de l'Afrique du Sud et de la Malaisie datent de 2003 ; celles de l'Angola de 2001 ; et celles de la Côte d'Ivoire de 2001. Toutes ces données sont tirées des Indicateurs de développement mondial.
Source: calculs des auteurs.

En ce qui concerne les changements climatiques, l'Afrique a encore 15 à 20 ans pour introduire de nouvelles technologies et construire des infrastructures physiques et sociales pour faire face aux principaux changements climatiques qui surviendront. En investissant dans le secondaire et le supérieur et en maintenant un niveau d'investissement élevé dans ce secteur, les pays africains pourront :

- s'assurer que le volume et la qualité des compétences requises, pour un grand nombre, très spécialisées, seront disponibles, probablement après une période de gestation d'environ une décennie (avec une dépendance importante initiale de la formation à l'étranger.)[2], mettre à profit le boom des jeunes et, si l'éducation améliore les perspectives d'emploi, neutraliser le risque de sous emploi qui pourrait engendrer la violence.
- Approfondir la base institutionnelle de la recherche – dans les universités et instituts spécialisés.
- Initier le processus de développement technologique à une plus grande échelle ainsi que le transfert de technologies entre les centres de recherche et les domaines des affaires et de l'agriculture.

Figure 2.4 Inscriptions brutes dans l'enseignement supérieur en 2004

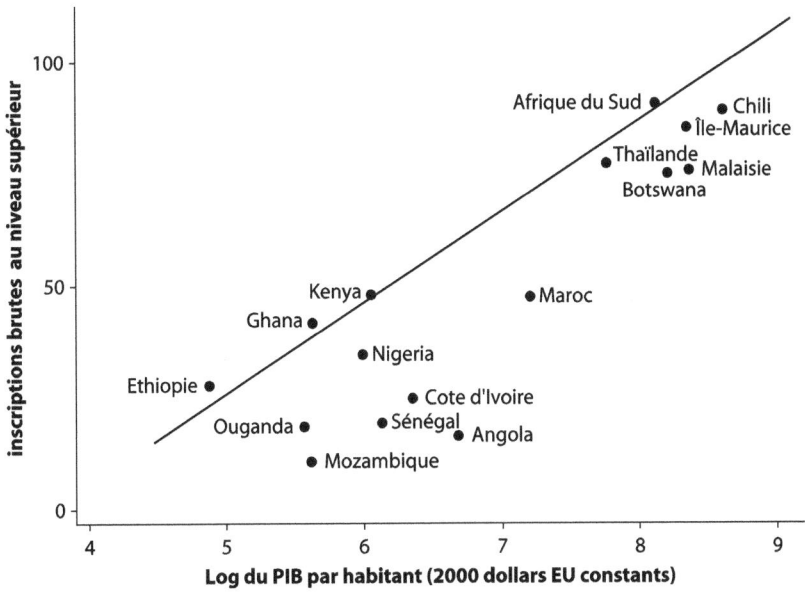

Remarque: La valeur prévue est basée sur une régression de 86 pays à revenus faible et intermédiaire, pondérée par la population. Les données de l'Angola, l'Afrique du Sud et la Malaisie datent de 2003. Toutes ces données sont tirées des Indicateurs de développement mondial.
Source: calculs des auteurs.

Ces résultats sont difficiles à atteindre, car les besoins en enseignement supérieur sont énormes.[3] La qualité doit être améliorée, le remplacement du personnel enseignant vieillissant et l'attraction de nouveaux talents sont également essentiels. Il convient aussi de rattraper le retard accusé dans l'investissement en infrastructures. Pour ces raisons, il est important d'allouer des fonds supplémentaires à l'enseignement supérieur pour une période de 10 ans au moins, afin de corriger les imperfections du passé, et de compenser le grand nombre actuel de travailleurs avec de faibles compétences qui ne peuvent être recyclés efficacement à faibles coûts. Ces dépenses publiques peuvent ensuite retourner aux niveaux existants, comparables à ceux des autres pays.[4] La solution clé serait donc d'envisager un financement adéquat par des ressources publiques et privées.[5] Cependant, les ressources à elles seules ne pourront suffire ; il faudra des réformes parallèles en vue d'une allocation efficace de ces ressources, de l'amélioration des programmes, des pratiques pédagogiques et des compétences intangibles des institutions de l'enseignement supérieur et le renforcement de l'autonomie ainsi que des structures de gouvernance des institutions (Hanushek et Woessmann 2007 , Banque mondiale 2007).[6] Toutes ces actions doivent être entreprises dans le cadre dynamique et élargi de l'offre et de la demande des diplômés de l'enseignement supérieur.

Demande de compétences de haut niveau en Afrique subsaharienne

La demande sociale. La plupart des Africains considèrent la réussite scolaire comme la principale voie vers le succès dans la vie. En conséquence, la demande sociale d'accès, notamment aux niveaux élevés de l'éducation est continuelle. Cette situation crée de fortes pressions politiques pour l'expansion et gênent les réformes nécessaires au maintien de la qualité et de la compétitivité.[7] La demande du public en éducation supérieure est façonnée, en partie, par la tendance générale à la croissance de la population, et en partie par la tendance à l'accès aux niveaux inférieurs de l'éducation. Selon les estimations, la population des jeunes en Afrique subsaharienne, dont le nombre est déjà plus de quatre fois supérieure à celui de 1950, continuera de s'accroître rapidement dans un avenir proche (Banque mondiale 2007a). Au cours des 15 dernières années, les taux de la croissance démographique ont commencé à baisser en Afrique anglophone mais ils sont restés élevés en Afrique francophone (Figure 2.5). Les projections du taux de croissance dans le supérieur pour la tranche d'âge de 20 à 24 ans indiquent que les pressions démographiques sur l'enseignement supérieur seront plus atténuées dans les pays anglophones que dans les pays francophones. Plus spécifiquement,

Figure 2.5 Taux de croissance de la population en Afrique anglophone et francophone, 1990-2005

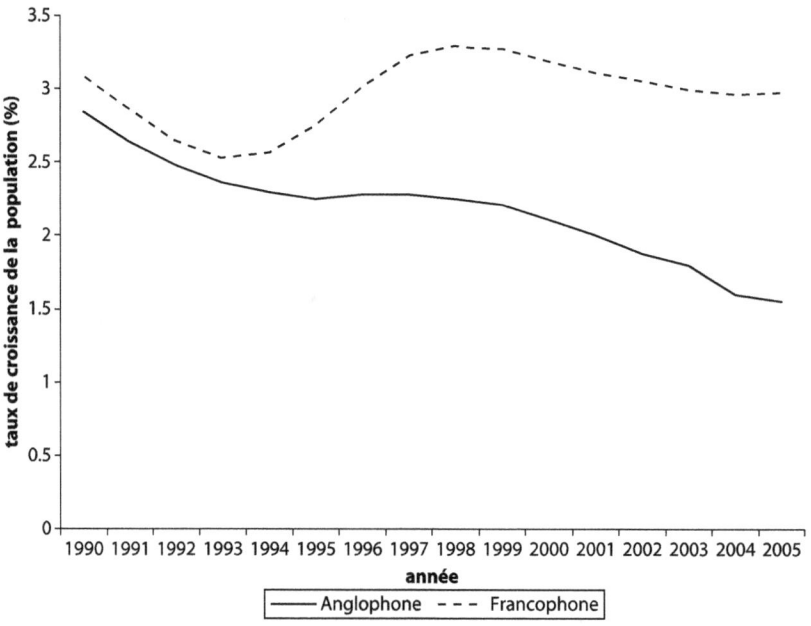

Sources: Banque mondiale, Institut des Statistiques UNESCO.

la croissance escomptée de la population en âge d'entrer dans l'enseignement supérieur, telle que projetée par intervalles de cinq ans de 2010 à 2050, chutera en dessous de 10 % pour les pays anglophones en 2015 ; les pays francophones devront attendre jusqu'à 2040 avant que leur taux de croissance ne baisse jusqu'à ce niveau (Figure 2.6).

Entre temps, l'élargissement de l'accès aux niveaux inférieurs d'éducation devrait maintenir la tendances à la hausse de ces dernières années (Figure 2.7), intensifiant ainsi les pressions d'accès à l'enseignement supérieur. L'émergence de la tendance à offrir une éducation secondaire universelle, déjà manifeste dans des pays comme le Ghana, le Kenya, la Tanzanie et l'Ouganda, alimentera cette pression. Moins de 25 % des diplômés du secondaire accèdent actuellement à l'université au Ghana, au Kenya, au Nigéria, en Tanzanie et ailleurs, et cette compétition ne fera que s'intensifier. En conséquence, la plupart des gouvernements seront financièrement incapables de maintenir les taux actuels d'accroissement des inscriptions dans l'enseignement supérieur et d'améliorer la qualité, sans d'importants changements de la structure du financement actuel de leurs systèmes d'enseignement supérieur (Mingat, Ledoux et Rakotomalala 2008).

Demande du marché de la main d'œuvre. Dans une analyse des tendances de l'emploi des diplômés en Afrique, Mingat et Majgaard ont montré que les diplômés du secondaire et du supérieur sont employés surtout par le secteur public qui ne

Figure 2.6   Projection du taux de croissance des populations de 20 à 24 ans en Afrique anglophone et francophone, 2005-2050

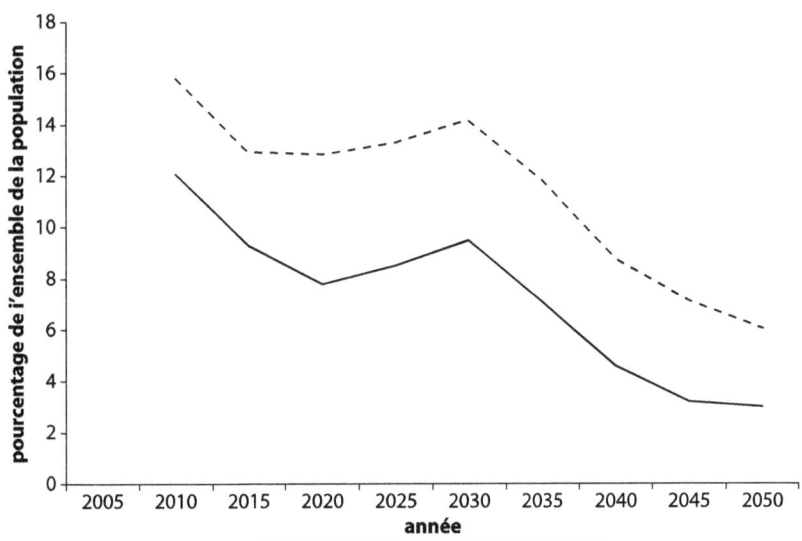

Sources: Banque mondiale, UNESCO Institut des Statistiques.

Figure 2.7 Indice TBS (Taux brut de scolarisation) par niveau d'éducation, 1990-2005

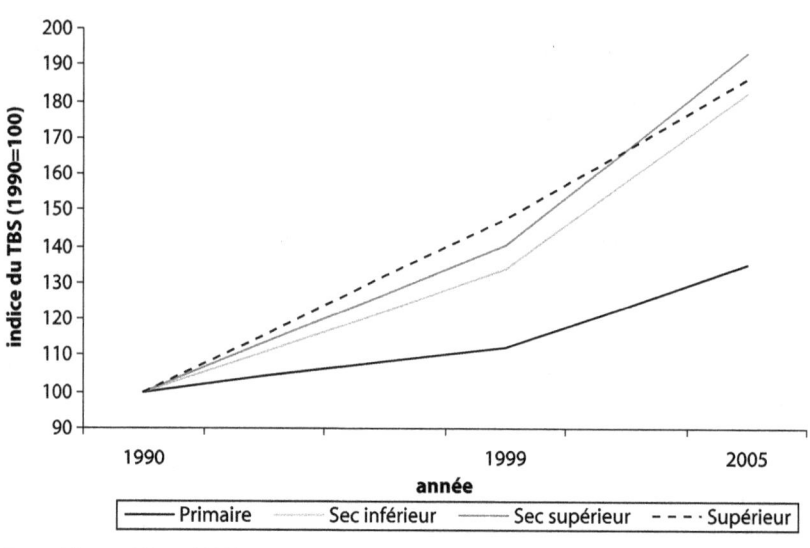

Source: Mingat et Majgaard 2008.

représente que 4,1 % du taux d'emploi dans la région. Le secteur privé moderne (5,4 % du taux total de l'emploi dans la région) n'emploie actuellement que très peu de travailleurs hautement qualifiés.[8] Cette situation suggère l'existence d'un potentiel d'augmentation de la productivité par une amélioration du profil des employés. Mais, comme le rythme de croissance du secteur privé moderne est le même que celui de la main d'œuvre, sa capacité d'absorption sera limitée et la montée du chômage des diplômés constitue un risque – à moins d'une infusion de travailleurs hautement qualifiés et entrepreneurs qui démarreront des entreprises à forte intensité de technologie qui, à leur tour, emploieront plus de diplômés.

La réaction des employeurs soutient la nécessité d'un enseignement et d'une recherche plus pertinents dans le supérieur. Les enquêtes menées auprès des employeurs indiquent que les diplômés du supérieur sont peu compétents dans la résolution de problèmes, dans la compréhension des affaires, dans l'utilisation de l'outil informatique, en communication et dans le travail d'équipe. Une « absence totale d'aptitudes pratiques chez les diplômés en technologie » a été rapportée par les employeurs au Nigéria (Banque mondiale 2006). Des plaintes similaires ont été formulées par les entreprises ghanéennes (Boateng et Ofori-Sarpong 2002).

Bien que la demande d'une meilleure formation des diplômés soit sans équivoque, la transformation de cette demande en emploi de ces diplômés n'est pas claire. D'une part, il existe des indications d'un taux de chômage des diplômés relativement bas en Afrique. L'Institut des Etudes de Développement de l'Université de Sussex a fait des études de suivi de 2500 diplômés des universités en 1980, 1987,1994 et 1999 au Malawi, en Tanzanie, en Ouganda et au Zimbabwe. Ces études ont révélé des taux de chômage faibles chez les diplômés (1-3 %) ; elles ont révélé par ailleurs que la plupart des diplômés étaient généralement employés dans les domaines de leur formation universitaire (Al Samarrai and Bennell 2003). De la même manière, 10 études de suivi, avec 6100 réponses au total, effectués au Ghana, au Kenya, au Malawi, au Nigéria, en Tanzanie et en Ouganda au cours de la période 1996-1998[9] ont fait état d'un taux de chômage général de 5 %, avec des taux légèrement plus élevés pour les diplômés en science et en sciences humaines que ceux des diplômés en Business, en Education et en Ingénierie (Mugabushaka, Schomburg, et Teichler, 2007).

D'autre part, il y a aussi des indications qui confirment l'existence d'un taux de chômage élevé des diplômés. La dichotomie entre l'éducation offerte et les capacités requises sur le marché de l'emploi contribuent, selon certaines sources, à accroître le taux de chômage dans certains pays, comme c'est le cas en Mauritanie : 35 %, au Nigéria : 17% (Oni 2005 ; Teferra et Altbach 2003). Dans d'autres pays africains, plus le niveau du diplômé est élevé, plus le risque de chômage est grand. C'est le cas au Cameroun, en Côte d'Ivoire, à Madagascar, en Mauritanie, au Niger, au Nigéria, au Sénégal et en Ouganda. (Amelewonou et Brossard 2005).

L'une des quelques études comparées disponibles sur le taux d'emploi des diplômés des pays d'Afrique subsaharienne révèle que la différence entre les pays est très importante. Basée sur une évaluation de 23 pays dont les données sur le marché de l'emploi étaient disponibles, Mingat et Majgaard (2008) ont montré que neuf des 23 pays ont un taux de chômage inférieur à 10 % chez les diplômés de l'enseignement supérieur âgés de 25 à 34 ans ; 5 pays ont un taux de chômage compris entre 10 et 20 % dans ce groupe et 9 autres pays ont un taux de chômage inferieur à 10 %. Fort curieusement, 8 des 9 pays de cette catégorie de taux de chômage élevé des diplômés sont des pays francophones, sans doute à cause de leurs politiques d'admission libre.

Le problème du chômage des diplômés est sans aucun doute un point qui doit être davantage étudié dans les pays d'Afrique subsaharienne. Les principaux sujets de recherche incluent les questions suivantes : Le chômage des diplômés est-il déterminé par la taille et la vitalité de l'économie d'un pays? Les diplômés sont-ils au chômage parce qu'il existe très peu d'emploi ou parce que leur niveau d'instruction et leur formation ne cadrent pas avec les besoins du marché de l'emploi? La qualité des compétences fait-elle défaut? Les diplômés acceptent-ils des emplois autres que leurs professions ou dans le secteur informel? Les diplômés ont-ils la capacité de rechercher les opportunités d'emploi? Par ailleurs, les acteurs peuvent-ils considérer l'exemple des systèmes d'enseignement supérieur au Chili, en Lettonie, au Mexique, au Maroc, en Pologne, en Roumanie, au Sri Lanka et au Vietnam ainsi que dans l'Union européenne, qui ont mis sur pied des « observatoires du marché de l'emploi » pour suivre les tendances de l'emploi des diplômés et rechercher des réactions sur la performance des diplômés?[10]

Lorsque les diplômés réussissent à obtenir un emploi, la première chose que leurs employeurs font souvent est de leur donner une formation intensive sur le site (6 à 12 mois par exemple) avant qu'ils ne soient productifs, même si moins de la moitié des entreprises en Afrique procèdent ainsi (Chandra, Boccardo, and Osorio 2007). Cette approche augmente les coûts, réduit la compétitivité et met en exergue la nécessité d'améliorer la qualité de l'enseignement supérieur à travers une dépense significative des ressources. Par ailleurs, certaines recherches suggèrent que l'emploi d'un nombre trop limité de diplômés du supérieur (probablement de qualité acceptable) réduit les capacités d'innovation d'une entreprise et renforce ainsi la stagnation technique. Cette situation souligne le rôle des politiques gouvernementales qui doivent encourager les entreprises à envisager le recrutement des travailleurs avec une éducation de niveau universitaire. (Lundval 2007). L'alternative répandue, par laquelle le gouvernement lui-même essaie d'absorber les diplômés sans emploi comme cela est souvent le cas en Afrique, n'a eu aucun effet appréciable sur la capacité innovatrice de l'économie (Lundvall 2007).

Afin de s'assurer qu'un nombre suffisant de diplômés qualifiés du secondaire s'oriente vers les secteurs prioritaires de l'enseignement supérieur et restent dans leurs pays une fois leurs études terminées ou qu'ils reviennent dans leur pays après leurs études à l'étranger, comme cela a été le cas dans plusieurs pays d'Asie de l'Est (voir Saxenian 2006, Yusuf et autres 2003 ; Montgomery and Rondinelli 1995), le gouvernement devra initialement susciter la demande des compétences de niveau supérieur par des bourses, des placements subventionné des diplômés (y compris l'emploi dans des instituts de recherche public), et engager des dépenses sur le développement technologique – pouvant atteindre 1 % au moins du PIB, directement ou par des motivations pour le secteur privé (Romer, 2000 ; Lundvall 2007). En l'absence d'une telle demande, accompagnée de l'offre d'emplois décemment rémunérés, peu d'étudiants s'inscriront en science et en ingénierie et encore moins nombreux seront ceux qui resteront dans leur pays à la fin de leurs études.

Profil de l'offre d'enseignement supérieur en Afrique

L'Afrique subsaharienne compte actuellement 4 millions d'étudiants inscrits dans l'enseignement supérieur. Ce chiffre représente le triple de celui de 1991. Il représente l'un des taux de croissance régionale les plus élevés du monde en matière d'inscription dans l'enseignement supérieur, atteignant en moyenne 8,7 % par an. À ce rythme, le nombre d'inscription actuel doublera d'ici huit ans. Les gains du continent en inscription dans l'enseignement supérieur ont produit un taux brut de scolarisation (TBS) de 4,9 % en 2005, alors qu'il était de 2,6 % en 1991. Cependant, cette moyenne régionale masque une différence significative dans l'accès à l'enseignement supérieur entre les pays francophones et anglophones.[11] Comme indiqué dans la Figure 2.8, l'accès a augmenté plus rapidement au sein de la sphère anglophone. Le taux brut de scolarisation dans l'enseignement

Figure 2.8   Tendances du taux brut de scolarisation dans l'enseignement supérieur en Afrique subsaharienne : 2000-2005

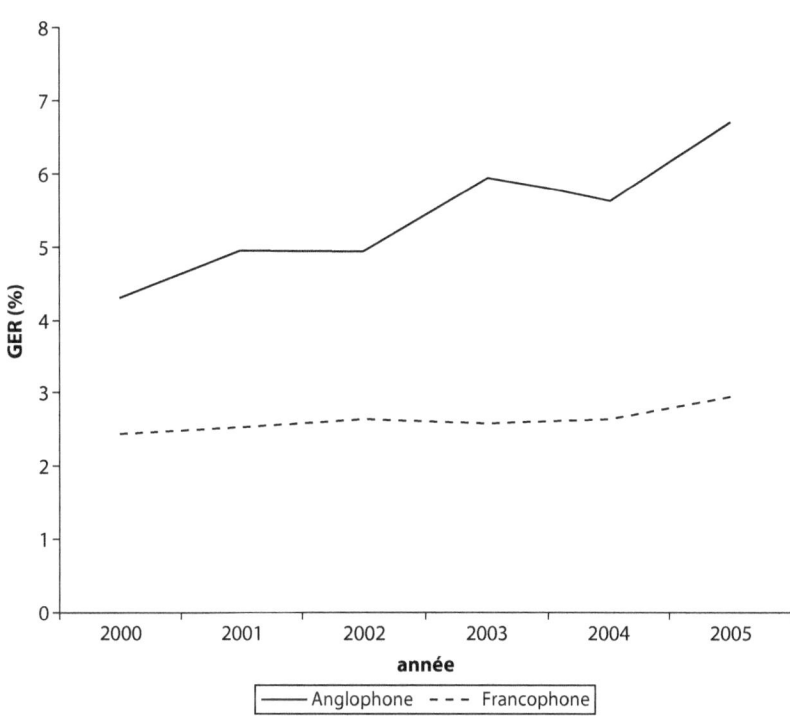

Sources: Banque mondiale, UNESCO Institut des Statistiques.

supérieur dans les pays anglophones est en moyenne de 6,7 % par rapport à 2,9 % dans les pays francophones. Malgré une augmentation rapide des inscriptions, le taux brut de scolarisation en Afrique est le plus bas du monde, après l'Asie du Sud (10 %), l'Asie de l'Est (19 %) et l'Afrique du Nord et le Moyen Orient (23 %). Bien que l'Afrique fasse de grands efforts, le fossé ne se comble que lentement – ceci étant en partie dû au taux de croissance élevé de la population.

Les inscriptions étaient reparties dans les domaines d'études présentés dans le Tableau 2.2. En moyenne, à peine 28 % d'étudiants étaient inscrits en science et en technologie en 2004 (c'est-à-dire : agriculture, science de la santé, ingénierie, sciences). Ces taux signifient qu'une grande part de l'augmentation du taux des inscriptions en Afrique (y compris ceux émanant des prestations privées) est réalisée dans les filières « souples » et moins onéreuses, soutenues par l'expansion des institutions privées ; une telle tendance ne pourra probablement pas offrir les connaissances et les compétences nécessaires aux pays africains pour stimuler la compétitivité et la croissance.

Tableau 2.2   Répartition des diplômés des universités africaines par filière, 2005

Filière	Répartition des diplômés (%)
Agriculture	3
Education	22
Sciences de la santé	7
Ingénierie	9
Sciences	9
Lettres & Sciences humaines	47
Autre	3

Source: Banque mondiale EdStats

En comparant les inscriptions en S&T pendant près de deux décennies dans les 23 pays africains pour lesquels ces informations sont disponibles, on observe un déclin des proportions dans 10 de ces pays (voir Tableau 2.3).[12] Une augmentation des inscriptions en S&T était enregistrée dans 10 autres pays, avec le Nigéria en tête. Pour le groupe dont la proportion est en baisse, des efforts plus conscients de gestion de la proportion des inscriptions en S&T seraient indiqués.

Enseignement supérieur privé L'augmentation observée dans les inscriptions en Afrique peut s'expliquer par l'émergence sur le continent de l'enseignement supérieur privé au cours des deux dernières décennies. Depuis 1990, les collèges privés, les universités et les instituts professionnels supérieurs ont été créés à un rythme plus accéléré que les institutions publiques.[13] Quoique les universités publiques aient doublé, passant approximativement de 100 à 200 entre 1990 et 2007, le nombre des institutions privées de l'enseignement supérieur a connu une explosion au cours de la même période, passant de 24 à environ 468 (voir Annexe A). Les institutions supérieures non universitaires sont celles qui ont augmenté au rythme le plus rapide dans le segment du secteur d'enseignement supérieur privé, probablement parce qu'elles offrent des programmes de cycle court, orientés directement vers l'emploi ; ou parce qu'elles permettent d'être « à l'abri » des grèves du personnel et des manifestations des étudiants. (Kapur et Crowley 2008).

Près de la moitié des institutions privées de l'enseignement supérieur sont basées dans les pays francophones, un tiers se trouve dans les pays anglophones et le reste se trouve dans les pays d'autres traditions linguistiques. Le Sénégal occupe le premier rang parmi les pays avec 41 institutions privées d'enseignement supérieur, suivi par la République Démocratique du Congo (39) et le Nigéria (34). Plusieurs de ces institutions ont des inscriptions modestes et la majorité a un effectif de moins de 1000 étudiants ; cependant la proportion des filles inscrites dans ces institutions est parfois plus grande que dans les institutions publiques. La part des inscriptions dans les institutions de l'enseignement supérieur privé est de 24 % pour l'ensemble[14] de la région, avec 19 % de ces inscriptions dans les pays francophones et 32 %

Tableau 2.3 Part des étudiants inscrits en filières scientifique et technique par pays

	1986-89	2003-04	Changement
Angola	64	38	−
Bénin	21	30	+
Botswana	9	23	+
Burkina Faso	32	32	0
Burundi	30	26	−
Cameroun	32	33	0
République Centre Africaine	27	36	+
Tchad	12	17	+
Congo	13	13	0
Ethiopie	40	31	−
Ghana	42	35	−
Kenya	32	47	+
Lesotho	10	13	+
Madagascar	43	35	−
Malawi	17	59	+
Mali	42	33	−
Mozambique	61	37	−
Niger	31	29	0
Nigéria	39	58	+
Rwanda	26	20	−
Sénégal	39	26	−
Togo	24	12	−
Ouganda	22	18	−
Moyenne	31	31	

Sources: Brossard and Foko 2006 ; Saint 1992 ; Teferra et Altbach 2003.

dans les pays anglophones (Brossard et Foko 2007). Ces institutions sont de trois types : religieux à but non lucratif ; laïque à but non lucratif ; laïque à but lucratif. Très peu ont une origine transnationale (Varghese 2008). Une exception cependant, avec la création récente de l'Université technologique privée Limkokwing (Malaisie) au Botswana.

Cette tendance correspond à la tendance au niveau international, où l'enseignement supérieur privé est devenu le segment de l'enseignement supérieur qui se développe le plus rapidement dans le monde (Altbach 2005a). Les institutions privées ont longtemps dominé l'enseignement supérieur en Asie de l'Est où elles représentent 70 % ou plus des inscriptions au Japon, aux Philippines, en Corée et à Taïwan (Chine). En Amérique Latine, les institutions privées ont connu une croissance rapide, recrutant aujourd'hui la moitié des étudiants du niveau supérieur en Argentine, au Brésil, au Chili, en Colombie, au Mexique, au Pérou, et au Venezuela (Altbach 2005b). Ce phénomène est même en train de s'implanter en Europe, considérée jusqu'à un passé récent comme le bastion de l'enseignement supérieur public. Les institutions privées représentent aujourd'hui un tiers du total dans 13 pays européens, avec les institutions privées au Portugal et en Pologne constituant 70 % des institutions d'enseignement supérieur et servant 28 % des étudiant (Fried, Glass, et Baumgart 2007).

L'enseignement supérieur privé a tendance à présenter les mêmes caractéristiques dans toutes les régions géographiques. Sa croissance est liée à la pression de massification ; ses programmes mettent l'accent sur les sciences sociales, l'économie/le business, et le droit en raison des faibles coûts de démarrage ; il y a très peu de recherche, il emploi souvent du personnel universitaire du publique « travaillant au noir » ; il est souvent d'obédience religieuse ; il est souvent situé dans les zones urbaines ; il prend surtout en compte les intérêts des étudiants plutôt que ceux du marché de l'emploi (Altbach 2005a ; Fried, Glass, et Baumgart 2007). En conséquence, l'enseignement supérieur privé a tendance à fonctionner en dehors des limites du cadre des politiques coordonnées qui guident l'enseignement supérieur public. Cette situation préoccupe de plus en plus les gouvernements, en matière de contrôle de la qualité, d'abord dans le souci de garantir le respect des normes par les prestataires privés, mais davantage tout récemment, pour s'assurer que l'ensemble du système d'enseignement supérieur national demeure compétitif sur la scène internationale.

Là où la réglementation gouvernementale de l'enseignement supérieur privé est destinée à faciliter plutôt qu'à contrôler, elle peut jouer un rôle important en rassurant les consommateurs qu'ils reçoivent un enseignement d'un bon rapport qualité/prix et en élargissant l'accès à l'éducation plus rapidement que cela n'aurait été possible uniquement avec le financement public. Parmi les mécanismes de soutien que les gouvernements peuvent utiliser, on peut citer les subventions financières directes pour la mise en place des structures de services publics et des infrastructures scolaires ; l'exemption de taxes au cours de la période de démarrage, l'exonération des droits de douane, l'offre de terrain gratuit ou à des prix réduits, des subventions de contrepartie pour les infrastructures ICT, des bourses publiques destinées aux étudiants du privé, et des bourses de recherche à l'intention des chercheurs des institutions du privé (Fielden et LaRocque 2008).

Rôle de l'enseignement supérieur dans un contexte de croissance économique

Depuis leur création, les universités africaines et, dans une moindre mesure, d'autres institutions de l'enseignement supérieur, ont été guidées par un mandat en trois points : l'enseignement, la recherche, et le service à la communauté. À quelques exceptions près, ces missions principales restent inchangées pour les institutions d'enseignement supérieur au moment de leur entrée au 21ème siècle (Ajayi, Goma, et Johnson 1996). Traditionnellement, l'enseignement supérieur est dispensé sur des campus résidentiels aux diplômés du secondaire dont l'âge varie généralement entre 18 et 24 ans ; il se fait face à face dans un contexte de conférencier-étudiants. Conventionnellement, la recherche a été perçue comme une quête libre de la compréhension en vue d'étendre les frontières de la connaissance d'une discipline et a été financée principalement part l'État. Le service communautaire a habituellement pris la forme d'un enseignement gratuit ou de services sociaux par le personnel universitaire et les étudiants à la communauté environnante immédiate ou à la nation.

L'avènement d'une économie basée sur le savoir et mondialement compétitive est en train de donner rapidement une « autre » forme à la compréhension traditionnelle quand au rôle des institutions d'enseignement supérieur. L'expansion rapide du savoir et de la technologie a réduit « la durée d'utilisation » du savoir et créé des besoins de recyclage de l'employé et de l'apprentissage continu, élargissant ainsi la définition de « l'étudiant » qui englobe une bonne partie de la population adulte.[15] La disponibilité croissante de la technologie de l'information et de la communication signifie que le savoir peut s'acquérir partout et que l'apprentissage face-à-face devient une moindre nécessité. La recherche prend la caractéristique "Mode 2" (Gibbons 1998) et est menée dans des systèmes de réseaux nationaux d'innovation où l'Etat devient simplement un facilitateur de financement[16]. La massification des inscriptions dans l'enseignement supérieur et la hausse des coûts de l'offre de l'enseignement supérieur ont poussé à rechercher des modes de prestation de moindre coût, à la génération de ressources institutionnelles, et à la responsabilité institutionnelle en termes de contribution directe au développement économique et social de la nation. Même le service communautaire, qui est la « troisième mission » est en train d'être revu (Bleiklie, Laredo, et Sorlin 2007 ; Laredo 2007, Banque mondiale 2007) pour inclure la formation, la résolution de problèmes et le transfert des connaissances en appui à l'économie qui font désormais partie de la nouvelle définition du service. Dans le processus, les institutions d'enseignement supérieur joue un nouveau rôle de service - celui de « conglomérat du savoir » (Mohrman, Ma, et Baker, 2008). En bref, l'amélioration du bien-être de la société dépend de la compétitivité économique d'une nation et de sa capacité associée de produire une main d'œuvre qualifiée et d'appliquer les connaissances susceptibles de relever ce défi. Prenons donc note, dans cette perspective particulière, de la capacité de l'Afrique subsaharienne à enseigner, à faire de la recherche et à assurer une troisième mission, qui est une mission de service.

L'enseignement

L'une des dimensions de la capacité d'enseignement est la qualité des diplômés du supérieur en l'Afrique subsaharienne. L'absence d'indicateurs empiriques rend cette question difficile à documenter. Toutefois, il est généralement reconnu que la qualité de l'éducation s'est dégradée. Cette conclusion est indirectement soutenue par les statistiques sur les dépenses effectuées dans l'enseignement supérieur. Les inscriptions dans cet ordre d'enseignement ont considérablement augmenté, tandis que les dépenses effectuées par les gouvernements dans le sous secteur ont baissé de 28 % entre 1980 et 2002 (Banque mondiale EdStats).[17] Les dépenses par étudiant ont donc été réduites, passant de 6800 dollars EU en 1980 à 1200 dollars EU en 2002 (Materu 2007). Dès 2004/2005, elles avoisinaient en moyenne 981 dollars EU dans 33 pays à revenu faible de l'Afrique subsaharienne (Mingat 2008).[18] Dans ces conditions, il est difficile d'imaginer autre chose que la dégradation de la qualité de l'enseignement.[19]

Nos enquêtes sur les pays ont réaffirmé la forte impression véhiculée par un empirisme informel selon laquelle, la principale contribution des universités à l'économie du savoir dans les sept pays est la formation des étudiants, ce qui est le rôle traditionnel des universités.[20] Les normes se sont manifestement dégradées, comme l'indiquent par exemple les réponses des entreprises du Ghana, du Kenya et de l'Ile Maurice, qui ont exprimé de fortes réserves quand à la qualité des diplômés. Le problème de qualité est en train d'être exacerbé par l'expansion rapide de l'enseignement supérieur sans une augmentation correspondante des ressources des universités en vue de leur adaptation à une telle hausse du nombre des étudiants (voir Tableau 2.4). Cette situation a entraîné des ratios étudiant-enseignant plus élevés et des dépenses faibles par étudiant.[21] Bien plus, la formation des enseignants ne suit pas. Les équipements utilisés dans les universités, au Kenya et au Nigéria par exemple, sont dépassés et sont souvent déjà immobilisés par les entreprises locales. L'âge moyen des équipements de laboratoire est de 12 ans pour les sciences fondamentales et 16 ans pour l'ingénierie (African Network of Scientific and Technological Institutions 2005). Ce déficit en ressources (couplé avec la fuite des cerveaux et le bas salaire des enseignants) est un frein majeur à l'enseignement et à la recherche dans les universités.[22]

La crise de recrutement du personnel universitaire. La tâche la plus difficile de toutes peut-être, sera de recruter le personnel universitaire et les chercheurs pour soutenir l'activité sans cesse croissante de transmission de la connaissance à un

Tableau 2.4 Évolutions des dépenses publiques en Education dans les pays à revenu faible, 1990-2003

	Dépenses courantes sur l'Education			
	Comme pourcentage des ressources du gouvernement		Comme pourcentage du PIB	
Région	Début des années 1990	Autour de 2003	Début des années 1990	Autour de 2003
Afrique	19,3	18,2	3,1	3,3
Francophone	22,9	17,6	3,3	2,7
Anglophone	16,1	21,4	3,0	4,5
Autre	12,9	11,7	2,4	2,0
Hors de l'Afrique	21,9	18,7	4,0	3,0
Dans l'ensemble	19,9	18,3	3,4	3,2

Source: Banque mondiale 2008c

nombre croissant d'étudiants et la conduite d'activités de recherche dont certaines seront commercialisées. Dans les pays francophones seuls, pour faire face à l'augmentation des inscriptions tout en maintenant le même ratio étudiant-enseignant, il faudrait 58 000 enseignants supplémentaires entre 2006 et 2015, ce qui représente le double des enseignants formés entre 1970 et 2005 (Banque mondiale 2008d).

Une combinaison de facteurs dont des salaires inadéquats, d'importantes charges de travail due à un faible ratio enseignant-étudiant[23], une gestion défaillante du personnel, et le manque d'opportunités de recherche rend le recrutement et la rétention du personnel difficile (Mihyo 2008). La fuite des cerveaux chez les diplômés des universités en Afrique subsaharienne est d'environ un tiers (Docquier et Marfouk 2005). Le fléau du SIDA et le personnel enseignant vieillissant compliquent le problème d'offre d'enseignants dans des systèmes en expansion.[24] La moitié du personnel des universités sud-africaines, 43 % du personnel enseignant de l'Université de Nairobi et 50 % du personnel enseignant du l'Université de Ghana ont plus de 50 ans et approchent l'âge de la retraite. Plusieurs pays africains ont fixé un âge de retraite obligatoire dans les universités publiques (Mouton 2008; Tettey 2006).[25] En Ethiopie, la pénurie de personnel oblige le recrutement de titulaires de la licence pour enseigner au premier cycle universitaire, en raison du nombre d'universités publiques qui a triplé.

Comme conséquence de cette dynamique, le taux des postes vacants dans les universités varie de 25 à 30 %. L'Université du Botswana comptait 465 postes vacants qui n'ont pas pu être pourvus entre 2006 et 2007 (Azcona et autres, 2008). Dans une enquête menée dans 20 universités en 2003, on enregistrait un taux moyen de 30 % de postes vacants dans les départements des sciences fondamentales (African Network of Scientific and Technological Institutions 2005). On enregistre des postes vacants surtout en ingénierie, en sciences et en gestion des entreprises – les disciplines qui sont généralement les plus associées à l'innovation et à la croissance. Par exemple, une enquête du Réseau Africain des Institutions Scientifiques et Technologiques (RAIST) a révélé un taux de postes vacants de 38 % en biochimie, 41 % en informatique et 37 % en mathématiques. Ce phénomène n'est pas nouveau ; un taux de postes vacants de 52 % a été enregistré au Nigéria en 1999 (National Universities Commission 2002).

De nouveaux étudiants de doctorat ne terminent pas assez rapidement leurs études afin de remplacer le personnel partant à la retraite, sans parler d'augmentation du nombre d'enseignants titulaires d'un doctorat (Ng'ethe and Ngome 2007). Par exemple, 15 % seulement des enseignants de l'Université de Mozambique sont titulaires d'un doctorat. A l'Université Makerere (Ouganda), et à l'Université d'agriculture et de technologie Jomo Kenyatta (Kenya) ce taux est de 30 %. En Ethiopie, le taux des enseignants titulaire d'un doctorat a chuté de 28 % en 1995-1996 à 9 % en 2002-2003. Cette situation indique clairement la nécessité d'accroître le nombre de diplômés au niveau de la Maîtrise et du Doctorat, en particulier en science et en technologie.

La recherche

Les universités africaines ne possèdent pas encore la capacité de recherche requise pour combiner le savoir mondial à l'expérience nationale en appui aux projets d'innovation et à la résolution des problèmes. Mais cela ne signifie pas qu'elles manquent de capacités. En effet, les chercheurs de diverses disciplines sur le continent ont régulièrement publié, quoiqu'en nombre modeste, dans des revues de référence internationale, ce qui constitue un critère important pour l'avancement académique (Sawyerr 2004). Au contraire, le système actuel d'encouragement à la recherche dans la plupart des universités ne pousse pas à des investigations appliquées ou à une collaboration basée sur la résolution des problèmes avec des partenaires du milieu des affaires, de l'industrie et des ONG, comme la Corée (Sonu 2007) et Singapour (Lee et Win 2004) l'avaient agressivement promu. En outre, les choix budgétaires difficiles qui ont prévalu sur une période de 20 ans marquée par la hausse des inscriptions et la chute des dépenses unitaires sur les étudiants, ont favorisé l'enseignement au détriment de la recherche, comme on pouvait s'y attendre. En conséquence, cette action a affaibli l'infrastructure de la connaissance qui soutient l'investigation scientifique, par exemple : les revues scientifiques, les livres, les équipements de recherche, le développement du personnel, la communication et la participation aux conférences (African Network of Scientific and Technological Institutions 2005 ; Sawyerr 2004).

Le nombre de chercheurs par million d'habitants est un moyen courant de comparaison de la base des ressources humaines dédiées à la recherche entre pays. Le Tableau 2.5 indique un déficit important de ressources humaines en R&D des nations africaines par rapport à certains de leurs concurrents économiques. Ce déficit est le résultat de l'interaction entre les facteurs de l'offre et de la demande, y compris la faible production des diplômés post universitaires, la fuite des cerveaux, et les pertes dues à la retraite et aux décès causés par le VIH/SIDA. Les compétences en recherche sont le plus souvent acquises au cours des études de doctorat, mais une telle formation est rare en Afrique. Selon le Secrétaire général

Tableau 2.5 Recherche par million de personnes

Cas des pays de l'étude	Recherche par million d'habitants	Comparateur	Chercheurs par million d'habitants
Ghana	n.c.	Afrique subsaharienne	48
Kenya	n.c.	Afrique du Nord	160
Ile Maurice	201	Amérique Latine	261
Nigéria	15	Brésil	168
Tanzanie	n.c	Chine	459
Afrique du Sud	192	Inde	158
Ouganda	25	Etats Unis	4,103

Source: Banque mondiale, 2005, Indicateurs de développement mondial ; UNESCO Science Report, 2005 Mouton 2008.
*Données sur des différentes dates, 1996-2002.

de l'Association des universités africaines, « l'extrême faiblesse des programmes d'études post universitaires dans la plupart des universités africaines figure parmi les limitations institutionnelles les plus sérieuses en matière de développement des capacités de recherche » (Sawyerr 2004). Par exemple, l'enseignement supérieur au Ghana ne comptait que 127 étudiants de doctorat dans ses 111 programmes post universitaires au cours de l'année 2002 (Gyekye 2002). En Ethiopie, 28 étudiants de doctorat seulement ont été inscrits en 2004 et un seul doctorat a été attribué dans ce pays qui compte 71 millions habitants (Ministère de l'Éducation de l'Ethiopie 2005).

La production de la recherche en Afrique dans le monde universitaire, telle qu'évaluée par les publications scientifiques dans les revues internationales et revues par les pairs, est faible (voir tableau 2.6 et 2.7). L'Afrique du Sud et l'Égypte assurent la moitié des publications scientifiques produites par l'Afrique ; 25 % additionnelles sont produites par le Kenya, le Maroc, le Nigéria et la Tunisie. Les thèmes dominants de ces publications sont la médecine et l'agriculture (Gaillard et Waast 2001, cité dedans Shabani 2006).[26] La recherche dans la région est généralement de trois types : la recherche académiquement orientée faite dans les universités, les travaux de consultation pour les organisations internationales; et la recherche orientée vers des missions, entreprise principalement par les agences internationales (ex : Organisation Mondiale de Santé, Groupe consultatif sur la recherche internationale en agriculture,), et occasionnellement dans des laboratoires gouvernementaux. (Mouton 2008).

A la fin du 20e siècle, le financement de la recherche en Afrique était devenu la victime involontaire de l'expansion de l'éducation et d'autres demandes budgétaires concurrentes comme les soins de santé, le développement des infrastructures et des services urbains. En 2000, l'Afrique a consacré à peine 0,3 % de son PIB à la recherche et au développement[27], et n'a contribué qu'à hauteur de 0,5 % au total mondial des investissements en R&D (cité à la page 30). En termes de dépenses en R&D comme pourcentage du PIB, l'Ouganda et l'Afrique du Sud investissent le plus, soit 0,82 % et 0,68 % respectivement, par rapport à 0,8 % pour l'Inde, 1,2 % pour la Chine et 2,5 % pour la Corée (Indicateurs du

Tableau 2.6   Recherche par région géographique

Région	Publications scientifiques (2002)	Demandes de brevet formulées par les résidents (2004)
Asie de l'Est et Pacifique	44,064	66,931
Europe et Asie centrale	39,975	34,121
Amérique Latine et Caraïbes	20,045	4,890
Moyen Orient et Afrique du Nord	6,354	486
Asie du Sud	15,429	6,795
Afrique subsaharienne	3,563	16

Source: UNESCO Science Report 2005, World Development Indicators.

Tableau 2.7 Publications scientifiques et technologiques de l'Afrique, 2005-06

AFRIQUE	Part de la production mondiale (en %)
Afrique du Sud	0.37
Égypte	0.26
Tunisie	0.11
Maroc	0.09
Nigéria	0.08
Algérie	0.08
Kenya	0.05
Cameroun	0.03
Tanzanie	0.03
Ethiopie	0.03
Ouganda	0.02
Ghana	0.02
Sénégal	0.02
Zimbabwe	0.02
Reste de l'Afrique (39 pays)	0.16
Total Afrique :	1.37

Source: Hassan 2007.

développement mondial, 2005). D'un point de vue quantitatif, l'Afrique du Sud représente à elle seule environ les deux tiers des dépenses en R&D de la région (Sambo 2005).

L'agriculture étant une large part de l'économie régionale, les capacités de l'Afrique subsaharienne en recherche agricole nécessitent une attention particulière. La R&D en agriculture a avancé rapidement dans les années 60 puis s'est ralenti. Pendant les 30 années qui ont suivi l'année 1971, elle a progressé de 1,4 % à peine par an (Beintema et Stads 2006). En 2000, elle est montée à 1,5 milliard de dollars EU en termes de parité de pouvoir d'achat et à 508 millions dollars américains en 1993 avec environ 40 % des dépenses concentrées en Afrique du Sud et au Nigéria (voir Figure 2.9). En 2000, l'Afrique dépensait 0,7 dollars américains pour la R&D agricole pour chaque 100 dollars EU de production agricole, et toute la région employait 12.000 chercheurs seulement. Bien plus, la dépense moyenne par chercheur en 2000 - approximativement 100 000 dollars américains en dollars constants de 1993 -représentait moins d'un tiers de son niveau de 1980.[28] Le problème est rendu plus complexe par le nombre réduit de chercheurs, avec la moitié des pays employant moins de 100 chercheurs et une recherche en agriculture très peu développée dans les universités. Les programmes de recherche en agriculture menés par le Groupe consultatif sur la recherche internationale en agriculture (CGIAR), le Centre international de la recherche en agriculture et le développement (CIRAD) qui est une structure française et

Figure 2.9   Total des dépenses publiques dans la recherche agricole en Afrique subsaharienne en 2000

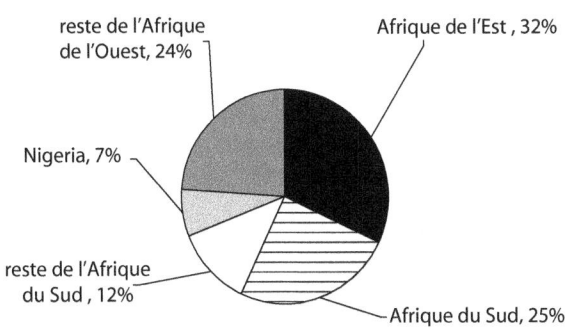

Source: Beintema et Stads (2006).

l'IRD, offrent les suppléments nécessaires à la conduite des activités de recherche au niveau local, mais les dépenses nationale et internationale combinées restent très faible et les fonds internationaux n'ont pas renversé la stagnation de la dépense publique dans les pays de l'Afrique subsaharienne.

Les principaux pourvoyeurs de fonds pour la recherche dans les universités sont les bailleurs de fonds étrangers. A l'Université d'Ouagadougou, 90 % de la recherche est financée par les bailleurs de fonds (Shabani 2006). En Tanzanie, plus de la moitié des recherches sont prises en charge par les bailleurs de fonds. La recherche universitaire en Ethiopie est largement financée par les bailleurs de fonds (Wondimu 2003). Le financement de la recherche par les donateurs est bénéfique, mais il se concentre sur les problèmes de santé, d'analyse de la pauvreté, des ressources environnementales, d'éducation, sur les problèmes de genre, et autres problèmes d'intérêt public. Très peu de recherches financées par les bailleurs de fonds sont orientées vers la croissance économique et les technologies agricoles.[29] En conséquence, si les capacités nationales en recherche devraient s'améliorer, elles contribueraient de façon significative au nouveau « programme de croissance » de l'Afrique.

Troisième mission : Etre au service de l'économie

Les institutions d'enseignement supérieur en Afrique subsaharienne, et cela varie suivant les pays, ont été lentes à s'engager dans la nouvelle « troisième mission » qui les invite à devenir des acteurs plus activement intégrés aux systèmes nationaux d'innovation émergents, catalysés par la mondialisation du 21e siècle. L'une des contributions durables que les institutions d'enseignement supérieur apportent aux économies émergentes de leurs pays est l'assistance technique sous forme de service de consultation. En effet, le personnel des facultés est engagé dans des consultations dans les sept pays où l'enquête a été conduite. Ces travaux de consultation sont souvent informels, bien que certaines universités encouragent des prestations formelles, ce qui leur permettra d'avoir une part des revenus. Par exemple, le département d'ingénierie de l'Université Kwame Nkrumah des sciences et de la technologie a mis sur pied un centre de consultation en technologie. Cette approche peut contribuer au développement économique local et à l'augmentation du budget de l'Université, mais il y a aussi le risque de voir le temps alloué dans les facultés de science et d'ingénierie s'orienter vers les prestations de service au détriment de l'enseignement et de la recherche (Essegbey 2007).

De nouvelles méthodes pour soutenir la croissance économique sont en train de voir le jour. Par exemple, les universités mettent actuellement en place des bureaux de brevet pour la commercialisation de leurs inventions. Au Kenya, l'université d'agriculture et de technologie Jomo Kenyatta possède 26 brevets qui sont gérées par la Jomo Kenyatta University of Agriculture and Technology Enterprise Ltd. Cependant, jusqu'ici, seuls quelques brevets ont été attribués, et très peu ont produit des résultats sur le plan commercial (Ng'ethe and Ngome 2007). Certaines universités comme celle du Ghana ne possèdent pas encore de brevet (Essegbey 2007). Dans d'autres pays comme la Tanzanie, des organisations intermédiaires basées dans les universités organisent des réseaux et diffusent les opportunités de manière à mieux informer le secteur privé de la disponibilité des technologies et des recherches conduites dans les universités.[30]

Certaines institutions d'enseignement supérieur renforcent leurs revenus en offrant des cours répondant aux besoins des entreprises. Par exemple, l'Université Jomo Kenyatta et celle de Maseno offrent des cours en floriculture, qui permettent au groupe de floriculture situé près du Lac Naivasha de faire face à leurs besoins techniques (Zeng, 2008). Des universités au Kenya, à Ile Maurice, en Tanzanie et en Ouganda exigent que les étudiants fassent des stages dans les affaires de manière à s'exposer aux réalités du monde professionnel (Bunwaree and Sobhee 2007, Kaijage 2007 ; Ng'ethe and Ngome 2007 ; Tusubira and Ndiwalana 2007). Ce faisant, les étudiants peuvent être des agents de transmission de connaissance pratique, répercuter les besoins des entreprises aux universités et permettre aux enseignants d'ajuster leurs programmes sur la base des informations qu'ils ont ramenées du terrain.

Dans certains cas, les universités comblent des vides sur le marché en produisant des biens de faible niveau technologique. Par exemple, le centre de prestation des services technologiques de l'Université Kwame Nkrumah a construit des équipements pour l'apiculture et d'autres équipements (Essegbey 2007). L'Université d'agriculture Jomo Kenyatta a mis au point et produit des équipements pour fabriquer des lanternes pour les petites entreprises locales et une machine pour fabriquer du jus frais pour les vendeurs de rue. D'autres mettent au point des logiciels dont les entreprises ont besoin, par exemple en comptabilité et dans la gestion des biens. Ces logiciels ont été mis au point par l'Université Jomo Kenyatta (Ng'ethe and Ngome 2007). Ils seraient normalement distribués par des entreprises privées dans d'autres pays, mais ces fournisseurs n'existant pas, l'Université est intervenue pour remplir le vide.

D'autres cas de relations réussies sont les rapports entre les universités et l'agro-industrie comme l'industrie du vin en Afrique du Sud. Ceci s'explique par trois raisons dues à la nature de l'agriculture. Dans plusieurs pays, l'agriculture est le secteur de production dominant. Par exemple, l'agriculture représente la moitié du PIB, deux tiers des exportations et 80 % d'emploi en Tanzanie. Ensuite, le savoir dont les exploitations agricoles ont besoin provient à la fois de sources internationales et locales. Le savoir venu de l'étranger est vital pour l'efficacité de plusieurs produits agricoles, mais souvent, ce savoir doit être adapté aux conditions locales. Enfin, les problèmes auxquels sont confrontés les exploitants agricoles, comme les maladies et les parasites, sont des préoccupations au niveau de toute l'industrie. . La solution à ces problèmes profitent à tous les exploitants et, s'il existe une organisation qui peut rassembler efficacement les demandes individuelles des exploitants, ils peuvent collectivement rechercher des solutions au problème de toute l'industrie comme Winetech (Wine Industry Network for Expertise and Technology) le fait en Afrique du Sud. Winetech mobilise des scientifiques et des techniciens pour prodiguer des conseils aux fabricants de vins en faisant appel aux universités et instituts de viticulture et d'œnologie créé par le Conseil de recherche en agriculture, partiellement financé par l'Etat (Wood et Kaplan in Zeng 2008).[31]

Les problèmes auxquels font face les industries manufacturières sont souvent spécifiques aux entreprises individuelles. Dans ces cas, un agrégat de demandes des industries est difficile et la collaboration entre les universités et les entreprises dépend des initiatives communes des entreprises et des universités. Si l'approche individuelle fonctionne avec les grandes entreprises, qui ont souvent des activités de recherche internes et cherchent des solutions à leurs problèmes particuliers, les petites entreprise quand à elles éprouvent des difficultés à identifier des universités appropriées et/ou des universitaires et chercheurs susceptibles de les aider.[32]

Cette situation est reflétée dans les études de cas qui examinent les relations université/entreprise. Les grandes entreprises locales ont tendance à collaborer davantage avec les universités. Les filiales des entreprises étrangères ont tendance à compter sur leurs propres sources de technologie pour une bonne partie de leurs besoins. Ainsi, si l'économie est dominée par de grandes multinationales, les relations université/entreprise sont plus faibles que lorsque l'économie est dominée par les entreprises locales. Cependant, même dans le cas des entreprises locales, ce n'est pas seulement la taille de l'entreprise qui compte, mais sa capacité d'absorption et son option pour l'exportation sont importantes. Les entreprises qui s'engagent régulièrement dans des activités innovatrices ainsi que celles qui exportent ont plus tendance à collaborer davantage avec les universités.

Pour plusieurs entreprises en Afrique, la principale source de technologie est contenue dans l'équipement acheté, principalement à l'étranger (voir Figure 2.10).[33] Tandis que certaines entreprises sont capables de modifier cet équipement, plusieurs chefs d'entreprise décident d'acheter une nouvelle version s'ils estiment qu'il y a un besoin de mise à niveau leur technologie.[35] Par exemple, à l'Ile Maurice,

Figure 2.10 Source de technologie pour les entreprises en Afrique subsaharienne

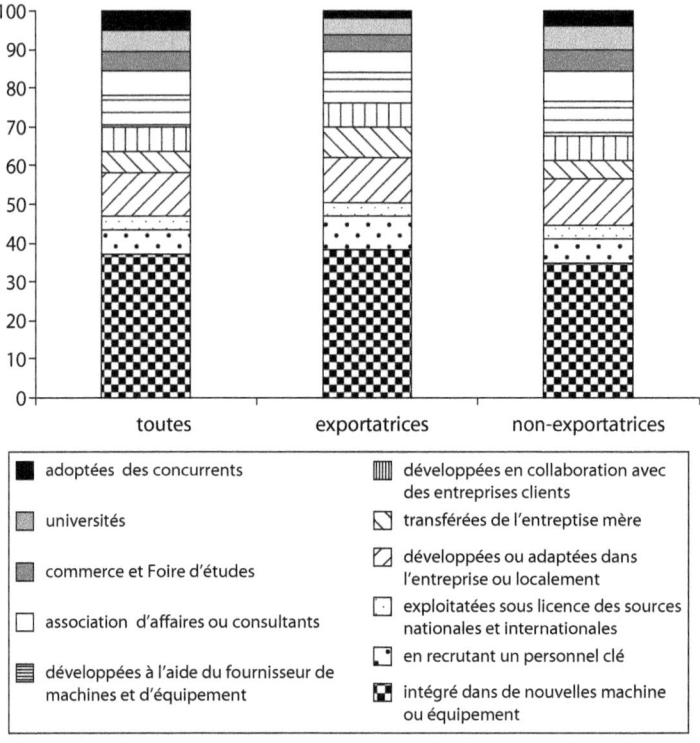

Source: Chandra, Boccardo, et Osorio 2007.

seulement environ un tiers des entreprises modifie les équipements, tandis que les autres ont tendance simplement à en acheter de nouveaux.[34] L'innovation locale dans l'industrie du textile est rare, même si l'Ile Maurice est mieux dotée en compétences et en capacité de recherche que d'autres pays africains, et qu'elle a cruellement besoin d'améliorer ses produits et ses processus en vue de concurrencer d'autres pays (Zeng 2008). Même les entreprises disposées à « bricoler » les équipements font souvent face à des difficultés pour se procurer les pièces et les composants nécessaires pour effectuer ces ajustements. Récemment, des entreprises au Ghana, au Kenya, à l'Île Maurice, en Afrique du Sud et en Ouganda ont commencé à utiliser l'Internet pour rassembler des informations sur les technologies industrielles, ce qui constitue un changement positif dans les attitudes pour améliorer la compétitivité.

Pour pouvoir se développer au niveau industriel, plusieurs activités complémentaires nécessaires à l'évolution des entreprises locales manquent généralement aux économies africaines. Alors que dans certaines économies plusieurs « nouvelles » entreprises démarrent, ces entreprises ont tendance à être dans le secteur informel. Sans accès à un capital risque supplémentaire ou à d'autres institutions ou primes pour l'approvisionnement local en pièces ou composants – courant en Asie de l'Est - ces entreprises restent informelles et de petite taille. Elles ont tendance à ne pas s'engager dans les activités d'innovation, ni dans l'exportation. Et leur demande de services offerts par les universités reste minimale, y compris la demande de diplômés.

Les universités sont en train de s'ajuster à leur « troisième mission » émergente en encourageant les stages et les prestations de service afin de mieux répondre à la demande des industries. Cependant, elles ne peuvent pas négliger leurs autres rôles traditionnels que sont l'enseignement et la recherche. Toutefois, quelques universités au moins, doivent pouvoir offrir à la fois un enseignement et une recherche de qualité. Dans certains cas, de nouveaux cours peuvent être ajoutés, la gestion de la qualité et de l'environnement par exemple (ISO 9001 et 14000) qui sont adoptés par les entreprises (au Kenya par exemple). Ces programmes sont nécessaires, notamment pour les entreprises qui font de l'exportation et qui doivent adhérer aux normes internationales. Les universités doivent également posséder une bonne capacité de recherche appliquée qui permettra d'établir des relations avec l'industrie locale. Par exemple, l'industrie de fabrication des bateaux en Afrique du Sud est incapable de collaborer avec les universités locales parce que ces dernières n'ont aucun programme spécifique et n'effectuent aucune recherche dans le domaine (tels que les matériaux avancés spécifiques aux bateaux). En conséquence, elles collaborent avec des universités aux Etats-Unis (Kruss and Lorentzen 2007). Les entreprises qui ont participé à cette étude ont indiqué qu'elles dépendent toujours des ateliers et séminaires organisés par les universités locales pour avoir une idée du genre de technologies disponibles.[35]

Il manque en Afrique des organisations intermédiaires qui dans d'autres pays ont facilité les contacts entre chercheurs et utilisateurs de technologies. Les intermédiaires ont contribué à développer ou à adapter des technologies de manière à les rendre commercialement viables, ont constitué un pool de laboratoires afin que les entreprises puissent avoir accès aux équipements qu'elles n'auraient pas pu normalement se procurer, et ont mobilisé des ressources pour des démarrages d'entreprises, des bourses, des projets spéciaux de recherche, et pour financer les incubateurs (Howells 2006 ; Yusuf 2008). Les bureaux de transfert de technologies dans les universités sont un type d'intermédiaire. D'autres comprennent l'association de la Zone Métropolitaine de Technologie Avancée (Technology Advanced Metropolitan Area (TAMA)) au Japon (Kodama 2008), les instituts Fraunhofer en Allemagne, SPINNO/TEKES en Finlande et le programme de Transfert de Technologie des Instituts de Recherche aux PMEs (TEFT) en Norvège. L'Inde a créé le Conseil de la recherche scientifique et industrielle, organe indépendant qui fonctionne sous l'autorité du premier ministre et dont la mission est de promouvoir la recherche dans les domaines porteurs sur le plan commercial, renforcer les capacités en R&D, et diffuser les résultats de la recherche (Institut de la Banque mondiale 2007). 'Fundación Chile' s'est fait une réputation en Amérique Latine grâce au succès de ses efforts dans le démarrage d'entreprises innovatrices, en association avec le secteur privé, en les aidant à accéder aux technologies et à les adapter, et plus généralement, à les aider à créer une infrastructure pour l'acquisition et le transfert de technologie. D'autres exemples incluent l'Institut de recherche et de développement de l'agriculture de Malaisie, qui travaille en partenariat avec le Comité de l'huile de palme de Malaisie et les universités en vue de développer de nouveaux produits à base des principales arboricultures de Malaisie (Rasiah 2006). Dans le contexte africain, l'échelle des activités dans les pays rend une coopération régionale englobant les universités de plusieurs pays voisins nécessaire. Les fonds pour le développement de la technologie qui ont été utilisés par les pays d'Amérique Latine peuvent également renforcer les activités des intermédiaires ; cependant, l'efficacité de ces fonds quand à la promotion du développement de la technologie n'est pas convaincante (Hall et Maffioli 2008).

Même si les institutions sont disposées à collaborer avec les industries, des partenariats fructueux ne se matérialiseront pas si les entreprises ne sont pas intéressées par des activités innovatrices. En général, les entreprises ne dépensent pas suffisamment de fonds sur les activités innovatrices en Afrique. A l'Ile Maurice, les dépenses en R&D ne représentent que 0,3 % du PIB. Il est clair que ce modeste effort doit être augmenté. Mais cela n'est possible que si les entreprises prennent l'initiative de développer davantage des activités de recherche et recourent à de nouvelles technologies susceptibles de leur permettre de pénétrer des marchés plus porteurs.

Notes

1. Consultez par exemple, les exposés de principes faits sur ce sujet par l'Australie (DEST 2003), le Danemark (Ministère de l'éducation 2004) et le Royaumes Uni (DfES 2004).

2. L'expérience que nous avons eue au cours des 4 dernières décennies a approfondi notre compréhension du marché des compétences. Il s'est révélé difficile de prédire la demande des compétences spécifiques dans les 10 à 15 ans à venir et de ce fait, la planification détaillée à long terme de la main d'œuvre établie à partir des besoins spécifiques d'un employeur a une valeur limitée. Plusieurs gouvernements ont adopté la planification de la main d'úuvre au cours des années 50 à des niveaux différents. Les économies socialistes se sont cramponnées à cette pratique un peu plus longtemps et n'y ont renoncé que progressivement, une fois que les rigidités et les déséquilibres introduites sont devenus très apparents et que les pays avaient amorcé la transition vers l'économie de marché. Néanmoins, il apparait également que les ministères de l'Education et les éducateurs doivent anticiper la demande d'une large catégorie de compétences et équiper, financer et orienter le système éducatif afin de faire face de façon approximative à ces exigences à long terme. Bien plus, alors que les tendances industrielles indiquent clairement le besoin de compétences particulières à court terme, l'initiative de mesures pour accroître la capacité de réponse apparaît comme une politique viable.

3. En moyenne, la demande d'enseignement supérieur dans les pays francophones sera 2,5 fois celle offerte actuellement, bien que les estimations varient d'un pays à l'autre. La

plus forte demande vient de Djibouti, qui devra faire face à 13 000 nouveaux étudiants en 2015, soit 12 fois le nombre actuel des inscriptions si la tendance actuelle persiste (Banque mondiale 2008c). Des prévisions placent le déficit budgétaire à 3 milliards de dollars américains pour un groupe de 18 pays francophones pour la période allant de 2006-2015. Il est basé sur le coût de 3 600 dollars américains par étudiant, et s'ajouteront aux 4 milliards de dollars américains en besoins d'investissements supplémentaires. L'allocation actuelle du budget annuel de 80 millions de dollars par an pour l'ensemble des pays, et avec une croissance annuelle supposée de 5 %, générera seulement un milliard de dollars, entraînant ainsi un déficit de 3 milliards de dollars (Banque mondiale 2008d).

4. Les fonds publics financent 90 % du budget de fonctionnement des institutions de l'enseignement supérieur, en particulier les universités. Les frais d'inscription sont restés inchangés au cours des 15 dernières années dans plusieurs pays francophones. Les budgets alloués à l'éducation oscillent entre 15 et 30 % du budget total de ces pays (soit une moyenne de 21 %). Dans le budget alloué à l'Education, le quota alloué au supérieure oscille entre 15 et 30 %, soit une moyenne 20 % (Banque mondiale 2008d).

5. Par exemple, la Côte d'Ivoire a réussi à promouvoir les universités privées, et 7 ans plus tard, 30 % des étudiants sont inscrits dans des institutions privées (Banque mondiale 2008d).

6. Dans les pays francophones, plus de 45 % du budget destiné au fonctionnement de l'enseignement supérieur est utilisé, pour aider les étudiants, sous forme de bourses, de nourriture, d'hébergement, de transport, etc. (Banque mondiale 2008d).

7. Politiquement, il est de notoriété publique que l'augmentation des inscriptions au niveau supérieur a de nombreux parrains, tandis que la qualité de l'enseignement reste le parent pauvre.

8. Alors que 16 % des employés du public ont un niveau d'enseignement universitaire, 8 % seulement des employés du secteur privé moderne atteignent ce niveau. (Mingat et Majgaard 2008).

9. Effectué par des équipes de recherche des universités nationales sous la supervision du centre de recherche sur l'Enseignement supérieur et le travail de l'Université de Kassel (Allemagne) et l'Association des universités africaines (Mugabushaka, Schomburg, et Teichler 2007).

10. Les institutions africaines d'enseignement supérieur commencent à utiliser les enquêtes sur les employés et des suivis socio professionnels des diplômés pour mieux orienter la réforme des programmes. Si les ressources le permettent, elles peuvent être menées tous les cinq ans afin d'identifier les besoins en amélioration de compétences sur le marché de l'emploi. En Tanzanie, l'université d'agriculture de Sokoine a menée une enquête sur ces diplômés et leurs employeurs en 2004 en relation avec l'impact sur la performance des diplômés en activité (Afrozone 2005 ; Agrisystems (Eastern Africa) 2005 ; Development Associates 2005 ; K-Rep Advisory Services 2005). De la même manière, l'Université de Dar es Salaam, motivée par des préoccupations soulevées par un audit universitaire effectuée en 1998, a entrepris sa toute première étude de suivi entre 2002 et 2003. Cette étude fait partie de son programme de transformation. Elle a couvert toutes les unités académiques de l'université et les résultants obtenus contribueront de façon substantielle à l'amélioration des programmes. D'après l'université, « les études de

suivi ont un effet positif sur la capacité de l'institution à rester compétitive parmi de nombreux pourvoyeurs d'éducation, de formation et/ou d'opportunités d'apprentissage ». Les analyses régulières des programmes par un panel constitué de représentants d'employeurs et des spécialistes dont d'autres institutions d'enseignement supérieur (et même étrangères) constituent un autre moyen permettant de s'assurer que la formation des diplômés répond aux besoins du marché de l'emploi.

11. Cela masque aussi des différences considérables entre les pays pris individuellement Par exemple, le Tchad, la RCA, la RDC, le Malawi, le Mozambique, le Niger et la Tanzanie ont des taux bruts d'inscriptions d'environ 1 %, tandis que l'Ile Maurice, le Nigéria et l'Afrique du Sud ont des taux bruts d'inscription (10-15 %) qui avoisinent les taux que l'on enregistre au niveau mondial.

12. La baisse des parts des inscriptions en S&T a également été observée dans la plupart des pays de l'OCDE

13. Pour une analyse plus approfondie sur le développement de l'Enseignement supérieur privé en Afrique, voir Varghese (2008).

14. Mingat et Majgaard (2008 p.55) souligne que les inscriptions dans l'enseignement privé supérieur représentent 18 % du nombre total dans 33 pays à revenu faible de l'Afrique subsaharienne.

15. En reconnaissance de cette réalité, le gouvernement du Rwanda a défini la journée normale de travail comme suit : 7 h00 jusqu'à 15 h30 afin que ses citoyens puissent poursuivre leurs études dans la soirée.

16. Les gouvernements jouent ce rôle de facilitateur en offrant des primes pour encourager les partenariats entre les universités lancées dans la recherche et les entreprises. Le terme « triple hélix » est parfois utilisé pour désigner cette nouvelle relation entre l'université, le secteur industriel et le gouvernement.

17. En termes de comparaison, toutes les autres régions, hormis l'Amérique Latine, ont augmenté leur quota de la dépense dans l'enseignement supérieur dans la dépense totale en l'Education.

18. Le coût moyen unitaire pour l'enseignement supérieur dans les pays à revenu intermédiaire de l'ASS s'élevait US$ 2,554

19. Suite à la chute récente de la valeur du dollar américain, les coûts unitaires pour l'enseignement supérieur en Afrique Sub-saharienne peuvent avoir connu une hausse au cours des années récentes s'ils sont exprimés en dollars américains. Cependant, cette situation ne suggère pas nécessairement une quelconque amélioration correspondante de la qualité de l'enseignement.

20. Par exemple, environ 60 % des propriétaires des petites entreprises situées au centre d'informatique Otigba basée à Lagos au Nigéria ont le niveau universitaire, mais les liens de recherche formels avec l'université sont très rares. La société d'ingénierie Kamukunji basée à Nairobi, alors qu'elle pourrait utiliser la recherche et les compétences, entretient des rapports très limités avec les universités environnantes (Zeng, 2008).

21. On a observé des rapports étudiant-enseignant aussi élevés que 133 : 1 en physique, 120 : 1 en mathématiques, 93 : 1 en informatique en 2003 (ANSTI 2005b, p.29). Les dépenses par étudiant inscrit à l'université en Afrique Sub-saharienne a chuté, passant de 6 300 dollars américains en 1980 à 1 200 dollars en 2002. S'il existe de nombreuses

études sun l'effectif des classes aux niveaux primaire et secondaire et ses effets sur la performance de l'élève, peu de recherches ont été menées pour l'enseignement universitaire. Kokkelenberg, Dillon et Christy (2008) constatent que l'effectif de la classe a effectivement une importance sur la performance de l'élève. Le point d'inflexion semble être une classe dont l'effectif est de 20 élèves. On remarque une forte baisse au niveau de la performance de l'étudiant lorsque l'on passe d'une petite classe à une autre dont l'effectif est de 20 élèves. Cependant, une fois que l'effectif d'une classe dépasse 20 élèves, l'impact négatif d'une augmentation supplémentaire de la taille de la classe sur la performance est atténué.

22. Le salaire de départ pour un enseignant à l'Ile Maurice est de 600 dollars américains et 772 dollars au Ghana. Certains estiment que la fuite de cerveaux n'est pas seulement due aux bas salaires et que les institutions pourraient mieux faire pour retenir le personnel en améliorant la transparence et l'équité dans les prises de décisions administratives dans l'environnement de travail (Mihyo 2008; Tettey 2006).

23. Par exemple, les rapports personnel-étudiant pour les universités d'Afrique de l'Ouest ont augmenté de 1 : 14 en 1990 à 1 : 32 en 2002 (UIS/UNESCO 2005). Dans certains pays, comme Madagascar, les charges d'enseignement sont faibles à cause des pratiques pédagogiques inefficaces.

24. Pour obtenir des références sur les bonnes pratiques au sujet du VIH/SIDA dans les institutions africaines tertiaires, voir (Association of African Universities (2007), disponible sur : www.aau.org/aur-hiv-aids/docs/AAUBP-report.pdf.

25. Le défi à relever au sujet du personnel vieillissant des facultés n'est pas un phénomène propre seulement à l'Afrique. Une personne sur trois du personnel universitaire en France et une personne sur cinq en Australie, en Belgique et en Suède a plus de 55 ans (Kaiser, Hillegers, and Legro 2005). Ce problème se pose également avec acuité au Vietnam.

26. « En raison des financements inadéquats, d'une mauvaise gestion des financements destinés à la recherche, de manque d'infrastructure de recherche et de l'inaptitude des universités à développer des liens avec le milieu industriel, les universités nigérianes produisent surtout des résultats de recherche fondamentale susceptibles d'être publiées mais qui ne peuvent pas contribuer directement à la croissance économique ou à la productivité ».

27. En contraste, la moyenne de l'OCDE est 2-3 % (World Bank, 2006, p.29). Dans la quête d'accroître leur compétitivité dans une économie mondiale basée sur le savoir, les gouvernements du Danemark et de Malaisie ont récemment annoncé leur intention de doubler la part de leur PIB consacrée la R&D (Financial Times, 2008).

28. La chute de la science de l'agriculture est exacerbée par les réductions de l'aide extérieure durant les années 80 et 90. D'une pointe de 18 % de l'aide étrangère en 1978, l'aide au développement pour la recherche en agriculture et les infrastructures a chuté en dessous de 3 % en 2005 à 3 milliards de dollars américains. Le résultat a fait chuter la croissance de la productivité agricole et la forte dépendance des intrants énergétiques.

29. La négligence de longue durée de la R&D en agriculture et le manque de volonté de la plupart des pays africains à explorer le potentiel des technologies GM, y compris les cultures résistantes à la chaleur, affecte la sécurité alimentaire et les perspectives

d'exportation à long terme. A travers le monde, 29 pays cultivent des OGM, notamment le maïs, le soja et le coton qui représentent 8 % des superficies cultivées (Oxford Analytical, 2008).

30. Dans le cas de la Tanzanie, la commission tanzanienne des universités organise l'exposition.
31. L'industrie des crevettes en Thaïlande a bénéficié de relations fructueuses avec l'Université locale. Le niveau d'éducation des producteurs est tout aussi importants pour assimiler les nouvelles technologies (Weir et Knight 2007 ; Foster et Rosenzweig 1996).
32. Dans de tels cas, la solution peut reposer sur la création d'« organisations de services consolidées » qui offrent la R&D, le transfert de technologies et les services d'assistance technique pour un groupe de petites entreprises au sein d'un sous-secteur industriel spécifique comme c'est le cas pour les industries plastiques et de caoutchouc en Colombie (Noriega 2007).
33. Les enquêtes sur le climat des investissements dans les pays d'Afrique sub-saharienne révèlent que l'achat des machines est une importante source de nouvelles technologies. Prés de 30 % des entreprises ont obtenu une nouvelle technologie des fournisseurs á travers l'achat d'une machine de production ou d'équipement. D'autres 10 % ont pu acquérir les nouvelles technologies en développant ou en adaptant les technologies existantes au sein de l'entreprise. Une étude internationale sur l'acquisition de la technologie dans les pays développés a identifié douze moyens différents par lesquels les entreprises ont accès à la technologie. L'acquisition des moyens primaires était faite à travers l'achat d'équipements nouveaux ; l'acquisition à travers une collaboration avec l'université était classée dernière (Gore 2007).
34. « Plus neuf » signifie que l'équipement est d'occasion ailleurs, ou un ancien model, mais « nouveau » pour l'entreprise locale.
35. Les entreprises dépendent également de plus en plus de l'Internet pour se mettre à en vue du développement de leur industrie.

CHAPITRE 3

Améliorer la performance de l'enseignement supérieur en Afrique subsaharienne

Introduction des systèmes d'innovation nationaux

L'économie mondiale du savoir a attiré l'attention sur la valeur des « systèmes d'innovation nationaux » dans la concurrence entre les nations (Nelson 1993 ; Porter 1990 ; Stern, Porter, and Furman 2000 ; Thurow 1999 ; Banque mondial 1999). Les institutions qui génèrent les compétences et le savoir, comme les universités et les instituts de recherche, sont les composantes essentielles des systèmes d'innovation nationaux (SIN). Dans son essence, un SIN est une combinaison de capacités institutionnelles, de coordination de mécanismes, de réseaux de communication, et d' incitations politiques qui renforcent les gains orientés vers l'innovation dans la productivité économique. Dans ce réseau de relations institutionnelles, l'innovation peut provenir de toute part. Le savoir n'est plus le monopole disciplinaire de quelques institutions d'enseignement supérieur, mais devient plutôt le résultat des efforts transdisciplinaires de résolution des problèmes réalisés dans un réseau variable d'interactions professionnelles souvent informelles (Gibbons et autres 1994 ; Gibbons 1998).[1]

Les analyses du SIN mettent l'accent sur la nécessité de comprendre les acteurs clés de différents secteurs économiques et sociaux, leurs attitudes organisationnelles et le contexte institutionnel dans lequel ils agissent. Cela attire à son tour l'attention des politiques sur les structures de gouvernance et de gestion institutionnelles (pour une flexibilité et une réaction plus importantes), les critères et les incitations pour la performance professionnelle (pour une amélioration de la productivité), et l'accès aux réseaux d'information et de communication interinstitutionnels (pour une compétitivité accrue).

Le résultat de cette action doit déboucher sur un intérêt stratégique accru au développement des « compétences essentielles » en entreprise, sciences, technologie et recherche appliquée.[2] Comme nous l'avons souligné plus haut, ceci s'accompagne souvent d'efforts pour redéfinir les traditionnelles attentes du service communautaire des institutions d'enseignement supérieur pour l'arrimer à une « troisième mission » plus forte qui privilégie une collaboration mutuelle et bénéfique avec le secteur privé (Bleiklie et Kogan 2007 ; Laredo 2007). Dans ces circonstances, le défi pour les systèmes d'enseignement n'est pas simplement d'introduire des réformes appropriées, mais de créer un environnement de réforme continue dans lequel l'innovation et l'adaptation deviennent des composantes permanentes. Des nations aussi diverses que l'Australie, le Chili, la Malaisie et l'Espagne ont réagi en développant des cadres de politiques représentatifs pour promouvoir les sciences, la technologie et l'innovation.[3] Au sein de l'Afrique subsaharienne, l'Afrique du Sud, le Mozambique ont tracé la voie avec des stratégies transversales similaires.[4] D'autres pays de l'Afrique subsaharienne qui ont développé des politiques scientifiques et technologiques à l'échelle nationale depuis les années 2000 comprennent l'Ethiopie, le Ghana, le Lesotho, le Malawi, le Sénégal, la Tanzanie, l'Ouganda, la Zambie et le Zimbabwe (Mouton 2008).[5]

Au cours de la décennie écoulée, la plupart des pays africains ont poursuivi des stratégies de croissance économique au niveau national dans le cadre du Document de stratégie de réduction de la pauvreté (DSRP). Jusqu'à une date récente, plusieurs DSRP visaient à atteindre les objectifs de développement du millénaire, un ensemble d'objectifs sur la performance, internationalement acceptés, pour réduire la pauvreté, améliorer l'agriculture et l'accès aux services de première nécessité. Un souci d'effort de promotion de la croissance comme moyen de réduction durable de la pauvreté est un changement relativement récent – mais déjà accepté -d'approche stratégique. (Commission pour l'Afrique 2005).

Une lecture comparative des DSRP récents de 2003-2007 met en exergue plusieurs thèmes communs dans les activités proposées dans le DSRP qui ont des implications directes sur le savoir et les compétences nécessaires pour une mise en œuvre satisfaisante. Les exemples incluent le développement des sources d'énergie alternatives, la promotion des télécommunications et des TIC, l'amélioration de la production agricole, la construction et l'entretien du réseau routier, la gestion des ressources naturelles et l'importance de la santé maternelle et infantile, la prévention et le traitement du VIH/SIDA. Le lien manquant est de rendre plus explicites les besoins en capital humain. L'une des façons de procéder passe par la mise en place d'un plan national de développement des ressources humaines qui sied au DRSP du pays. Une évaluation plus détaillée du DSRP de 14 pays africains qui fait ressortir les implications du savoir/compétences des objectifs fixés, est présentée dans l'Annexe B. Tout ceci montre l'importance de veiller à faire correspondre l'offre à la demande pour les diplômés de l'enseignement supérieur en Afrique subsaharienne.

Quel est l'état actuel des lieux ?

L'enseignement supérieur fait partie intégrale du secteur plus élargi de l'Education et partage la responsabilité, avec d'autres niveaux du système éducatif, pour relever quatre défis omniprésents dans tout le secteur. Il s'agit de l'équité, de l'accès, de la qualité et du financement.

Équité. Les systèmes éducatifs en voie de développement font face aux inégalités à tous les niveaux. Les inégalités sont plus prononcées au niveau de l'enseignement supérieur où en moyenne un élève issu du plus bas niveau socio-économique du quintile a 15 fois moins de chance d'entrer à l'université que celui issu d'un quintile plus élevé (Brossard et Foko, 2007). Au Tchad, 92 % des étudiants sont issus du quintile supérieur (Banque mondiale 2007b) Au Burundi, les 2 % d'élèves qui atteignent l'enseignement supérieur bénéficient de 40 % des dépenses de l'enseignement supérieur (Banque mondiale 2007a). Au Lesotho, le quintile supérieur d'élèves reçoit 47 % du budget alloué à l'éducation (Banque mondiale 2005). Au Malawi, les inscriptions dans l'enseignement supérieur sont liées presque exclusivement aux ménages issus des 10 % les plus riches de la population (Banque mondiale 2004a). De telles statistiques impliquent qu'il y a encore des efforts à fournir au niveau du partage des coûts dans l'enseignement supérieur.

Accès. Malgré le fait que les inscriptions aient triplé au cours des 15 années passées, le taux des inscriptions au niveau régional pour l'enseignement supérieur est de 5 % seulement. Les taux des inscriptions dans l'enseignement secondaire et supérieur en Afrique subsaharienne sont les plus bas parmi les 8 principales régions géographiques du monde. Malgré les gains récents réalisés pour élargir l'accès à tous les niveaux de l'éducation, peu d'Africains affirmeront que ces niveaux d'inscription sont suffisants pour le développement futur. En conséquence, les pressions politiques pour un élargissement constant de l'accès à tous les niveaux de l'éducation sont intenses.

Qualité. Des carences variées produisent une éducation de mauvaise qualité au niveau du secondaire, dont des programmes inadaptés, une réduction du temps consacré à l'instruction, un manque de manuels scolaires et un sous-équipement des infrastructures spécialisées. Par conséquent, plusieurs élèves quittent le secondaire mal préparés à l'enseignement supérieur ou pour acquérir des compétences (Banque mondiale 2008a): L'enseignement supérieur ne se porte pas mieux en terme de qualité. Une partie de son programme est parfois consacrée aux efforts pour remédier aux lacunes accumulées aux niveaux inférieurs. Dans un certain sens, le prix payé par l'éducation africaine pour l'impressionnante augmentation des inscriptions, est la perte de la qualité de l'enseignement.

Financement. Les pays de l'Afrique subsaharienne dépensent en moyenne 18,2 % des budgets de gouvernement et 4,5 % du PIB pour l'éducation. Ces taux ne sont pas insignifiants, approchant et dépassant, dans certains cas les cibles recommandées par l'Initiative de la voie accélérée (FTI). Ces nations consacrent également 20 % de leur budget pour l'éducation à l'enseignement supérieur, une proportion qui se situe au haut niveau de la bonne pratique courante. Les enquêtes sur les ménages révèlent aussi que les familles font également des contributions financières substantielles pour participer aux coûts de l'éducation et les perspectives d'augmentation sont limitées particulièrement au regard de la flambée mondiale des prix des aliments.[6] Par conséquent, le financement supplémentaire qui sera nécessaire à l'avenir pour faire face aux problèmes cités ci-dessus concernant l'accès à l'éducation et à sa qualité, ne sera pas facile à trouver. Cela nécessitera probablement une combinaison d'efforts supplémentaires par les gouvernements et les familles, une amélioration de l'assistance au développement qui viendra en appui à l'éducation de base tout en augmentant le financement de l'enseignement supérieur, des gains d'efficacité concertés à tous les niveaux ainsi que quelques nouvelles options innovantes – le tout, dans un contexte de croissance économique soutenue.

Enseignement technique postsecondaire

L'enseignement technique postsecondaire est une composante essentielle du système éducatif supérieur. L'enseignement technique répond à un besoin économique : la compétence dans l'utilisation des technologies ou méthodes d'organisation employées dans les entreprises. Par rapport à l'université, cela place la technologie avant les sciences et privilégie les compétences par rapport au savoir et produit le « technicien supérieur » qui occupe un statut intermédiaire entre l'ingénieur et l'ouvrier hautement qualifié (Mazeran et autres 2007).

Les origines de l'enseignement technique postsecondaire sont associées à l'essor des technologies industrielles plus sophistiquées de la fin du 19e siècle. Trois modèles différents de formation ont émergé de ces expériences primaires. L'un est le modèle « libéral » britannique dans lequel le contenu de la formation est négocié entre les employeurs, les syndicats des travailleurs et les pourvoyeurs des formations sur la base des besoins du marché. Le deuxième est le modèle « centralisé » français dans lequel l'organisation et le contenu de la formation sont fixés par le gouvernement en collaboration avec les employés et les syndicats et financés par les employeurs sur la base d'une taxe spécifique. Le troisième est le modèle « double » allemand dans lequel le contenu de la formation est déterminé conjointement par le gouvernement, les employeurs, les syndicats, et la formation, et comprend des périodes d'alternance d'apprentissage en milieu de travail et en salles de classe (Mazeran et autres 2007). Les deux premiers modèles ont été dominants en Afrique subsaharienne, quoique la méthode allemande ait connu du succès au cours de ces dernières années.

L'enseignement technique a été institutionnalisé au niveau postsecondaire dans la deuxième moitié du 20e siècle – les *Polytechniques* en Grande Bretagne, les Instituts universitaires de technologie (IUT) en France et les *Fachhochschulen* en Allemagne.[7] Ils ont été rejoints par les Collèges universitaires professionnels au Canada, les instituts techniques au Japon et les Collèges universitaires communautaires aux États-Unis. Le modèle des IUT a connu du succès dans plusieurs pays en voie de développement et a été adopté plus tard par le Brésil, le Chili, l'Egypte, la Corée, l'Inde, le Maroc, la Tunisie et le Venezuela (Mazeran et al 2007).

Vers la fin du 20ème siècle, de forts taux de croissance économiques enregistrés dans plusieurs pays ont été associés à des systèmes éducatifs techniques efficaces. Les plus notables ont été la Corée, l'Irlande[8], Singapour et l'Inde. Le modèle de développement coréen est souvent considéré comme un exemple illustrant le rôle clé joué par l'enseignement technique. Dans les années 60, le gouvernement de Corée a poursuivi une stratégie de développement économique agressive dans laquelle les Collèges universitaires étaient les principaux pourvoyeurs des ressources humaines compétentes. On encourageait les institutions tant publiques que privées. Le rôle du gouvernement était de fixer des règles fermes sur la qualité, d'offrir des incitations pour une collaboration avec le secteur industriel et de mettre en œuvre des cours bien préparés pour répondre à des besoins spécifiques. Dans plusieurs cas, ces capacités de formation étaient liées au développement des industries de pointe ayant des priorités spécifiques telles que la production de l'acier et la construction des navires. Grâce à l'enseignement technique, le gouvernement a pu répondre aux besoins de l'économie en main d'œuvre qualifiée tout en réduisant les pressions sur les universités pour augmenter le nombre d'inscriptions des d'étudiants (UNESCO 2005).

En Afrique subsaharienne, l'enseignement technique date de l'indépendance depuis les années 60 et 70 où la perte des compétences expatriées fournies par les administrations coloniales d'alors avait incité les nouveaux gouvernements indépendants à mettre sur pied un enseignement sponsorisé par l'Etat à tous les niveaux. Ces efforts étaient parfois guidés par des principes socialistes et la planification de la main d'œuvre était couramment utilisée. Les ministères des gouvernements incluaient régulièrement leurs propres instituts de formation technique qui opéraient hors du contexte du système éducatif.

Ce modèle a été contesté par la Banque mondiale vers la fin des années 80, d'abord dans sa revue complète de l'Education en Afrique subsaharienne (Banque mondiale 1988), et plus tard dans son évaluation mondiale de l'enseignement technique et professionnel. (Banque mondiale 1991b). Les rapports relevaient l'inefficacité considérable associée aux institutions de formation technique coûteuses et motivées par l'offre de formation technique, leurs mauvaises relations avec le marché de l'emploi, l'inefficacité de plusieurs de leurs programmes, et des prestataires privés souvent empêchés d'intégrer le marché.

Par la suite, l'assistance de la Banque mondiale pour l'enseignement technique et professionnel a baissé, passant d'une moyenne annuelle de 22 % du financement total en Afrique subsaharienne dans les années 70 pour n'atteindre que 5 % par an dans les années 90 (Johanson and Adams 2004). Quoique cette chute fût en partie due aux doutes enregistrés plus haut, elle a aussi reflété les engagements grandissants des donateurs dans les campagnes de l'Éducation pour tous et des Objectifs de développent du millénaire.

Depuis le début du 21e siècle, l'enseignement technique a attiré l'attention grandissante des politiques alors que la libéralisation du commerce a imposé aux entreprises de recourir à des compétences accrues pour rester compétitives. C'est pourquoi, les gouvernements ont sans cesse exprimé leurs besoins de techniciens d'un niveau élevé et ont accordé une attention renouvelée à l'enseignement technique. Comme en en témoigne la majorité des documents stratégiques actuels de réduction de la pauvreté en Afrique subsaharienne qui mentionnent l'enseignement technique comme faisant partie intégrante de leurs stratégies. Ceci se traduit souvent par des programmes de cycle court (deux ans) qui sont moins onéreux que l'enseignement universitaire et plus accessibles aux personnes désavantagées et aux étudiantes- ces deux catégories étant sous-représentées dans les universités. Par exemple, le Sénégal est sur le point de créer des collèges universitaires régionaux pour décentraliser l'accès à l'enseignement supérieur et l'arrimer plus étroitement aux stratégies de croissance économique régionale. Madagascar entreprend actuellement une réforme majeure et une rationalisation de son système d'enseignement technique. La Mauritanie est prête à ouvrir sa première institution d'enseignement polytechnique (Institut supérieur d'enseignement polytechnique) en 2008. Le Mozambique a récemment créé trois institutions polytechniques et prévoit d'en ouvrir deux autres.

A présent, l'enseignement technique en Afrique subsaharienne semble prêt à se consolider. Plusieurs pays ont entrepris des réformes dans le but de rectifier les manquements des ères passées. L'option d'offrir des institutions et des gestionnaires avec une plus grande autonomie et une obligation de résultats améliore la pertinence et la qualité du développement des compétences. Des systèmes publics rigidement centralisés sont devenus plus ouverts là où les institutions de formation individuelles peuvent librement fixer les frais de scolarité, adapter la formation aux besoins locaux, recruter un personnel approprié et choisir les méthodes d'enseignement. Le changement dans certains pays, passant du financement des intrants au financement de la performance et des résultats, a contribué à créer des incitations à l'amélioration (Johanson et Adams 2004). Une innovation majeure est d'évoluer vers une formation basée sur les compétences, actuellement en cours au Ghana, à Madagascar, au Mozambique, en Tanzanie, en Afrique du Sud et en Zambie.[9]

La demande. Le taux de croissance de l'emploi formel en Afrique, que ce soit du secteur privé ou public, s'est avéré minimal pendant la période de stagnation économique des années 90. La création d'emplois dans le secteur privé était minime ou négative (à l'exception du Botswana et de l'Ile Maurice). Le taux de croissance de l'emploi dans le secteur public a ralenti avec l'application des plans d'ajustement structurel des années 90. Quoique la taille de la main d'œuvre dans les pays de l'Afrique subsaharienne, avec un taux de prévalence de VIH/SIDA, est prévue d'être de 10 à 30 % moindre en 2020, par rapport à celle qu'elle aurait du être sans le SIDA (Johanson et Adams 2004), on s'attend toutefois à ce que la jeunesse du continent africain connaisse une forte croissance dans un avenir proche. Face à cette situation, le secteur formel ne sera pas capable de générer suffisamment rapidement des emplois pour absorber tous les nouveaux entrants du marché de l'emploi (Institut de la Banque mondiale 2007).

Dans des conditions de faible croissance économique, la recherche d'un emploi peut être ardu. Les informations limitées disponibles révèlent que les diplômés de l'enseignement technique postsecondaire rivalisent bien avec les diplômés universitaires pour ces emplois. Au Nigeria par exemple, le taux de chômage chez les diplômés des institutions polytechniques était généralement inférieur à celui des diplômés universitaires. (Banque mondiale 2006). Toutefois, en dépit de cet aspect positif, le statut social lié aux universités est bien plus élevé que celui associé aux institutions techniques ou polytechniques.

Offre. Certains observateurs ont noté que le secteur non universitaire semble expérimenter une progression plus rapide que le secteur universitaire (Varghese 2008 ; Ng'ethe, Subotzky, et Afeti 2007). D'autres relèvent qu'il est seulement légèrement à la traîne (Mazeran et al 2007). Ce dynamisme est dû au fait que plusieurs institutions non universitaires offrent des cours de courte durée orientés vers l'emploi. Les inscriptions dans l'enseignement technique à cycle court représentent un tiers ou plus des inscriptions dans 14 des 26 pays africains pour lesquels les données sont disponibles (Tableau 3.1). Notamment, l'Afrique subsaharienne dont le pourcentage d'étudiants inscrits dans des programmes de formation techniques est relativement élevé par rapport à d'autres régions.

Coûts. L'enseignement technique est onéreux, six fois plus cher que les coûts de l'enseignement secondaire général et parfois comparable à ceux de l'enseignement supérieur (voir tableau 3.2). Par rapport à l'enseignement subventionné par les fonds de l'Etat ou par le privé, la formation orientée vers l'entreprise semble plus efficace. Cependant, les trois formes ne peuvent être efficaces que si elles sont étroitement liées ă la demande de l'employeur et aux emplois disponibles. Mais l'enseignement secondaire diversifié où certaines compétences professionnelles sont inclues dans un programme universitaire ne s'est pas révélé rentable. C'est une forme d'enseignement secondaire coûteuse de par le besoin d'installations, d'équipements et d'enseignants spécialisés, et cela n'avantage pas les diplômés sur le marché de l'emploi (Johanson and Adams 2004).

Financement. On identifie cinq principales sources de financement de l'enseignement technique. Elles comptent : le prélèvement sur les salaires des employés, les cours et autres frais payés par les entreprises ou stagiaires ; la production et la vente des biens et services par les institutions ; le soutien de la communauté et les dotations et indirectement l'expansion de l'offre non gouvernementale. Les prélèvements pour la formation sont utilisés dans 12 pays de l'Afrique subsaharienne mais ils ne sont pas sans problèmes : le non-respect par l'employeur, le détournement des ressources à des fins qui n'ont rien à voir avec la formation, la possibilité d'une mauvaise utilisation des fonds lorsque des surplus sont générés. Les frais payés par les étudiants augmentent régulièrement et assurent actuellement à peu près un quart des coûts de fonctionnement dans

Tableau 3.1 Pourcentage de répartition des étudiants par domaines d'études, 2004

Pays	Enseignement non universitaire (ISCED 5B)	Enseignement universitaire (ISCED 5A)
Botswana	19	81
Burundi	67	33
Comores	32	68
Congo	15	85
Érythrée	23	77
Ethiopie	0	100
Ghana	33	67
Kenya	33	67
Lesotho	49	51
Liberia	37	63
Madagascar	18	82
Malawi	0	100
Mali	5	95
Mauritanie	5	95
Maurice	57	43
Mozambique	0	100
Namibie	39	61
Nigeria	41	59
Rwanda	35	65
Sierra Leone	56	44
Afrique du Sud	12	88
Swaziland	0	100
Tanzanie	20	80
Ouganda	36	64
Zambie	41	59
Zimbabwe	59	38

Source: Global Education Digest 2006, UIS/UNESCO (http://www.uis.unesco.org/)
Basé sur la Classification standard internationale de l'UNESCO des catégories [UNESCO International Standard Classification of Education (ISCED)].

plusieurs cas. La vente des biens et services peut être un important supplément de revenus aussi longtemps qu'un bon équilibre est maintenu entre instruction et production. Une cible appropriée de « bonne pratique » pour cette source de revenus est de 10 à 15 % du budget de fonctionnement. Les partenariats public-privé sont une importante source bien que le parrainage des étudiants sélectionnés par l'employeur, soit en hausse. L'offre non-gouvernementale, y compris des organisations religieuses, caritatives et à but lucratif augmente rapidement.

L'un des principaux moyens de financement de l'enseignement technique passe par les fonds de formation; c'est le cas dans 21 pays d'Afrique subsaharienne. Ils déboursent des fonds reçus des gouvernements, des prélèvements pour la formation

Tableau 3.2 Coût unitaire en dollars américains de l'enseignement secondaire, technique et universitaire des pays choisis, 2002

Pays	Secondaire supérieur	Technique/ professionnel	Supérieur
Bénin	278	386	612
Burkina Faso	291	NA	1,364
Cameroun	354	583	484
Tchad	157	896	926
Côte d'Ivoire	617	951	978
Ethiopie	59	355	636
Ghana	165	340	900
Madagascar	141	183	491
Mali	265	NA	481
Mauritanie	139	771	538
Mozambique	145	180	1,535
Niger	309	NA	968
Nigeria	162	433	1,260
Sénégal	460	624	1,513
Togo	118	362	332
Zambie	97	NA	567

Source: Banque mondiale EdStats ; Pôle de Dakar ; Johanson and Adams (2004) ; Banque Mondiale (2006, 2008a).
NA = Not available

de 1 à 3 % sur les salaires (voir Tableau 3.3) et /ou des bailleurs de fonds. En offrant des formations concurrentielles à des groupes ciblés, ils mettent les prestataires sur un pied d'égalité et incitent à des résultats efficaces. Les caractéristiques des fonds de formation efficaces comprennent : des conditions d'allocation transparentes ; une gouvernance représentative qui inclut travailleurs et employeurs ; une gestion efficace, un ciblage efficace des instruments ; un contrôle et une évaluation réguliers des résultats de la formation ; une attention constante à la viabilité financière (Johanson et Adams 2004).

Problèmes identifiés. A ce niveau, les contraintes suivantes sur le développement de l'enseignement technique ont été identifiées : (a) une faible capacité en termes de nombre d'étudiants ; (b) un statut incertain de l'enseignement technique, (c) un manque flagrant d'enseignants pour les filières technologiques (enseignants avec une expérience appliquée au secteur productif) ; (d) les cours sont souvent mal adaptés aux technologies actuellement utilisées par les entreprises, (e) un manque général d'opportunités de formation, excepté dans les secteurs des services (comptabilité, secrétariat, technologie de l'information) ; (f) l'autoévaluation au sein des institutions est rare ; (g) un sous-financement important dans de nombreux cas, (h) un manque de soutien des bailleurs de fonds[10], (i) une absence générale de données statistiques dans le sous-secteur de l'enseignement technique. Mais l'obstacle majeur pour le développement actuel des systèmes de

Tableau 3.3 Programmes nationaux de la taxe pour la formation technique dans les pays d'Afrique subsaharienne choisis

Pays	Prélèvement pour formation en Pourcentage de paie
Bénin	2,0
Cote d'Ivoire	1,2
République Démocratique du Congo	1,0
Kenya	Taxes Sectorielle
Malawi	Basé sur le nombre de travailleurs qualifiés
Mali	0,5
Maurice	1,0
Nigeria	1,25
Sénégal	3,0
Afrique du Sud	1,0
Tanzanie	2,0
Togo	1,0
Zimbabwe	1,0

Source: Johanson et Adams (2004).

l'enseignement technique de l'Afrique subsaharienne dans son ensemble est peut-être le manque généralisé de liens et d'engagement avec les employeurs, en particulier dans le secteur privé.[11] Dans plusieurs systèmes, l'enseignement technique et professionnel et la formation n'ont pas une bonne image, ce qui décourage les étudiants à s'inscrire à ces programmes.

La dérive institutionnelle est un problème particulier (Ng'ethe, Subotzky, et Afeti 2007). Les institutions polytechniques succombent parfois à la « dérive universitaire » avec des programmes débouchant sur des diplômes universitaires, cela en partie à cause de l'application des formules de financement qui ont tendance à favoriser les universités par rapport aux institutions polytechniques. Au Nigeria les institutions polytechniques font campagne pour pouvoir décerner des diplômes. Au Kenya, deux des institutions polytechniques dont dispose le pays ont récemment été élevées au niveau de collège universitaire. Au Ghana, les syndicats du personnel universitaire au sein des institutions polytechniques exigent la parité avec les universités suite à l'introduction d'une licence en technologie. Comme souligné plus haut, le problème de la « dérive universitaire » ne se pose pas seulement en Afrique et peut également toucher plusieurs pays développés.

Solutions. Un nouveau programme de politiques a vu le jour en Afrique subsaharienne en réaction aux critiques acerbes des systèmes éducatifs techniques et professionnels sponsorisés par l'Etat. La première étape est de s'assurer que les macro-conditions de soutien existent – les primes d'investissement en capital humain et physique, les politiques économiques qui encouragent la croissance économique et l'emploi et des systèmes éducatifs primaires et secondaires de bonne qualité qui offrent aux travailleurs les bases cognitives nécessaires à une formation de q-ualité.

La deuxième étape met l'accent sur : (1) l'amélioration de l'efficacité de la formation publique en développant des liens solides et des partenariats entre les institutions de formation et les entreprises, en améliorant les réactions institutionnelles aux forces du marché, en utilisant les ressources plus efficacement, en développant les capacités pour la mise en œuvre des politiques inhérentes à l'enseignement technique et professionnel et en diversifiant les sources de financement à travers les prélèvements sur le fichier salaire et un recouvrement efficace et (2) l'amélioration de la formation privée en créant un environnement propice, l'offre d'incitations à la formation de l'employeur, et la réduction de la régulation de la formation privée qui est déconnectée de l'assurance qualité. Cela nécessite une implication publique réduite dans l'offre directe, des partenariats en gouvernance, une dépendance accrue des mécanismes visant à assurer une pertinence et une efficacité améliorée. Les réformes sont concentrées sur les prélèvements pour la formation, une plus grande attention au secteur informel, le développement des compétences entrepreneuriales pour l'auto- emploi et de nouveaux cadres de qualification nationale. En général, les pays anglophones sont plus avancés en matière de réformes que leurs voisins francophones. A la conférence des ministres de l'Education des pays francophones (CONFEMEN) en 1998 tenue à Bamako, les ministres de l'Education des pays francophones ont adopté un programme de politiques de réformes bien ciblé mais la mise en œuvre s'est effectuée à pas de tortue (Johanson et Adams 2004).

Certaines compétences nécessaires à la croissance et à la compétitivité peuvent être anticipées, d'autres non. L'approche la plus prometteuse pour le développement de compétences appropriées dans un contexte où les besoins en compétence spécifique sont imprévisibles, comporte quatre éléments. *Le premier* consiste à se concentrer sur le développement des compétences génériques dans l'enseignement secondaire qui peuvent offrir la base pour un apprentissage ultérieur. *Le deuxième* consiste à offrir une plus grande flexibilité aux diplômés des programmes professionnels/techniques en consolidant les spécialisations en grandes familles d'occupations avec les perspectives d'application plus larges. *Le troisième* consiste à établir des programmes d'enseignement secondaire et supérieur orientés vers la demande et d'améliorer l'information à disposition des parents et des étudiants pour choisir les options d'études. Le quatrième consiste à développer une variété d'opportunités pour adultes - réorientation et apprentissage (Banque mondiale 2008b).

Assistance future au développement. Les priorités de financement suivantes ont été proposées pour les partenaires au développement :

- Partenariats public-privé dans lesquels les gouvernements encouragent les pourvoyeurs non gouvernementaux à collaborer avec les employeurs ;
- développement des systèmes nationaux de réponse aux demandes de formation impliquant tous les acteurs ;
- décentralisation de l'enseignement technique sponsorisé par l'Etat ;
- introduction d'une formule de financement qui récompense la performance et les résultats ;
- développement des associations des pourvoyeurs de formation non gouvernementaux, associations de commerce, afin de défendre leurs intérêts et d'offrir des formations à leurs membres (Johanson et Adams 2004).

Enseignement supérieur

Malgré les récentes réformes, et des réalisations importantes assurées par certaines institutions, les systèmes d'enseignement supérieur en Afrique subsaharienne n'ont pas intégré les nouvelles règles imposées par une économie du savoir mondiale. Évaluons à présent leurs atouts et défauts selon huit aspects déterminants de performance de l'enseignement supérieur : orientation stratégique, autonomie et responsabilité, gouvernance, gestion, financement, pertinence, recherche et développement et développement régional. Cette analyse sera faite d'abord au niveau des systèmes de l'enseignement supérieur où les approches des politiques « systémiques » constituent une méthode de pensée relativement récente au sujet de l'Education, puis au niveau des institutions supérieures, méthode analytique la plus courante.

Orientation stratégique. L'augmentation massive des inscriptions a soulevé la préoccupation du public sur l'enseignement supérieur parce que ses coûts ont obligé les gouvernements et les citoyens à puiser plus profondément dans leurs bourses. L'intensité du savoir dans la concurrence économique a renforcé cette préoccupation dans le domaine de la gestion stratégique. Les pays commencent à voir leur sous-secteur de l'enseignement supérieur comme un ensemble composite plutôt qu'un ensemble d'institutions individuelles. Alors que les perspectives systémiques deviennent courantes, elles prennent une plus grande importance stratégique en tant qu'éléments d'un système d'innovation national. La perspective du système d'innovation suppose que

- le système est constitué des composantes complémentaires; ainsi la performance du système dépend autant de la force de ces composantes que de leurs liaisons interactives ;
- la performance du système dépend également des mécanismes de coordination ou des institutions qui contrôlent, pilotent et facilitent ces interactions ;

- le changement intervient simultanément du haut vers le bas et du bas vers le haut avec pour conséquence une intervention possible de l'innovation et l'adaptation (et donc l'apprentissage institutionnelle à tout point du système (Bleiklie, Laredo, et Sorlin 2007).

Une importance accrue de l'orientation stratégique fournit la base de l'attention des politiques universitaires à la différenciation institutionnelle, à l'assurance de la qualité, aux organes de surveillance, au financement compétitif, à la gouvernance responsable et à une gestion plus entrepreneuriale. A mesure que cette orientation s'enracine, l'objectif d'optimiser la compétitivité économique remplace l'égalitarisme institutionnel, comme base de décisions de politiques. (Bleiklie, Laredo et Sorlin 2007).[12] Par ce biais, la gestion stratégique est de plus en plus appliquée au système de l'enseignement supérieur, amenant le Premier Ministre de Malaisie à déclarer en 2006 que « Pour la plupart des pays aujourd'hui, la gestion des ressources humaines et la formation du capital humain sont extrêmement importantes, absolument vitales ou encore une question de vie ou de mort. Dans le cas de la Malaisie, il s'agit d'une question de vie ou de mort » (Association of Commonwealth Universities 2006).

Dans le cadre de leurs efforts pour infuser une orientation stratégique au système de l'enseignement supérieur, les pays d'Afrique subsaharienne commencent maintenant à revoir les politiques nationales concernant le rôle du secteur privé dans le système éducatif. Ces politiques comprennent parfois des réglementations restrictives ou de contrôle, des procédures d'inscription lourdes qui sont moins transparentes ; l'imposition de critères peu clairs et subjectifs et de normes d'inscriptions, des critères d'accréditation dépassés qui mettent l'accent sur le nombre de livres disponibles au lieu de tenir compte des ressources électroniques, des limites sur la capacité des institutions privées à fixer les frais d'instruction aux prix du marché ; des critères relatifs aux réserves financières, aux zones foncières, et aux infrastructures détenues par les institutions privées ; un processus d'approbation des programmes longs (3 à 4 ans) ; des restrictions sur le contenu des aspects politiques ou religieux du programme (Fielden et LaRocque 2008).

Dans le secteur public, les pays de l'Afrique subsaharienne commencent à formuler des plans nationaux pour le développement de l'enseignement supérieur et à les lier à leurs stratégies de croissance économique. De différentes manières, l'Ethiopie, le Kenya, le Mozambique, le Nigéria, l'Afrique du Sud, la Tanzanie, ont récemment tenté d'y parvenir. Au niveau institutionnel, cependant, les plans stratégiques sont élaborés en réaction aux déclarations de mission définies de façon autonome plutôt que liées à l'économie nationale et aux stratégies de développement de l'enseignement comme cela se fait en Australie. Cela montre la nécessité d'une meilleure adéquation entre les plans stratégiques des institutions d'enseignement supérieur et les stratégies systémiques plus larges pour l'enseignement supérieur.

D'un point de vue stratégique, les messages de cette étude sont essentiellement centrés sur trois aspects. Là où les conditions le justifient, les pays d'Afrique subsaharienne pourraient considérer le développement d'au moins une d'institution d'enseignement supérieur « phare » avec une capacité d'enseigner et de conduire des recherches proches de la norme internationale de manière à ce que le pays puisse s'arrimer aux ressources mondiales du savoir. Au sein des institutions de l'enseignement supérieur, il est recommandé de renforcer les disciplines jugées les plus pertinentes à l'économie d'un pays et aux perspectives de croissance à venir. En outre, les étudiants devront être sélectionnés sur une base compétitive, sur le mérite, même si ceci peut avoir des conséquences d'équité et sur la répartition, afin d'assurer un niveau de qualité acceptable chez les futurs diplômés. L'attente étant qu'un petit nombre de personnes hautement qualifiées et compétentes pourront jouer un rôle de catalyseur dans l'industrie pour déboucher sur des activités à plus forte concentration technologique et ajouter ainsi de la valeur au niveau national.

Au niveau du système et aux niveaux institutionnels, les dynamiques politiques locales peuvent toutefois ébranler les meilleurs plans stratégiques. Par exemple, au cours des années 90, le Sénégal avait mis sur pied un programme de réformes bien conçu et basé sur le consensus pour l'université Cheikh Anta Diop. Cependant, après les élections nationales remportées par l'opposition, le programme de réformes fut annulé (Eisemon and Salmi 1993). De même, les syndicats puissants de personnel et les associations d'étudiants peuvent bloquer les efforts de réformes lorsqu'ils estiment que leurs intérêts sont menacés (Ex : Ghana, Mali, Nigeria, Sénégal).

Autonomie et responsabilité. L'autonomie d'une institution de l'enseignement supérieur signifie communément qu'elle exerce un contrôle sur les admissions des étudiants, sur les dépenses financières et les sur décisions concernant le personnel. En pratique, on observe un large écart d'autonomie institutionnelle entre les pays. Cependant, des tendances d'autonomie accrue avec des attentes croissantes en matière de responsabilité existent partout dans le monde (Bleiklie, Laredo, et Sorlin 2007). Dans des conditions de marché instable, les institutions sollicitent une plus grande autonomie afin d'avoir une certaine flexibilité qui favorise l'innovation, les réformes et la gestion nécessaires pour atteindre les objectifs de performance spécifiques liés à l'obligation de rendre compte. Pour ces raisons, une plus grande liberté de gestion a récemment été accordée aux institutions de l'enseignement supérieur au Danemark, en Allemagne, en Indonésie, au Japon, en Suède et en Thaïlande (Bladh 2007 ; Salmi 2007)[13]. Cependant, une autonomie accrue ne signifie pas moins de contrôle externe, comme les gouvernements, les parlements et les groupes d'intérêt social demandent une plus grande responsabilité (Fielden 2007). Ainsi, la pomme de discorde réside souvent dans les dispositions de gouvernance institutionnelle.

Pour la plupart, les institutions africaines du supérieur sont gérées soit comme une partie du système étatique (par exemple, dans plusieurs pays francophones) ou dotées d'un degré d'indépendance sous forme de leur propre organe de gestion avec des pouvoirs statutaires et des responsabilités (plus fréquent dans les pays anglophones).[14] Toutefois, ces distinctions deviennent floues lorsque les gouvernements des deux régions souhaitent assurer des relations fortes de responsabilité politique entre les chefs des institutions et le Chef de l'Etat. Ainsi, le choix de ceux qui participent à la gouvernance et à la gestion institutionnelle et la manière dont ces personnes sont sélectionnées, ont un impact direct sur les capacités de réaction aux circonstances changeantes et sur l'initiative nécessaire pour pouvoir profiter des opportunités émergentes.

La responsabilité est une composante récente, qui a vu le jour au XXIème siècle avec les notions combinées de marché, de démocratisation, et de rivalité accrue pour les ressources publiques. Cela implique que les institutions supérieures démontrent la pertinence de leurs activités aux besoins de la société et aussi qu'elles puissent prouver leur efficacité en étant évaluées par une évaluation externe (Ade, Gomaet Johnson 1996) Sur ce point, les organisations de gouvernance institutionnelles ont été modifiées pour incorporer une plus grande représentation des acteurs.[15] Il existe d'autres mécanismes tels que les révisions de l'assurance qualité, l'accréditation, les évaluations d'enseignement, les examens professionnels de qualification, et la budgétisation basée sur la performance. Ces mécanismes visent à contrôler le degré de couverture (accès), l'équité de couverture, la qualité de l'éducation, la pertinence au marché de l'emploi et les besoins nationaux, les valeurs imparties (citoyenneté), l'utilisation des ressources (efficacité) et la capacité financière de l'institution à maintenir les normes (durabilité). On doit être conscient que certains objectifs de responsabilité peuvent être incompatibles et que les intérêts des parties prenantes peuvent entrer en conflit (Salmi 2007).

Au sein de l'enseignement supérieur en Afrique on s'est penché avec attention sur la notion de responsabilité. Quinze pays d'Afrique subsaharienne possèdent actuellement les mécanismes officiels d'assurance de la qualité, une hausse par rapport à seulement 3 pays en 1990 (Materu 2007).[16] Le Nigeria a introduit une classification des universités et des programmes universitaires, le Kenya travaille sur un projet similaire. Bien que la plupart des institutions de l'enseignement supérieur soient supposées se soumettre à des audits financiers annuels, très peu sont légalement tenues de soumettre des rapports annuels indiquant les résultats et les réalisations. En effet, un examen de la législation régissant le supérieur dans 20 pays africains a révélé que 15 pays ne mentionnaient pas les exigences de rapports annuels (Lao 2007).

Dans les pays d'Afrique subsaharienne, la tension entre les exigences de responsabilité et les besoins d'autonomie conduisent parfois à une revue des cadres légaux applicables à la fois au système d'enseignement supérieur et aux institutions individuelles. Depuis 2000, les données sur les lois nationales sur l'enseignement supérieur ont été recueillies dans 10 pays et 6 institutions ont révisé leur loi universitaire (Bloom, Canning, et Chan 2006a, Lao 2007) [17]. Les nouvelles lois de l'enseignement supérieur en Afrique ont tendance à augmenter l'autonomie aux niveaux supérieurs de gouvernance tout en la réduisant en interne. Ainsi, le rôle du président de l'université a été progressivement déconnecté du bureau du chef de l'État (ex : Ghana, Nigeria, Afrique du Sud, Tanzanie) et la participation du gouvernement aux conseils de gouvernance institutionnels a été réduite ou inversée par une augmentation des représentants du secteur privé (ex : Université de Zambie, Université de Maurice). Dans le même temps, la prise de décision interne basée sur un consensus collégial donne lieu à davantage d'approches « corporatistes » caractérisées par une planification stratégique, des structures managériales renforcées et une dilution du pouvoir des comités universitaires. Compte tenu de la rapide croissance de plusieurs institutions, il en serait difficilement autrement.

Gouvernance. Il n'y a pas longtemps encore, alors que l'enseignement supérieur était souvent constitué d'institutions financées par des fonds publics et fonctionnaient dans des systèmes moins démocratiques, la gouvernance universitaire était fréquemment présentée comme entretenant des relations conflictuelles avec le gouvernement – (Ajayi, Goma et Johnson 1996). A l'heure actuelle, compte tenu de l'augmentation des inscriptions, du nombre croissant des institutions publiques et privées, de la tendance vers le partage des charges ainsi que des avancées de la démocratie, cette relation prend davantage la forme d'un partenariat. Les responsables du gouvernement voient de plus en plus l'enseignement supérieur comme un avantage compétitif, qui doit être utilisé dans l'intérêt national. Quant au personnel universitaire, il accepte progressivement la gouvernance universitaire comme une plus large organisation de partenaires, qui se substitue à l'ancienne « république des savants », gérée par la communauté universitaire.

Avec le développement des institutions d'enseignement supérieur, deux niveaux de gouvernance ont émergé. L'un préside aux destinées de l'institution (c'est-à-dire le Conseil d'administration ou le Conseil de l'université) et l'autre est en charge des programmes académiques (c'est-à-dire le Conseil académique ou le Sénat). Une bonne performance de l'institution est fonction d'une relation efficace entre l'élaboration des politiques par l'organe dirigeant et les responsabilités de l'administration relatives à la mise en œuvre des politiques.

Le Conseil d'administration doit être suffisamment large pour intégrer une palette d'experts professionnels nécessaire à la conduite de ses affaires, mais suffisamment réduit pour fonctionner avec diligence.[18] L'idéal serait que 60 % des personnes appartenant à ce groupe soient étrangères à l'institution elle-même. Des efforts réfléchis sont nécessaires pour s'assurer que le Conseil intègre des compétences en administration, en gestion financière, en développement des ressources humaines, en droit, en gestion immobilière ainsi que dans d'autres domaines qui constituent des défis auxquels l'institution fait face. Pour cette raison, la meilleure sélection des membres se fera par un comité de sélection comprenant le responsable de l'institution et plusieurs membres du Conseil d'administration lui-même, plutôt que par des nominations externes effectuées par le gouvernement.

Le Conseil académique s'occupe de la politique universitaire et des normes de qualité. Pour bien fonctionner, il ne nécessitera pas plus d'une trentaine de membres. Un nombre plus élevé l'alourdirait. Ses commissions permanentes devront aborder les questions telles que les programmes d'études, le contrôle de la qualité, le développement du personnel et l'accès à l'information, mais ne s'occuperont pas des questions relatives aux finances, au développement institutionnel et à l'approvisionnement.

Compte tenu des évolutions rapides observées, les institutions plus grandes pourraient songer à créer un comité stratégique conjoint qui chapeauterait les Conseils académiques et administratifs. Composé d'une dizaine de personnes tout au plus, ce Comité serait dirigé par le responsable de l'institution, et comprendrait le président du Conseil d'administration et les présidents des commissions en charge des finances et du développement institutionnel, les hauts cadres universitaires et administratifs ainsi que trois ou quatre doyens élus par le Conseil académique (Daniel 2007).

Alors que le partage des coûts par les étudiants devient chose courante, la représentation des étudiants dans les organes de gouvernance à tous les niveaux est nécessaire. Une enquête de l'UNESCO menée dans des pays européens a montré que 31 pays sur 36 présentaient des conditions légales de représentation des étudiants et que la proportion la plus ordinaire des étudiants membres de Conseil variait entre 10 et 20 % au total (Daniel 2007). En ASS, la représentation des étudiants est aussi légalement mandatée dans presque tous les Conseils d'administration. Cependant, leur part d'adhésion au comité est généralement plus faible, entre 3 et 10 % (Lao 2007).

Gestion. En raison de la mondialisation, de la démocratisation et de la massification de l'enseignement supérieur, les tendances à l'autonomie et à la responsabilité ont non seulement un effet sur la gouvernance mais aussi sur la gestion de l'enseignement supérieur. Au niveau du système de l'enseignement supérieur, on observe une émergence des « organes d'appui au système ». Ils comprennent des agences pilotes ou de contrôle, des organes de contrôle de la qualité et des programmes d'aide financière aux étudiants. A titre d'exemple, depuis 2000, des conseils ou des commissions nationales de l'enseignement supérieur ont été mis sur pied au Botswana, en Ethiopie, au Rwanda, en Tanzanie et en Ouganda en vue de contrôler le développement de leurs systèmes d'enseignement supérieur. Ces organes tampons semi-autonomes sont peu ordinaires en Afrique francophone, où la norme consiste plutôt à créer des Ministères d'Enseignement supérieur indépendants. L'un des avantages que présente un organe tampon réside dans le fait qu'il décharge le Ministère de l'Éducation de la responsabilité du détail des questions opérationnelles. Cette stratégie protège l'État d'accusations d'interférence dans les affaires académiques, promeut une plus grande autonomie institutionnelle et évite au pouvoir législatif de devenir la cible d'actions régulières de lobbying (Fielden 2007).

Au niveau institutionnel, de nombreuses universités africaines sont actuellement de vastes organisations complexes. Il n'est plus possible pour un professeur émérite de superviser individuellement quelques milliers d'étudiants et deux cents enseignants. Cette situation a suscité un intérêt croissant dans l'adoption des approches de gestion semblables à celles utilisées dans les entreprises commerciales dans les institutions publiques d'enseignement supérieur. Par exemple, une « équipe de gestion » composée de hauts cadres administratifs de l'institution est mise sur pied en vue d'établir les priorités managériales et de coordonner les actions associées sur une fréquence hebdomadaire ou bimensuelle.

D'autres nouvelles fonctions de gestion semblables à celles mises en œuvre dans les entreprises commerciales sont adoptées par des institutions d'enseignement supérieur dans le monde. Au rang de ces stratégies figurent notamment la planification stratégique, l'étude de marché, la gestion de la recherche, la planification du développement financier et la gestion de la performance (Salmi 2007; Bleiklie, Laredo et Sorlin 2007). Cette stratégie accorde une importance accrue au leadership et aux capacités managériales au sein des institutions d'enseignement supérieur, suscitant des efforts au niveau régional par l'association des universités africaines et l'association des universités régionales australe de l'Afrique dans la professionnalisation des compétences et une attention plus consciente pour la gestion du développement des compétences au sein des institutions. De plus, on observe un intérêt croissant dans l'élaboration de programmes officiels en matière de gestion de l'enseignement supérieur en Afrique du Sud, au Nigeria et au Kenya.

Un domaine de gestion qui reste fréquemment sous-développé dans les institutions de grande envergure est celui des ressources humaines et de la gestion du personnel. Toutes sortes de questions relatives au personnel sont, dans bien des cas, gérées par le personnel universitaire tel que les doyens de faculté ou les chefs de département, dont les principales responsabilités ne sont pas d'ordre administratif. Ils peuvent parfois consacrer plus de la moitié de leur temps à la gestion de problèmes relatifs au personnel, même s'ils m'out pas été formés en gestion des ressources humaines. Cette approche est inefficace pour les superviseurs et peut contribuer à la dislocation du personnel. A titre d'exemple, la lenteur dans la prise de décision ou le manque de transparence dans la gestion du personnel s'est révélée être un facteur contribuant à la fuite des cerveaux, d'après une enquête menée dans les universités africaines (Tettey 2006). De plus, le personnel de l'enseignement supérieur titulaire de diplômes de troisième cycle exploite le marché mondial du travail en pleine croissance et aspire à un niveau de rémunération généralement équivalent à celui de leurs pairs à l'étranger. Ainsi, les professeurs d'université diplômés se rendent, chaque jour, à l'évidence qu'ils vivent dans des pays à faibles salaires. Afin de réduire le poids de ce sacrifice, le personnel de l'université tente de minimiser le temps qu'il passe à l'université pour maximiser celui ainsi dégagé pour d'autres activités génératrices de revenus. Compte tenu de leur incapacité à revaloriser les salaires, les responsables des institutions éprouvent d'énormes difficultés à recruter, à motiver et à retenir le personnel[19].

L'autre défi auquel la gestion du personnel est confrontée réside dans la permanence des profils du personnel de l'institution ; et, par conséquent, l'incapacité de l'institution à s'ajuster au changement - soit à la demande des compétences sur le marché de l'emploi, l'émergence de nouvelles filières académiques et l'évolution rapide des frontières des connaissances scientifiques - à travers des ajustements stratégiques dans le recrutement. Dans la plupart des institutions relevant de l'enseignement supérieur, notamment les universités, les nominations du personnel semblent être soumises à la fonction publique et la titularisation peut être acquise quelques années après le recrutement. Cette situation crée un paradoxe dans lequel de nombreuses institutions sont contraintes de faire face aux défis à venir avec des configurations de personnel dépassées. Une tentative courageuse de lever cette contrainte de longue date est actuellement en cours en Ouganda, où un livre blanc est en cours de rédaction par le gouvernement pour soumission au conseil de ministres en vue de l'abolition de la titularisation. Ainsi, le personnel académique sera recruté, à court terme, sur la base de contrats d'une durée de trois à cinq ans, dont la reconduction dépendra d'une performance satisfaisante (Butagira and Nandutu 2008). Le Pakistan s'est également engagé dans le même processus.

Les institutions africaines de l'enseignement supérieur pourraient donc trouver utile de mettre en place un petit bureau professionnel de développement des ressources humaines en vue de la normalisation et du suivi des décisions de personnel ainsi que de la formation des superviseurs à de meilleures pratiques de la gestion du personnel. Au rang de ces pratiques figurent : (i) l'élaboration des descriptions de tâches pour les employées ; (ii) l'élaboration d'un profil du personnel de l'institution comme cadre de nominations et de promotions ; (iii) la formulation des programmes d'orientation pour le personnel nouvellement nommé et (iv) la mise en place d'un système de gestion de performance avec des critères d'évaluation clairs et une structure de récompense normalisée ; (v) l'élaboration d'un système commun de congé du personnel ; (vi) l'identification des besoins de formation et de développement professionnel du personnel (Daniel 2007).

Financement. Le financement constitue le principal obstacle auquel sont confrontés les cadres administratifs des secteurs d'enseignement supérieur en ASS. Alors que les institutions d'enseignement sont plus nombreuses et les inscriptions plus importantes, le financement des universités, est devenu plus complexe et comporte un plus grand nombre de défis – et constitue une source d'importantes rivalités politiques (Woodhall 2007). Dans plusieurs pays, les financements publics des institutions relevant du secteur de l'enseignement supérieur se sont affaiblis étant donné que les revenus du gouvernement sont utilisés pour répondre à des besoins concurrentiels. Cette situation a permis non seulement l'émergence de prestataires privés mais a aussi amené les institutions publiques à développer des capacités à générer des revenus et à utiliser leurs ressources avec parcimonie. La figure 16 décrit les quatre différentes voies de cette approche. En Afrique de l'Est, l'introduction réussie du partage des coûts a permis aux pays de réduire la part réservée aux dépenses de l'enseignement supérieur dans leurs budgets dévolus à l'éducation en dépit de l'augmentation des inscriptions. En Afrique australe, une approche plus équilibrée entre l'accroissement des inscriptions et le partage des coûts a connu un succès jusqu'en 2000, lorsque l'explosion des inscriptions sans

Figure 3.1 Part du budget de l'enseignement supérieur dans le budget de l'éducation par région, 1975-2005

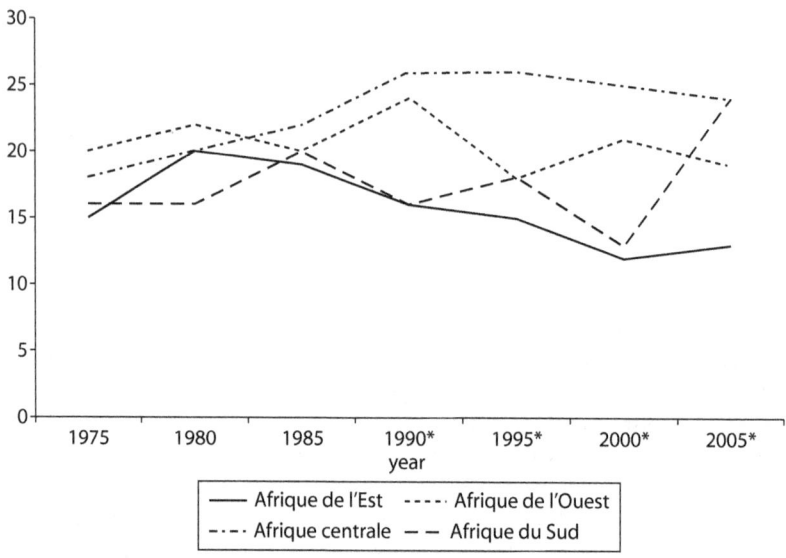

Source: UNESCO; EdStats; World Bank 1988, * or closest available year; *Higher Education in Developing Countries: Peril and Promise*, 2000; World Bank data; Brossard and Foko, 2007.

gains correspondants en partage de coûts a déclenché un accroissement fulgurant de la part de l'Enseignement supérieur dans le budget de l'Education. En Afrique de l'Ouest, les réductions progressives des allocations aux étudiants ont permis de stabiliser les enveloppes budgétaires allouées à l'Enseignement supérieur depuis leur pointe de 1990. Cependant, en Afrique centrale, l'incapacité à gérer les coûts dans un contexte d'explosion des inscriptions a entraîné un niveau élevé et soutenu des dépenses dans les budgets consacrés à l'Education au niveau de l'enseignement supérieur. Notamment, Brossard et Foko (2007) ont révélé que les dépenses relatives au bien-être des étudiants comptent pour une moyenne élevée, mais sujette à caution, de 45 % des budgets dévolus à l'Education dans l'Enseignement supérieur dans les pays francophones de l'ASS. Ces ressources peuvent mieux être utilisées pour rehausser la qualité et la pertinence pédagogique.

En réponse aux défis relatifs aux financements, les institutions à travers le monde construisent un réseau de parties prenantes de soutien, assurent la promotion des organisations d'anciens élèves, concluent des partenariats et accordent une attention particulière à l'élimination de pratiques inefficaces.[20] Cette dernière stratégie permet de mettre un accent particulier sur la gestion des rapports personnel/étudiants, des taux de redoublements et d'abandons et les services extra-académiques tels que la sécurité, et l'entretien des lieux. A mesure que la concurrence s'intensifie, les institutions d'Enseignement supérieur commencent à affronter le difficile mais potentiellement bénéfique, terrain du système des

Tableau 3.4 Rapport étudiants/personnel dans les universités d'Afrique subsaharienne

	1990	2002
Afrique au sud du Sahara	14/7	20/6
Afrique de l'Est	9/1	20/3
Afrique de l'Ouest	14/2	26/7
Afrique centrale	12/8	17/5
Afrique australe	8/7	11/2

Sources: EdStats ; Saint 1992.

primes en vue de l'amélioration du rendement dans l'enseignement, la recherche et la génération de revenus.

En Afrique, on observe plusieurs tendances similaires.[21] A titre d'exemple, les rapports personnel/étudiants inefficaces soulignés il y a deux décennies (Banque mondiale 1988) ont considérablement disparu comme conséquence de l'accroissement des inscriptions, du recrutement du personnel et des difficultés de rétention (voir tableau 3.4). En réalité, la surpopulation a maintes fois remplacé la sous-utilisation comme défi majeur sur de nombreux campus. La sous-traitance des services extra-académiques est progressivement devenue monnaie courante, permettant ainsi aux institutions de consacrer leurs ressources aux processus d'enseignement et d'apprentissage. Les progrès récemment accomplis en matière de réalisation et de diversification des activités génératrices de revenus ont permis aux institutions de prendre des risques pour la survie financière. Elles peuvent ainsi réduire leur dépendance des financements mis à disposition par le gouvernement et fournir aux cadres d'administration des ressources ponctuelles en vue de l'expérimentation et de l'innovation.

Seul un système de primes de performance demeure un vaste terrain vierge sur le continent africain. Au niveau du système, l'intérêt de la formule de financement des allocations apparaît comme un moyen de promouvoir la performance et l'efficacité. L'Afrique du Sud a adopté en 2001, un système de financement basé sur une formule, à savoir la combinaison des subventions globales basées sur les contributions à l'enseignement, le nombre des diplômés et la productivité en recherche avec des allocations de fonds en vue des procédures de recours et du développement. Le Nigéria est en train d'aligner ses fonds sur la « capacité d'accueil » des institutions. L'Ethiopie élabore une formule qui tient compte de la constitution des filières, l'approche genre et la productivité en recherche de chaque institution. Le Ghana, le Kenya et le Mozambique envisagent des approches similaires basées sur une formule.

Alors que les gouvernements se sont résolument engagés vers un partage accru des coûts avec les étudiants et les parents, des ressources supplémentaires sont consacrées aux systèmes de l'enseignement supérieur déjà débordés. En Afrique, cette méthode a souvent pris la forme de « programmes parallèles », d'étudiants «

indépendants », ou facilité des « frais d'utilisation » (Court 1999 ; Ishengoma 2004 ; Kiamba 2004 ; Johnstone 2006). L'Ethiopie a introduit une forme d'impôts sur le diplôme (Tekleselassie 2002 ; Yizengaw, Teshome 2006). Les fonds produits par ces innovations ont servi à la revalorisation des salaires du personnel, au renforcement des pensions - retraites, à l'amélioration des facilités d'enseignement et au rééquipement des bibliothèques. Cependant, le partage des coûts a mis en exergue la nécessité d'une aide financière aux étudiants sous forme de prêts et de subventions (Johnstone 2004). Par conséquent, les systèmes d'aide financière aux étudiants ont été récemment inaugurés en Namibie, au Rwanda, en Tanzanie et en Ouganda. Ces initiatives se sont inspirées d'une expérience antérieure, ainsi que des leçons apprises des réformes réalisées dans les programmes d'attribution de prêts aux étudiants bien établis au Ghana (ICHEFAP 2007), au Kenya (Otieno 2004) et en Afrique du Sud (Van Harte 2002), qui ont été aux prises avec les défis des étudiants défaillants, les coûts administratifs élevés et la difficulté d'évaluation des besoins des étudiants. Les leçons tirées des programmes d'allocation de prêts aux étudiants en Amérique latine ont également été utiles (Salmi 1999).

Au niveau des institutions, la gestion financière continue d'être une cible essentielle des efforts de renforcement de capacités. Très peu d'institutions relevant de l'enseignement supérieur ont jusqu'à présent fait suffisamment d'efforts en vue de l'élaboration de plans de développement financier à moyen et à long terme. Dans de nombreux cas, la faiblesse des systèmes comptables et des rapports financiers rendent le suivi du budget difficile. Ainsi, la situation financière de l'institution est souvent mal interprétée, ce qui compromet une prise de décision judicieuse. C'est probablement pour compenser ces faiblesses que certaines institutions souffrent d'un excès de contrôles internes qui alourdissent le traitement administratif et qui font perdre beaucoup de temps aux cadres. A titre d'exemple, la délégation de l'autorisation des dépenses peut être limitée, contraignant ainsi de hauts cadres à devoir autoriser des paiements de routine et ceux de moindre importance. La communication entre le bureau financier et les départements d'enseignement et d'autres unités organisationnelles est faible et irrégulière. Cette situation accentue la difficulté à identifier et à aborder les problèmes financiers. Bien qu'un nombre grandissant d'institutions de l'enseignement supérieur ait informatisé leur comptabilité et déploient des efforts pour consolider la gestion financière, les rapports de suivi financier ne sont pas encore généralement acceptés comme outil de base de gestion.

Ainsi, le prochain défi financier de la plupart des systèmes d'éducation au niveau de l'enseignement supérieur consistera à savoir comment obtenir davantage de fonds publics, des financements plus importants des sources non publiques et une utilisation plus efficace des fonds disponibles (Mingat, Ledox and Rakotomalala 2008). L'ASS consacre actuellement 4,5 % du PIB à l'Education contre 4 % en 1988, taux élevé par rapport aux normes internationales (voir Tableau 3.5). Par conséquent, de nombreuses nations africaines atteignent les limites de partage des ressources publiques, qui peuvent éventuellement être utilisées dans le

Tableau 3.5   Dépenses publiques en éducation comme pourcentage du PIB, 2004

Moyen Orient et Afrique du Nord	4,9
Afrique au sud du Sahara	4,5
Amérique latine et Caraïbes	4,4
Asie de l'Ouest et du Sud	3,6
Asie de l'Est et du Pacifique	2,8
Monde	4,3

Source: UNESCO Global Education Digest 2007, p. 9.

développement de l'Education. Parallèlement, plusieurs pays sont au niveau ou au-dessus du plafond des 20 %, généralement approprié au le budget consacré à l'Enseignement supérieur (Banque mondiale 2002). A la lumière d'*Éducation pour tous* et compte tenu des avancées réalisées dans l'accès à l'Education de base et les pressions croissantes qu'elles vont provoquer dans le secteur de l'Enseignement secondaire dans les années à venir, il n'est pas réaliste de penser que l'enseignement supérieur pourrait recevoir plus qu'une stimulation temporaire au-delà de ce plafond. De même, les institutions d'enseignement supérieur frôlent généralement les limites du possible en termes d'activités génératrices de revenus et des avancées significatives dans ce domaine sont peu probables. Enfin, les étudiants et les familles - par les frais d'inscription, les programmes parallèles, les frais spécifiques, ou l'acceptation des obligations liées au prêt – apportent très souvent leur quote-part, bien que la possibilité d'une plus large contribution demeure généralement dans les pays francophones, de même que dans les systèmes universitaires où la majeure partie des étudiants sont issus des familles les plus fortunées. En bref, le gouvernement, les institutions et les personnes d'un grand nombre de pays de l'ASS s'efforcent actuellement autant qu'ils peuvent de financer l'enseignement supérieur. C'est la raison pour laquelle un accent doit être mis sur la levée de fonds à partir des sources non-traditionnelles tout comme les ressources disponibles doivent être utilisées de façon plus efficace.

L'amélioration des niveaux d'efficacité dans l'utilisation des ressources nécessitera une volonté politique, le consensus autour des politiques et la précision dans la gestion ; étant entendu que les solutions consisteront sans aucun doute à mettre de côté le traditionnel partage équitable des financements dans les institutions et les programmes en faveur des choix difficiles portant sur les priorités stratégiques, les avantages comparatifs, le système de primes et les innovations calculées. Le gouvernement peut, par exemple, encourager l'enseignement supérieur à développer des offres d'enseignement à faibles coûts notamment dans le commerce, les sciences sociales, les langues et les humanités de sorte que les fonds publics soient progressivement retirés de ces domaines pour être consacrés à la consolidation des filières plus onéreuses telles que les sciences, l'ingénierie et la médecine.

L'amélioration de l'efficacité doit également conduire à aborder les privilèges octroyés à l'élite à travers d'importantes bourses d'étudiants, dont certaines sont gérées par le bureau du président plutôt que par le ministère de l'Education. Au Lesotho, par exemple, les bourses universitaires constituent 57 % du budget récurrent consacré à l'enseignement supérieur (Banque mondiale 2005). Dans dix pays francophones, les bourses d'études à l'étranger représentent en moyenne 14 % du budget dévolu à l'enseignement supérieur (Brossard et Foko 2007). Une approche plus efficace consisterait à restreindre le parrainage des étudiants exclusivement aux filières jugées fondamentales pour le développement futur du pays, obligeant ainsi ceux désireux de se former dans d'autres domaines, à y parvenir par des fonds issus des sources non-publiques.

Tandis que les coûts relatifs à l'offre de l'Education primaire et secondaire sont, en grande partie, déterminés par les structures de coût dans la devise locale qui englobent les salaires, les matériaux de construction, l'imprimerie et le transport, la structure des coûts de l'Enseignement supérieur, notamment l'enseignement universitaire, comporte une importante partie des dépenses internationales en devises étrangères. Il est difficile d'imaginer une université sans manuels, ouvrages de référence, revues scientifiques, équipements de laboratoire, instruments techniques, ordinateurs et matériel didactique. Dans la majeure partie des pays africains, tous ou la plupart des intrants pédagogiques doivent être importés. D'autres dépenses ordinaires reflètent la nature internationale inhérente de l'enseignement supérieur : les télécommunications, les voyages du personnel, les frais d'affranchissement internationaux, les pièces de rechange et le développement du personnel étranger. Les enseignants du primaire et du secondaire sont peu enclins à participer à une conférence internationale, mais les enseignants des universités, surtout lorsqu'ils sont engagés dans la recherche, considèrent l'interaction entre pairs au niveau régional et mondial comme un aspect normal de la description de leurs tâches en tant qu'universitaire. Bien plus, le personnel employé au niveau de l'Enseignement primaire et secondaire trouve que les opportunités d'avancement sont en général déterminées par le marché de l'emploi local, mais ceux de niveau universitaire, titulaire de diplômes supérieurs, comme le doctorat, exploitent de plus en plus le marché international du travail en pleine croissance et en quête de ressources humaines compétentes et aspirent à des niveaux de rémunération largement comparables, de façon générale, à ceux de leurs pairs à l'étranger. Pour ces raisons, l'avantage comparatif des bailleurs de fonds pourrait résider dans la mise à disposition de devises fortes en vue de répondre aux besoins en devises du système d'éducation. Comme suggéré plus haut, ces besoins sont probablement plus importants aux niveaux supérieurs de l'éducation.

La pertinence. La concurrence au plan international met l'accent sur l'adéquation entre l'éducation et les besoins du pays et de ses employeurs. Par le passé, la qualité et la pertinence de l'éducation étaient perçues comme des synonymes ; l'éducation de bonne qualité était une éducation pertinente. Ce n'est plus le cas aujourd'hui. A l'heure actuelle, il est possible de recevoir une éducation qui ne cadre pas avec les ambitions du pays ou avec l'économie de la région où se trouve le campus universitaire. Une éducation inadéquate accroît les chances de chômage des diplômés et la fuite des cerveaux et prive ainsi la nation d'un instrument essentiel à son développement.

Au niveau des systèmes d'enseignement supérieur, la pertinence est intimement liée au profil des compétences essentielles que possède la totalité des diplômés du niveau supérieur. Les pays africains ont, depuis longtemps, utilisé comme référence de production des diplômés, le rapport 60/40 entre les sciences/ingénierie et les Arts/Sciences sociales, convenu en 1962 au cours d'une conférence régionale de l'UNESCO/UNECA sur l'enseignement supérieur, tenue à Antananarivo, Madagascar. Cependant, cette directive n'a aucune justification empirique (Banque mondiale 2006 ; Daniel 2007). Parmi les pays du monde qui ont des parts S&T les plus élevées du total des inscriptions en niveau supérieur (30 percent–35 percent) figurent l'Irlande, la Corée, le Japon et la Suède- mais aussi le Ghana, le Kenya, le Mozambique et l'Afrique du Sud.[22] En l'absence de directives claires il est conseillé aux institutions de l'enseignement supérieur d'incorporer les compétences essentielles nécessaires à la compréhension des sciences, de la technologie, du commerce et de la société à un ensemble de cours obligatoires pour tous les étudiants de l'université. Cette approche de « compétences et savoirs » offre la possibilité aux diplômés de contribuer effectivement au développement de l'économie et de la société. Au Ghana, l'université privée Ashesi fait appel, discrètement certes, mais avec créativité à cette approche pour offrir un enseignement pertinent pour le XXIe siècle.

Une expérimentation et une adaptation similaires de la mission traditionnelle de l'université produisent des modèles pertinents d'enseignement supérieur ailleurs sur le continent. A l'heure actuelle, la notion d'« université de développement » africaine (Yesufu 1973) est redéfinie. Alors que cette appellation à l'origine se référait à un partenariat entre les nouvelles universités nationales et le gouvernement national dans une quête commune du développement national, l' « université de développement » d'aujourd'hui n'hésite pas à se démarquer dans un contexte d'économie régionale ou dans leur zone d'attraction commerciale. L'Université Jimma en Ethiopie a joué le rôle de pionnier dans l'éducation à base communautaire dans ce pays, qui demande aux étudiants en médecine, en agriculture et dans d'autres disciplines de faire participer les communautés locales, d'apprendre à leur contact et de chercher avec elles la résolution des problèmes. Une approche analogue guide l'université des études de développement au nord du Ghana. Au Sénégal, l'université Gaston Berger de St Louis tente de développer une expertise dans la région du Sahel. Au Rwanda, l'institut des sciences et des technologies promeut des solutions technologiques à faibles coûts pour résoudre les problèmes locaux d'approvisionnement en énergie, de gestion des ordures ainsi que d'entreposage et de transformation. Au Kenya, une nouvelle université structurée autour d'une approche pluridisciplinaire du développement dans les régions semi-arides a été proposée. Dans cette perspective, les institutions africaines de l'Enseignement supérieur cherchent à se démarquer les unes des autres dans la quête de la pertinence; elles cherchent aussi à se démarquer des modèles traditionnels ancrés dans l'expérience coloniale.

La quête de la pertinence par le biais d'une palette certes variée, mais articulée par des institutions de l'enseignement supérieur, est plus courante ailleurs dans le monde qu'en Afrique. La différentiation est un processus de la spécialisation institutionnelle accrue ayant pour objectif l'amélioration de l'efficacité du système tout entier. Elle s'opère de la manière suivante : pour que les institutions de l'enseignement supérieur soient plus à même de répondre aux besoins de la société du savoir, elles doivent accorder une attention particulière à l'« adéquation aux objectifs » de leurs résultats. Ce processus est possible par l'élaboration de missions spécialisées et de profils institutionnels; ce processus aboutit à un système d'enseignement supérieur différencié. Le profil de différentiation de l'enseignement supérieur de plusieurs pays africain apparaît dans le Tableau 3.6.

La différentiation repose sur plusieurs arguments. Premièrement, un système diversifié améliore l'accès des étudiants de formation scolaire et de capacités différentes en offrant un large éventail de choix et diverses orientations pédagogiques. Deuxièmement, il facilite une mobilité sociale en offrant des points d'entrée multiples dans l'enseignement supérieur et des options variées pour les étudiants reçus pour poursuivre des niveaux élevés d'études. Troisièmement, il répond aux

Tableau 3.6 Profils de différenciation des systèmes de l'enseignement supérieur sélectionnés en Afrique

Pays	Univ. publique	Univ. privées	Instit polytechnique ou institut prof. publiques	Instit polytechnique ou prof. privées	Ecoles techniques publiques	Ecoles techniques privées
Cameroun	6	20	3	X	X	X
Ghana	7	28	10	0	n.st.	n.st.
Kenya	7	17	4	0	n.st.	n.st.
Malawi	2	2	2	1	X	X
Mozambique	3	5	8	6	n.st.	n.st.
Nigeria	50	25	51	6	46	9
Rwanda	2	6	4	4	4	4
Sénégal	2	3	15	44	X	X
Afrique du Sud	22	3	0	0	100	350
Tanzanie	8	13	15	X	X	X
Ouganda	4	13	1	X	67	X
Gambie	2	5	0	0	3	n.st.

Source: Ng'ethe et al. 2007.
Note: X = existe, mais données non disponibles.
n.st. = exclus du système de l'enseignement supérieur.

besoins du marché en offrant une panoplie de spécialisations de plus en plus nécessaire au développement économique et social. Quatrièmement, la différentiation offre aux groupes d'intérêt des occasions de renforcer leur sens d'identité et leur légitimation politique en leur permettant de cibler des populations spécifiques d'étudiants (par exemple, les femmes, les cultures régionales, les communautés religieuses). Cinquièmement, ce système améliore l'efficacité des institutions en les encourageant à se spécialiser dans ce qu'elles savent faire le mieux. Enfin, il permet une expérimentation à moindre risque, par laquelle les institutions peuvent accéder à la viabilité des innovations créées par d'autres sans avoir à les adopter directement (Van Vught 2007).

Il n'est pas clair de savoir si la pratique de la différentiation se conforme à cette théorie ou non. Les études sur les systèmes de l'Enseignement supérieur en Europe et en Asie ont montré que cette différentiation n'est pas nécessairement associée au développement de capacités (Birnbaum 1983 ; Rhoades 1990 ; Huisman, Meek et Wood 2007). Le plus souvent, les systèmes d'Enseignement supérieur ont utilisé des ressources supplémentaires afin de dupliquer les modèles institutionnels existants au lieu de diversifier les missions institutionnelles et les modes de production. Certains observateurs ont également soutenu que les conditions d'accréditation créent une poussée vers la normalisation qui mine la diversité (Fried, Glasset Baumgartl 2007).

En Afrique, la différentiation reste également une nébuleuse. La différentiation a été rehaussée par l'explosion récente de l'enseignement supérieur privé, la création d'établissements spécialisés qui mettent un accent sur l'enseignement à distance, l'éducation des femmes ou les sciences et technologies et les efforts de certaines missions institutionnelles à répondre aux besoins de la communauté. Mais elle a été compromise par la transformation des Collèges universitaires et des institutions polytechniques en université sans colmater les brèches qu'ils laissent derrière eux, par les relations de tutorats nécessaires où les institutions bien établies font naître les aspirations et améliorent l'environnement de travail des nouvelles institutions, par la pression de la demande sociale pour une duplication des plus prestigieux modèles institutionnels (Ng'ethe, Subotzkyet Afeti 2007). Dans cette perspective, le manque d'attention du public dans la consolidation et l'amélioration des instituts polytechniques du continent est particulièrement préoccupant compte tenu de leur potentiel à contribuer à la formation de personnes qualifiées susceptibles de résoudre les problèmes économiques.

Compte tenu du fait que les systèmes de l'Enseignement supérieur de l'ASS prennent plus d'envergure et se diversifient davantage, les gouvernements accordent une attention croissante aux politiques d'articulation du système. L'articulation renvoie aux procédures et aux mécanismes- les « ponts et les échelles » - qui permettent la mobilité des étudiants, soit par des programmes académiques au sein de la même institution, soit dans différents types d'institutions de l'Enseignement supérieur au sein du même système. Bien que quelque peu exigeante en termes de conditions de collecte de données, de tenue de dossiers et de gestion de l'information, l'articulation peut contribuer considérablement à l'amélioration de l'efficacité du système tout entier. Cette stratégie permet ainsi aux étudiants d'avoir une « seconde chance » si leur éducation a été inévitablement interrompue ou s'ils se rendent compte qu'ils ont fait un mauvais choix de carrière.

L'articulation est normalement rendue opérationnelle par une capitalisation des crédits et par le système de transfert. L'Afrique du Sud a mis ce système sur pied avec son cadre de qualifications national. Le Cameroun, le Malawi et le Rwanda ont utilisé la même méthode et le Mozambique compte leur emboîter le pas en 2008. Parmi les pays francophones, une poussée vers la normalisation des diplômes universitaires dans le cadre du système LMD (*licence, masters, doctorat*), motivée par des efforts similaires observées au sein de l'Union européenne (« Le processus de Bologne »), pose les bases d'une plus grande mobilité des élèves et la reconnaissance de l'équivalence des diplômes. De même, l'Association des universités régionales d'Afrique australe (SARUA) et le Conseil interuniversitaire d'Afrique de l'Est (IUCEA) entreprennent de promouvoir l'amélioration du système d'articulation et la mobilité des étudiants au sein des pays membres. Au niveau continental, l'Union africaine, l'Association des universités africaines et l'UNESCO oeuvrent pour la ratification de *la stratégie sur le mécanisme d'évaluation de la qualité et d'harmonisation* qui fera progressivement adopter les normes de qualité régionales par les systèmes nationaux de l'Enseignement supérieur.

Au niveau institutionnel, les défis relatifs à l'adéquation revêtent diverses formes. Les institutions de l'Enseignement supérieur sont incitées à offrir des formations axées sur le marché et susceptibles de répondre à la demande. Elles sont incitées à identifier la demande sur le marché de l'emploi à travers des enquêtes sur les employeurs et des études sur l'évolution des diplômés. On les encourage à déterminer la demande en étudiants par une étude du marché. Parallèlement, on les exhorte à mettre à jour leurs programmes pour rester au fait du monde de la connaissance, et à réformer les méthodes pédagogiques afin de transmettre les compétences générales jugées nécessaires à la production dans le monde actuel. De plus, l'accent accru mis sur la performance des analyses comparatives en termes de normes nationales et internationales tente de définir la pertinence des indicateurs de performance.

Recherche et développement. Le savoir produit et adapté par les activités de R&D du niveau supérieur-que ce soit dans les programmes d'études supérieures, la recherche universitaire ou les instituts de recherche soutenus par l'administration publique - constitue le deuxième pilier (outre celui des ouvriers qualifiés) de l'économie du savoir. Les nations africaines ont cherché à préserver et à accroître leurs capacités en R&D depuis 1964, lorsqu'elles ont promis de consacrer 0,5 % de leur PIB à la recherche scientifique. Reconnaissant l'importance croissante de la capacité de production du savoir pour la compétitivité économique, elles ont augmenté cet engagement à 1 % du PIB en 1980 – OAU 1980). Cependant, les résultats sont loin d'avoir atteint cet objectif. Par exemple, le Botswana, le Burkina

Faso, la Namibie, la Tanzanie, la Zambie et le Zimbabwe consacrent tous moins de 0,5 % du PIB pour la recherche et le développement (Mouton 2008).

Les institutions de l'enseignement supérieur ont le potentiel de devenir des contributeurs majeurs à la production du savoir national. Pour mettre ce potentiel à profit, les gouvernements dans le monde ont établi des priorités, élaboré des politiques d'appui et créé de nouvelles institutions en vue du financement ou de l'appui des efforts d'expansion de la capacité de recherche. Cet objectif a été poursuivi par certains pays africains. Par exemple, le Mozambique a élaboré une politique nationale sur les sciences, la technologie et l'innovation approuvée par le gouvernement et a également mis sur pied un fonds national de recherche orienté vers les priorités de la recherche. Le Nigeria a créé une fondation nationale des sciences pour jouer un rôle similaire. Le Kenya est sur le point d'adopter la même stratégie. Parallèlement, la capacité des académies des sciences africaines à contribuer professionnellement à ces initiatives connaît des améliorations grâce à un partenariat avec les Etats-Unis. L'académie des sciences est financée par la Fondation Gates.

De nombreux pays africains soutiennent les instituts de recherche financés sur des fonds publics qui peuvent devenir des composantes de base dans un système d'innovation national. Cependant, des obstacles de taille compromettent actuellement cette aspiration. La revue des instituts de recherche dans 17 pays SSA, (Mouton 2008) a révélé leur fragilité, leur manque de ressources, leur vulnérabilité face aux aléas des événements politiques et leur instabilité en raison des changements fréquents opérés par les gouvernements dans les responsabilités ministérielles pour les sciences et technologies. Il conclut qu'ils sont pris dans un « mode de subsistance » dans lequel ils produisent du savoir en général à des fins d'usage privé, apportant ainsi une faible contribution à leur société et au monde.

Au sein des institutions de l'ASS de l'enseignement supérieur, la recherche a très souvent été victime de l'augmentation de la charge de travail en matière d'enseignement causée par l'explosion des inscriptions et le besoin du personnel de compléter des salaires académiques inadéquats par des consultations ou des travaux non universitaires. Cette baisse de production dans la recherche a très souvent été mise en parallèle avec les réductions générales enregistrées dans les financements publics alloués à la recherche. Dans ce processus, les étudiants diplômés ne constituent qu'une faible part des inscriptions totales. Cette situation réduit la génération future des enseignants de l'Enseignement supérieur et des chercheurs, au moment où leur nombre est censé théoriquement accroître.[23]

A leur décharge, les institutions de l'Enseignement supérieur ont tenté de trouver les voies et moyens d'améliorer les termes de leur prestation de services, pour recruter et retenir un personnel compétent dans les paramètres contraignants des échelles de salaires de la fonction publique. A cet égard, plusieurs pays ont par exemple introduit des suppléments de salaires pour cet objectif. Cependant, à une époque où les ressources intellectuelles contribuent de façon significative à l'avantage compétitif des nations et les diplômés deviennent de plus en plus mobiles, les solutions *ad hoc* ne constituent que des mesures palliatives. A un moment donné, un accent particulier devra être mis sur la possibilité d'attirer (y compris de l'étranger) et de retenir les universitaires et chercheurs productifs à travers un système clair à deux niveaux par lequel le personnel peut espérer voir ses bonnes performances récompensées par une titularisation et une amélioration significative de la rémunération.[24] Sans ces mesures, il serait difficile pour les institutions africaines de l'Enseignement supérieur de poser les bases d'universités de recherche qui peuvent progressivement aspirer à un statut au classement mondial.

Une approche prometteuse d'accroissement de la pertinence des programmes d'enseignement et de recherche au sein des institutions de l'Enseignement supérieur consiste à utiliser des fonds d'innovation à accès compétitif. Un fonds d'innovation est une caisse discrétionnaire dont les fonds sont alloués à un ou à plusieurs utilisateurs. Les fonds sont accessibles de façon progressive et sur une base compétitive à travers un processus transparent de soumission de proposition, de contrôle par les pairs et d'approbation de la gestion. Ils sont en général mis en œuvre à travers les accords de performance qui comprennent des indicateurs de résultats mesurables, préalablement définis. Dans l'Enseignement supérieur, les fonds d'innovation ont été utilisés pour améliorer la qualité de l'enseignement, de la recherche et des activités de prestations communautaires de même que pour la consolidation des rapports de l'université avec les efforts de développement nationaux et internationaux. Ils sont également utilisés pour le renforcement des capacités managériales, la stimulation de la recherche, la promotion d'une collaboration pluridisciplinaire et interinstitutionnelle et la focalisation de l'attention institutionnelle sur les questions émergentes relatives à l'importance de la politique (Saint 2006). En Afrique, ils ont été utilisés en Ethiopie (Fonds d'innovation pour le développement), au Ghana (Fonds de l'innovation pour l'enseignement et l'apprentissage), au Mozambique (Fonds pour l'amélioration de la qualité), en Afrique du Sud (le Programme de ressources humaines et de technologie pour l'industrie) et en Tanzanie (La Commission pour les sciences et la technologie).

Les initiatives régionales dans l'enseignement supérieur. Les réseaux régionaux et sous-régionaux mettent régulièrement des moyens à la disposition des systèmes et des institutions de l'Enseignement supérieur pour qu'ils « se rapprochent » de la sphère de l'expérience, des meilleures pratiques et des innovations existantes au niveau international et utilisent efficacement les ressources rares. Cette stratégie a été reconnue très tôt en 1985 dans une conférence de la CEA/AAU tenue à Mbabane, au Swaziland, au cours de laquelle a été lancé un appel à une action pour une collaboration multi-pays dans l'Enseignement supérieur (la Commission économique pour l'Afrique 1985). Mais à la fin du 20è siècle, cette position intermédiaire entre le local et le mondial était soit stérile soit presque inexistante en Afrique. Des exceptions existent, notamment l'Association des universités africaines, l'Agence universitaire de la Francophonie et les Réseau africain des institutions scientifiques et techniques (RAIST). Pourtant, la plupart des mécanismes pour la communication transnationale, la diffusion des innovations, l'échange des leçons apprises, l'orchestration des intérêts communs et le partage des ressources ne sont pas encore visibles.

La naissance de nombreux mécanismes pour une collaboration sous-régionale et régionale dans l'enseignement supérieur est l'une des caractéristiques visibles de la décennie actuelle. Au niveau continental, l'Union africaine réorganisée a choisi la redynamisation de l'Enseignement supérieur comme domaine prioritaire dans son plan d'action pour la deuxième décennie de l'Education en Afrique (2006-2015). Son nouveau partenariat pour le développement africain connexe a élaboré un agenda pour l'enseignement supérieur axé sur les financements, la gouvernance et la gestion, le contrôle de la qualité et les partenariats public-privé. L'Association des universités africaines s'est associée à la Banque mondiale pour développer une expertise en contrôle de qualité. Elle s'est également associée au Département pour le développement international du Royaume-Uni pour rehausser la capacité des institutions et des réseaux de l'Enseignement supérieur d'Afrique en vue de l'appui au développement. Le 'Global Business School Network for Africa' tente d'améliorer la performance des écoles de commerce et les talents managériaux de leurs diplômés. Dans une large mesure, cette tendance à une coopération accrue a été favorisée par la maturation parallèle d'organisations économiques régionales comme la SADC, la Zone de libre échange (ZLE) et la CEDEAO et la croissance connexe des relations inter-états, par la réduction des coûts et une meilleure facilitation des communications associées à l'Internet et la multiplication du nombre d'universités qui permet une plus large répartition des charges.

Souvent, la meilleure façon de mettre en place un centre d'excellence régional consiste à mettre sur pied une forte institution nationale qui crée progressivement une sphère d'attraction à mesure que sa réputation grandit. Ce rôle a été reconnu à l'Université Cheikh Diop de Dakar et plus récemment encore à celle de Cape Town en Afrique du Sud. Cette approche peut également s'appliquer aux institutions privées, tel que démontré par 'Africa University', une université privée du Zimbabwe, qui a formé des étudiants de plus d'une demi-douzaine de pays depuis 1992.

Au niveau sous-régional, des organisations plus anciennes et redynamisées se sont vues rejoindre par d'autres en vue de la construction d'une communauté d'Enseignement supérieur. En Afrique de l'Est, le Conseil interuniversitaire d'Afrique de l'Est, un organisme de longue date, a introduit de nouvelles directives sur la qualité pour les régulateurs de l'Enseignement supérieur de Tanzanie, du Kenya et d'Ouganda dans la perspective de promouvoir des normes de qualité dans l'Enseignement supérieur. Ses efforts sont complétés par le Forum des universités régionales, un consortium de 12 universités issues de 7 pays, qui travaillent ensemble en vue de créer et de soutenir des programmes d'études supérieures dans des filières agricoles. En Afrique de l'Ouest, le respectable Conseil africain et malgache de l'Enseignement Supérieur (CAMES) sert d'agence de coordination des activités dans 17 pays francophones, notamment en ce qui concerne le contrôle de la qualité, la dissémination des résultats de la recherche, et la mobilité du personnel. Le plus récent Conseil des recteurs des universités francophones d'Afrique et de l'Océan indien (CRUFAOCI) tente de consolider les infrastructures des NTIC et promeut les programmes de niveau doctoral dans la région. A Ouagadougou, l'Institut international de l'eau et de l'ingénierie constitue un effort unique entre le gouvernement du Burkina Faso, d'autres pays africains et plusieurs autres partenaires internationaux, qui s'appuie sur sa forte réputation de formateur de techniciens supérieurs postsecondaires, pour étendre sa portée régionale et inaugurer des programmes de troisième cycle. En Afrique du Sud, l'Association des universités régionales d'Afrique australe (SARUA) a élaboré un ambitieux agenda sous-régional d'efforts de collaboration ayant pour cibles le développement du leadership, l'expansion des infrastructures des NTIC, la promotion des sciences et technologies et la réduction du VIH et du SIDA.

Dès le début des années 80, l'appel pour une collaboration inter-état dans les études supérieures s'est étendu sur toute l'Afrique (OAU 1990). Bien que la justification était claire- une meilleure efficacité dans l'utilisation des ressources par des économies d'échelle dans la formation de spécialistes compétents pour de petites nations ou pour des professions importantes face à une demande locale limitée - l'appel est d'abord resté sans réponse. Une exception remarquable est venue du Réseau africain des institutions scientifiques et technologiques (RAIST), fondé en 1980 pour encourager la mise en commun des ressources au sein de la région dans la quête d'une formation et d'une recherche de meilleure qualité dans l'Enseignement supérieur.[25] L'idée d'une collaboration de formation régionale de deuxième et troisième cycle, universitaire, a donné un élan en 1988 grâce à la réussite du Consortium pour la recherche économique en Afrique, initialement au niveau mastère, puis au niveau doctoral depuis 2002 (Lyakurwa, William M. 2004 ; Banque mondiale 1991a). D'autres programmes ont suivi progressivement. A l'heure actuelle, quelque 22 programmes de niveau mastère et 10 programmes de niveau doctoral sont opérationnels (voir annexe C). Fort heureusement, la majeure partie des ces programmes répondent aux besoins en main d'œuvre qualifiée dans le domaine de l'agriculture, qui constitue la principale activité économique africaine. Alors que tous ces programmes sont fondés sur la coopération entre les institutions d'Enseignement supérieur existantes, des plans sont en cours d'élaboration en vue de la construction de campus régionaux pour plusieurs institutions africaines des sciences et technologies, initialement au Nigeria, puis en Tanzanie et enfin en Afrique du Sud.

Un modèle possible d'une approche de formation régionale pour développer les capacités scientifiques pourrait être l'Institut africain des sciences mathématiques (AIMS). Il s'agit d'un centre régional d'études supérieures situé à Cape Town, en Afrique du Sud, qui tente de promouvoir les mathématiques et les sciences en Afrique, de recruter et de former des étudiants et des enseignants qualifiés et de renforcer les capacités pour les initiatives africaines en matière d'éducation, de recherche et de technologie. L'Institut est structuré autour d'une formation supérieure de neuf mois animée par d'éminents enseignants africains et internationaux. La formation développe de fortes compétences de résolution de problèmes en mathématiques et en informatique et est sanctionnée par un diplôme en sciences mathématiques. Cette formation est assurée en collaboration avec la Faculté de mathématiques de l'Université de Cambridge, le département des sciences physiques de l'université d'Oxford et l'Université Paris-Sud II. L'AIMS innove dans la forme et dans le contenu. Les enseignants sont proches des étudiants et interagissent avec eux à tout moment, pendant et hors des cours. Les cours sont souvent interrompus pour céder le pas à la discussion ou au travail de groupes. Des séances de résolution de problèmes sont organisées chaque jour afin que les cours dispensés soient rapidement assimilés et mis en pratique. Depuis son ouverture en 2003, l'AIMS a formé 110 diplômés (dont 27 femmes) venus de trois douzaines de pays.[26]

La capitalisation de l'expérience par des programmes régionaux de formation prouvent leur raison d'être dans les pays où les coûts fixes sont élevés et la demande évidente mais insuffisante pour atteindre une masse critique dans chaque pays, par exemple, les domaines techniques de forte spécialisation, l'émergence des nouveaux domaines interdisciplinaires, et les petits pays. Les programmes régionaux permettent aux économies de créer une masse critique de spécialistes. Un lieu central de discussion est susceptible de répondre aux besoins en formation de plusieurs institutions régionales; c'est le cas par exemple du programme très efficace de partenariats de l'Université des sciences, des lettres et de l'ingénierie en Afrique (USHEPiA) et l'Université de Cape Town. Les conditions minimales pour les initiatives régionales sont les suivantes : (a) des problèmes et des besoins communs à la région ; (b) des économies d'échelle ; (c) une base de formation nationale insuffisante, c'est-à-dire une absence de duplication ; (d) l'approbation du personnel ou des cadres de l'institution hôte, qui pourrait avoir d'autres priorités nationales et (e) la disponibilité des financements afin de favoriser la contribution des pays-participants. Avant tout, des engagements de financement durable constituent la clé du succès. Un appui de mise en route approprié est nécessaire pour l'élaboration, le lancement et la finalisation des opérations. Au regard de l'expérience acquise, le succès des programmes régionaux de formation est tributaire de l'engagement à long terme des bailleurs de fonds. Cet engagement prend, dans le meilleur des cas, la forme de consortium avec de multiples bailleurs de fonds aux intérêts complémentaires.

Les risques et les défis des programmes régionaux de formation sont toujours présents dans les esprits. La construction d'un autre niveau d'institutions d'enseignement peut comporter des risques, diviser ou se révéler onéreuse. Théoriquement, des centres régionaux d'excellence doivent émerger des institutions nationales fortes et non être recréées (InterAcademy Council 2004). Les troubles sociaux en Côte d'Ivoire et au Zimbabwe mettent en évidence les risques politiques liés à l'établissement de programmes de renforcement de capacités dans certains pays. L'échec du programme régional de Mastère en agronomie à l'université de Nairobi comme conséquence du retrait des bailleurs de fonds est également édifiant. (InterAcademy Council 2004: *ibid.*) Même si les bailleurs de fonds apportent un appui au programme régional de formation pendant une décennie ou davantage, les leaders politiques se montrent réticents à poursuivre le programme lorsque l'aide au développement vient à son terme (Eicher 2006). Cette situation montre qu'une insistance sur l'appropriation locale est nécessaire dès la planification du programme.

La collaboration régionale en matière de recherche a une histoire relativement longue. Différents réseaux régionaux de recherche ont été créés pendant les années 80 et 90, au cours desquelles l'enseignement supérieur ne recevait pas de soutien substantiel, afin de conserver certains des meilleurs chercheurs du continent dans la recherche scientifique. Les plus importants sont le Réseau africain des institutions scientifiques et technologiques (RAIST), le Consortium pour la recherche économique en Afrique (CREA), et le Conseil pour la recherche sur le développement économique et social en Afrique (CODESRIA). A mesure que l'importance des partenariats en matière de savoir s'affirme, les relations de travail cultivées par ces réseaux sont appliquées à des initiatives de liens à un niveau institutionnel plus large. Par exemple, le RAIST a entrepris des évaluations des capacités du personnel, des laboratoires et des équipements de recherche dans les filières scientifiques et d'ingénierie et a demandé un renforcement de la collaboration université-secteur industriel (RAIST 2005a).

Des approches de coopération régionale pour la recherche, lorsqu'elles sont couplées aux partenariats internationaux, peuvent s'avérer être un puissant mécanisme susceptible de relever les défis du développement en Afrique. Un parfait exemple est le Centre de formation et de recherche sur le paludisme créé en 1992 par le gouvernement du Mali, qui a conclu des partenariats avec les instituts nationaux de la santé américains, l'Organisation mondiale de la santé, l'université de Marseille (France) et l'université La Sapienza (Italie). A l'heure actuelle, c'est un centre de recherche bien équipé, qui a assuré la formation de nombreux chercheurs en paludisme des pays voisins, tout en apportant des contributions scientifiques significatives dans la lutte contre le paludisme. A titre d'illustration, le Centre a découvert le gène du paludisme qui est résistant à la chloroquine et a développé des outils moléculaires en vue de la normalisation du suivi de l'incidence du paludisme dans la région. La recherche appliquée qu'il pratique a également contribué à une évolution fondamentale dans le traitement préventif du paludisme chez les femmes enceintes (MRTC 2005 ; Institut de la Banque mondiale 2007).

Pourtant, en dépit des nombreux efforts de réformes réalisés dans le domaine de l'Enseignement supérieur en Afrique au sud du Sahara, dont certains ont été mentionnés plus haut, l'impact total de ces changements n'est pas suffisant pour développer le potentiel des institutions de l'Enseignement supérieur afin qu'elles contribuent de façon plus significative au développement social et économique de leur pays respectif et de la région en général. Pour y parvenir, les institutions de l'Enseignement supérieur devront consciemment et constamment se transformer en un différent type d'entreprises d'enseignement, c'est à dire des institutions connectées en réseau, différentiées, réceptives, focalisées sur la production des compétences stratégiques recherchées et sur la recherche appliquée, orientée vers la résolution des problèmes. Si cet objectif est atteint, on sera les témoins d'une version de l'« université de développement » en Afrique au XXIe siècle.

Quel pourrait être le processus qui permettrait de réaliser cette « recréation » et ce renouvellement ?

Conclusion des observations : Enseignement supérieur au service de la compétitivité et de la croissance

L'époque de l'individualisme institutionnel s'estompe rapidement. A l'heure actuelle, les institutions de l'Enseignement supérieur sont de plus en plus incitées par leurs gouvernements et leurs partenaires à se constituer en équipe afin de contribuer à l'innovation nationale qui alimente la stratégie économique nationale (Banque mondiale 2002 ; Agarwal 2006 ; Mashelkar 2007 ; Gore 2007 ; Lundvall 2007 ; Sonu 2007 ; Trinidade 2007). Pour jouer ce rôle, elles devront mettre en pratique leur autonomie juridique, être plus entreprenantes, adopter l'expérimentation et le changement, se percevoir comme des partenaires et des collaborateurs constitutionnels travaillant en réseau, comprendre les besoins dynamiques du marché de l'emploi et utiliser une meilleure instrumentalisation dans leurs méthodes d'enseignement et de recherche (Banque mondiale 2002 ; la Banque mondiale 2007). Beaucoup seront réticents à le reconnaître certes, mais les institutions de l'Enseignement supérieur deviennent maintenant des atouts stratégiques nationaux et des variables de politiques, qui peuvent être orientées et utilisées dans la politique gouvernementale afin de faire avancer l'intérêt national dans une dynamique compétitive de mondialisation. En somme, à l'heure actuelle, une économie compétitive est en partie tributaire d'un système d'Enseignement supérieur compétitif.

De façon générale, les systèmes d'enseignement supérieur en Afrique ont considérablement mûri au cours des deux dernières décennies. Pourtant, individuellement, ils demeurent extraordinairement divers. Ils varient selon la taille allant de 1 500 étudiants en Gambie à 1,5 million d'étudiants au Nigeria. L'accès à l'enseignement supérieur varie, allant de 39 par 100 000 au Malawi à 1 500 par 100 000 en Afrique du Sud. Les dépenses publiques par étudiant de l'Enseignement supérieur équivalent à 7,742 dollars américain au Lesotho et seulement à 455 dollars EU au Togo (voir Annexe D). Les dépenses privées comptent pour 31 % des inscriptions dans l'Enseignement supérieur en Côte d'Ivoire et au Kenya, et seulement pour 1 % en Mauritanie. Certains pays sont dotés de programmes d'études supérieures bien établis et d'autres n'en possèdent aucun. Certains ont introduit des agences spécialisées d'appui au système telles que les conseils d'enseignement supérieur nationaux, les agences de contrôle de la qualité et les programmes d'allocation de prêts aux étudiants. Les infrastructures des NTIC et la connectivité Internet sont davantage présentes dans certains cas que dans d'autres. Evidemment, leurs économies sont aussi diverses que leurs systèmes d'Enseignement supérieur.

Face à ce large éventail de circonstances (et des degrés divers d'espace politique pour les initiatives de réformes), les hypothèses sur les stratégies communes appropriées à l'Enseignement supérieur pour la région perdent rapidement de leur valeur dans les détails de la mise en œuvre. Par conséquent, il convient davantage aux gouvernements, conjointement avec les parties prenantes et les partenaires au développement, de chercher désormais des solutions spécifiques au pays pour relever le défi et lier les stratégies de développement des ressources humaines à celles de la croissance économique. Les arguments, exemples et leçons fournis dans cette étude, y compris les annexes, ont pour objectif de promouvoir le dialogue entre ceux qui font partie du secteur de l'Education et ceux à l'extérieur de ce secteur. Ces deux groupes poursuivant des objectifs différents, ce dialogue ne se déroulera pas sans tension. Toutefois, les pays qui peuvent mener le processus vers une conclusion fructueuse seront, à long terme, plus sains sur le plan économique et social.

Alors que les pays au sud du Sahara tentent de générer des avantages comparatifs basés sur des stratégies de développement des ressources humaines, chaque pays devra tracer sa route, utilisera comme boussole sa stratégie de développement national et des leçons de bonne pratique apprises d'autres pays (Banque mondiale 2002). Pour faciliter ces initiatives, les neuf bonnes pratiques généralisées suivantes - liées aux questions soulevées plus haut – pourraient permettre d'accélérer le trajet à parcourir pour la mise en place d'un système d'Enseignement supérieur plus effectif et réactif.

- *Élaboration d'une stratégie pour le développement des ressources humaines nationales*

Alors que l'enseignement supérieur devient un moteur important de la croissance économique, ses filières les plus onéreuses -les sciences et l'ingénierie- font l'objet d'une attention particulière, en pleines pressions continues, exercées par l'accroissement des inscriptions. Les gouvernements disposant de peu de moyens financiers n'auront d'autres choix que de se contenter d'un nombre limité de priorités et les financer de façon stratégique au dépens d'autres domaines et activités qui sont considérés comme de moindre importance (Banque mondiale 2002). Cette option tarde à être expérimentée en Afrique, en dépit du succès qu'elle a enregistré dans des pays comme le Brésil, le Chili et la Corée. Dans ces pays, les filières les moins onéreuses telles que les sciences sociales et les Lettres ont progressivement été abandonnées au secteur privé et les gouvernements ont progressivement concentré leurs investissements publics dans le développement des filières des sciences, d'ingénierie et de technologie.[27]

L'approche stratégique consiste à sélectionner certains domaines dans lesquels le développement des ressources humaines compétentes est jugé crucial pour le succès des efforts déployés pour le développement économique du pays. Par exemple, en 1980, la Corée a choisi la construction navale, l'ingénierie électrique, l'ingénierie automobile, la gestion et plusieurs autres domaines tout aussi essentiels tels que le développement des ressources humaines dans lesquels elle a concentré ses efforts d'éducation et de formation. L'Irlande a mis un accent sur les produits pharmaceutiques et les technologies de l'information. Singapour a choisi les sciences et la technologie relatives aux équipements et services médicaux à valeur élevée. Le Brésil a développé une expertise dans l'ingénierie aéronautique qui a lancé son industrie de l'aviation. Dans ces cas, le but est de produire des diplômés aux normes internationales dans les domaines choisis pour que le pays devienne compétitif au niveau international en terme de savoir et de compétences techniques dans un nombre réduit d'activités stratégiquement sélectionnées, qui peuvent potentiellement produire de bons bénéfices. Le processus d'élaboration de cette stratégie doit aller au-delà du secteur de l'Enseignement supérieur et tenir compte des personnes en charge de l'élaboration de, politique, économique, du gouvernement (pour définir des buts et un potentiel plus large), et les représentant du secteur privé (pour articuler l'ensemble des compétences et le niveau de qualification nécessaires à l'amélioration de la productivité), mais doit également intégrer le leadership de l'Enseignement supérieur (pour identifier des domaines de force comparative au sein du système universitaire). Bien que similaires dans leurs cultures institutionnelles et dans l'organisation interne, les institutions de l'Enseignement supérieur servent leur pays de façon plus efficace lorsque chacune excelle dans certains domaines stratégiques en tant que membres du système d'innovation national (Banque mondial 2002). « Un système d'enseignement supérieur diversifié, avec une variété d'institutions poursuivant des buts différents et visant des cibles d'étudiants différentes, peut mieux servir les buts individuels et nationaux » (Task Force on Higher Education and Society 2000).

La mise en oeuvre des stratégies de développement des ressources humaines peut probablement produire de meilleurs résultats, lorsqu'elle repose sur un système positif de primes qui récompense les changements souhaités dans le système (Banque mondiale 2002). A titre d'exemple, les formules de financement constituent une méthode transparente pour l'application d'une approche basée sur les résultats à l'ensemble d'un système d'Enseignement supérieur, plutôt qu'à des institutions individuelles. Elles sont actuellement appliquées, entre autres, en Afrique du Sud, en Pologne et en Nouvelle-Zélande (Salmi et Hauptmann 2006). Cependant, elles s'avèrent difficiles à introduire dans les pays en voie de développement, en partie, en raison des insuffisances de leurs systèmes de gestion d'information et de leurs capacités de suivi de la performance (Banque mondiale 2002). De façon subsidiaire, les institutions de l'enseignement supérieur peuvent être individuellement financées sur la base des résultats obtenus (plutôt que les résultats promis) par des contrats de performance institutionnelle. Cette méthode est actuellement utilisée, entre autres, en Australie, au Chili et en France. Les formules de financement et les contrats de performance produisent un meilleur impact lorsque les gouvernements ont des idées claires sur le rythme des réformes nécessaires et les primes de financement peuvent être utilisées pour les ramener dans cette direction.

Là où il est nécessaire de libérer les énergies créatrices susceptibles d'améliorer les différents moyens de faire les choses, les mécanismes de financement compétitifs peuvent être utilisés de manière bénéfique. Ils ont été utilisés avec succès dans de nombreux pays pour encourager l'innovation dans l'enseignement ou introduire une plus forte orientation appliquée à la recherche (Banque mondiale 2002 ; Fielden 2007 ; Saint 2006).[28] Les politiques du personnel, telles que les critères de promotions peuvent également être appliquées pour encourager l'innovation. De même, des prix en espice peuvent être attribuées à titre de reconnaissance (et attirer l'attention du public sur) des réalisations exceptionnelles. Mais ces dernières mesures de stimulation fonctionnent mieux lorsque la direction jouit de la prérogative de recruter ou de se défaire de son personnel, d'approuver ou de refuser la promotion et d'augmenter ou de baisser les salaires en réponse à l'évaluation périodique de la performance du personnel.

- *Réformer les modalités de financement pour offrir des primes en vue d'atteindre les buts de, politique, tout en procurant la stabilité nécessaire à la planification stratégique des institutions*

Le financement de l'Enseignement supérieur deviendra de plus en plus difficile dans les années à venir. Chaque pays pourra envisager une approche de financement selon son pouvoir économique, ses capacités institutionnelles et ses possibilités politiques. Ainsi, de nombreuses options peuvent être envisagées, certaines d'entre elles étant controversées. La répartition des dépenses publiques en matière d'Education et d'Enseignement supérieur peut être revalorisée au-dessus des niveaux actuels. Les frais de scolarité peuvent être augmentés pour les étudiants des institutions d'enseignement supérieur public, notamment lorsqu'il est établi qu'ils sont issus des familles les plus fortunées du pays. Les bailleurs de fonds, notamment la Banque mondiale, pourraient être encouragés à contribuer davantage à l'Enseignement secondaire et supérieur sans réduire leurs engagements vis-à-vis de l'Education de base. Des financements privés de l'Enseignement supérieur peuvent être encouragés Jusqu'à concurrence de la moitié des inscriptions. Des formations à faible coût de l'Enseignement supérieur par des modalités innovantes, flexibles et basées sur les NTIC pourraient être explorées. Les pourvoyeurs de formation étrangers – opérant par le biais de franchises locales, les campus ou l'enseignement à distance - pourraient être invités à faire partie du système d'éducation de l'enseignement supérieur dans certains pays, apportant ainsi des sources éventuelles d'innovation en termes de pédagogie, de programmes et de modes d'enseignement. Des impôts spéciaux peuvent être appliqués pour soutenir l'enseignement secondaire et/ou supérieur, comme c'est le cas au Ghana et au Nigeria. Les partenariats public-privé pourraient être développés, dans lesquels les entreprises locales financent des formations particulières ou des domaines de recherche susceptibles de profiter ou de contribuer à un fonds de développement général, comme c'est le cas en Tanzanie. Les gains en efficacité pourraient être plus agressivement recherchés, notamment par la réorientation des fonds pour les bourses d'études à l'étranger non stratégiques afin d'améliorer la qualité du niveau national d'enseignement, d'apprentissage et de recherche.

Enfin, il est malgré tout conseillé aux gouvernements d'entreprendre des réformes systémiques et institutionnelles avant de chercher à accroître les financements (Institut de la Banque mondiale 2007). Après analyse de la réalité d'une relation positive entre les ressources et la qualité de l'éducation, Hanushek et Woessmann (2007:20) parviennent à la conclusion selon laquelle : « la constatation globale est que les politiques à ressources simples - la réduction des effectifs dans les classes, l'augmentation des salaires des enseignants, les dépenses accrues pour les établissements, etc. .- ont un faible impact sur la performance des étudiants, lorsque la structure institutionnelle n'est pas modifiée ».

- *Garantir une autonomie institutionnelle, renforcée par des mécanismes de responsabilité appropriés afin d'accroître les possibilités d'un système de différentiation et d'innovation institutionnelle.*

L'efficacité complémentaire de l'autonomie, la responsabilité et la compétitivité dans les systèmes d'Enseignement supérieur sont indispensables à la promotion de la qualité. Dans leur analyse globale de la qualité de l'enseignement et la croissance économique, Hanushek et Woessmann (2007) concluent également que la performance d'apprentissage des étudiants dépend de trois paramètres, qui doivent être combinés en une seule offre pour être efficaces : *La compétition et le choix* des écoles de sorte que la demande d'étudiants crée des mesures incitatives de performance pour les établissements individuels ; *l'autonomie* dans la prise de décision pour que les cadres institutionnels et les organes dirigeants mènent des actions jugées nécessaires à la promotion du niveau d'instruction et un système de *responsabilité* qui identifie les bonnes performances scolaires et accorde des récompenses sur cette base.

Au niveau de l'Enseignement supérieur, la compétition et le choix s'expriment dans la diversité des types d'institutions existantes et des programmes que comprend le système. L'autonomie est ancrée dans la relation officielle que les institutions entretiennent avec l'Etat, exprimée dans le degré de prise de décision au niveau local et de décentralisation fiscale que le gouvernement est disposé à permettre, puisque ceux-ci donnent forme à l'envergure de l'institution en ce qui concerne la flexibilité et l'innovation. La responsabilité est issue de la représentation des parties prenantes dans la gouvernance institutionnelle, de la planification stratégique participative et des mécanismes mis en place pour le contrôle de la qualité. Dans plusieurs pays africains, un ou plusieurs de ces éléments essentiels peuvent être sous-développés voire totalement absents.

La composition des conseils d'administration des institutions d'enseignement supérieur reflète souvent le degré d'autonomie et le niveau de responsabilité. La composition du Conseil présente des structures largement différentes à travers l'Afrique. Dans certains cas, la plupart des membres du conseil sont issus du gouvernement. Dans d'autres, des groupes d'intérêt internes issus de l'institution (administrateurs, personnel, employés, étudiants) y sont fortement représentés. Cependant, les dernières réformes de la gouvernance dans l'Enseignement supérieur ont intégré l'expertise du secteur privé et s'appuient sur d'éminents leaders issus des systèmes d'enseignement supérieur étrangers dans la perspective d'accéder à l'expérience internationale.

- *Encourager la diversité de techniques d'enseignement et d'apprentissage*

Le test le plus important auquel les institutions de l'enseignement supérieur d'Afrique sont confrontées, au moment où elles tentent d'adopter la culture de l'innovation, est celui de changer leur pédagogie traditionnelle. Cette entreprise se révèlera particulièrement difficile dans la mesure où elle implique un changement dans une culture institutionnelle de longue date, notamment en ce qui concerne la définition des termes « enseignement » et « bon enseignant ». Les éléments de cette conversion sont très connus et font l'objet d'un prosélytisme actif dans la documentation relative à l'éducation à travers le monde : L'interdisciplinarité plutôt que les perspectives disciplinaires, la flexibilité dans l'apprentissage, les travaux de groupes plutôt que les cours, la résolution de problèmes plutôt que la mémorisation des faits, l'apprentissage pratique (les descentes sur le terrain, les détachements, les stages) comme complément à la théorie, l'évaluation de l'apprentissage à travers le travail sur des projets (c'est-à-dire une compétence avérée) plutôt que les examens à choix multiple, l'aptitude à communiquer et la culture informatique (Hagmann et Almekinders 2003 ; Savery et Duffy 2001 ; Institut de la Banque mondiale 2007). Mais tous ces éléments doivent être rassemblés et infusés à la culture africaine dans la perspective d'une approche d'enseignement des sciences et des technologies qui convienne à la classe africaine et réponde aux besoins spécifiques africains tels que l'entreprenariat (Banque mondiale 2006).

- *L'élaboration de programmes d'études de deuxième et troisième cycles est le meilleur moyen d'étoffer le personnel universitaire et de construire la capacité de recherche*

Les efforts R&D nationaux semblent plus durables lorsqu'ils sont ancrés à des programmes d'études supérieures de deuxième et troisième cycles et aux réseaux de professionnels qui émergent autour d'eux. Cette liaison a porté des fruits au Brésil, au Chili et en Inde, où une politique coordonnée du gouvernement a initialement promu les programmes de Masters (et ensuite les doctorats), a activement encouragé la recherche et a lié ces capacités en expansion à ses programmes de recherche en agriculture (Eicher 2006). De plus, les mécanismes de financement compétitifs constituent ici un moyen de développer des programmes forts dans l'enseignement supérieur et la recherche (Banque mondiale 2002: 104-105 ; Saint 2006)[29]. Comme orientation générale, les formations d'enseignement supérieur doivent d'abord être initiées localement, dans la mesure du possible. Lorsque cette capacité est épuisée, la préférence peut être accordée à la formation dans les pays industriellement avancés, en donnant priorité aux compétences hautement spécialisées, en utilisant à chaque fois que la possibilité se présente une approche « sandwich » pour réduire les coûts. L'autre option consisterait à donner des formations dans les pays du tiers monde qui ont élaboré des systèmes d'enseignement supérieur de bonne qualité comme l'Inde, la Malaisie, l'Afrique du Sud et le Brésil.

- *Rechercher des offres de formation alternatives à l'enseignement universitaire*

Les modèles traditionnels de formation postsecondaire en face à face sont onéreux et peuvent limiter les capacités des pays en développement à accroître les taux d'inscription. Les gouvernements et les ménages atteignent les limites de ce qu'ils peuvent raisonnablement apporter au financement de l'Enseignement supérieur. De façon alternative, les modèles d'offre de formation à faible coût sont nécessaires si l'accès à l'éducation doit s'accroître dans les années à venir. Fort heureusement, les éléments d'une telle transformation deviennent discernables. Ils comprennent la formation continue, l'application des NTIC dans l'éducation, le télé-enseignement, les formations ouvertes, l'apprentissage suivant un rythme personnel et les logiciels éducatifs. Le défi à long terme de l'Afrique consiste à élaborer des systèmes d'enseignement et de formation fondés sur les besoins en apprentissage plutôt que sur l'âge des étudiants et à remplacer l'apprentissage par coeur des informations par des pratiques éducatives qui développent la capacité de l'étudiant à apprendre, à créer, à adapter et à utiliser le savoir.

La présente étude visait à démontrer la raison pour laquelle les systèmes d'enseignement d'Afrique subsaharienne doivent s'aligner sur les stratégies nationales de développement économique et de réduction de la pauvreté. Elle a identifié les bénéfices liés à ce changement de perspective. Elle soutient que le temps de ce réalignement est venu et que la fenêtre d'opportunité de récolte de bénéfices relatifs à cette initiative se réduit aux dix années à venir. Ainsi, elle reconnaît que les gouvernements et les institutions d'Enseignement supérieur privées ont entrepris des réformes considérables dans des conditions difficiles au cours de la dernière décennie et que la quête des améliorations de toutes sortes dans l'Enseignement supérieur subsaharien est en cours. Néanmoins, un sens aigu de l'urgence et un redoublement des efforts accomplis sont nécessaires à cette tâche à l'heure actuelle. Procéder autrement ne semble pas raisonnable. Les conséquences d'une action inappropriée à ce sujet seront sans doute une entrée massive d'étudiants dans des institutions de plus en plus dysfonctionnelles, des diplômés sans compétences valables, une demande sans fin de fonds qui désorganise les budgets publics, un niveau élevé de chômage des diplômés, une politisation accrue des politiques d'enseignement et d'emploi et une possibilité croissante d'instabilité et de troubles politiques. Réfléchir à une telle éventualité devrait fournir aux gouvernements et à leurs citoyens une motivation pour agir.

Nous avons également soutenu que chaque pays individuellement, selon ses limites et ses possibilités, est mieux à même d'entreprendre ce processus d'alignement, par le biais d'un processus de consultations stratégiques tenant compte de toutes les parties prenantes. Cette action ne sera pas aisée. Le secteur de l'Education et notamment les institutions d'Enseignement supérieur, sont des systèmes conservateurs qui renferment des intérêts profondément ancrés susceptibles de décourager une intervention externe. Ainsi, la gestion du processus est aussi importante que le résultat final.

Notes

1. L'auteur décrit ceci comme le « Mode2 » de la production du savoir.
2. Écrivant dans les années 1990 avant l'avènement de la société du savoir, Ajayi, Goma et Johnson (1996 p. 173) note avec prescience « un besoin croissant de redéfinir le rôle de l'université africaine de manière à mettre l'accent sur la recherche, la créativité et la production du savoir ».
3. Plan d'action de l'Australie pour l'Innovation (2001), Plan national du Chili pour l'Innovation (2007), Plan directeur de l'économie basé sur la connaissance (2006) ; le nouveau Ministère de l'Espagne chargé des Sciences et de l'Innovation 2008), qui abrite également les établissements d'Enseignement supérieur.
4. Plan national R&D d'Afrique Sud (2002), Plan national d'Innovation, de recherche scientifique, des technologies et des sciences (2005), Plan d'innovation, des technologies et des sciences du Mozambique (2006).
5. Une étude récente observe que la plupart de ces déclarations de politiques tendent à imiter des documents d'autres pays et présentent un niveau de ressemblance élevé quant au contenu et à l'importance donnée (Mouton 2008: 12–13).
6. Curieusement, bien qu'il existe beaucoup de statistiques sur les dépenses des ménages en matière d'éducation par étudiant et sur la totalité des contributions privées apportées par chaque famille à l'ensemble du budget sur l'Education, les informations sur la part des dépenses des ménages en éducation sont rares et spécifiques à chaque pays. Par exemple, au Kenya, 15 % des dépenses non liées à l'alimentation des familles (et 5 % du total des dépenses) sont affectées aux frais de scolarité (Banque mondiale 2004b: 63). Au Lesotho, les dépenses pour l'école primaire coûtent aux familles 15 % des dépenses du ménage pour chaque enfant inscrit (Banque mondiale 2005: 76).
7. Dans plusieurs pays, les pressions pour hausser les instituts techniques et polytechniques au niveau de l'université ont réduit le nombre des institutions d'enseignement technique. Ce processus a débuté en 1992 lorsque le Royaume-Uni a accordé des titres universitaires à ces instituts polytechniques La même chose s'est passée en Australie, Finlande, Kenya, Nouvelle Zélande, Afrique du Sud et ailleurs. («Australia: Universities» 2008 ; «Finland: Polytechnics» 2008 ; «New Zealand: Polytechnic » 2008 ; «UK: End of the British binary system » 2008).
8. Avec 7 instituts de technologie au départ, l'Irlande en possède aujourd'hui 14. Six étudiants irlandais sur dix sont diplômés en ingénierie, en sciences ou en gestion d'entreprise (O'Hare 2006: 20).
9. La formation basée sur les compétences change la forme de l'apprentissage : ce n'est plus le nombre de cours qui compte mais plutôt ce que l'étudiant a appris à faire. L'organisation est souvent modulaire et facilite la flexibilité des entrées et des sorties.

Sa mise en œuvre est complexe et doit inclure l'élaboration de normes fondée sur l'analyse des tâches et sur de nouvelles formes d'évaluations des étudiants.
10. Les exceptions principales sont le Danemark, la France, l'Allemagne et la Suisse.
11. C'est évident non seulement dans les pays de l'OCDE mais aussi au Brésil, en Chine et en Malaisie où la politique du gouvernement est utilisée pour développer des capacités complexes pour l'innovation (Bleiklie, Laredo, and Sorlin 2007).
12. Une enquête récente a classé l'autonomie universitaire comme étant « élevée » dans 13 des 23 pays européens. Ces pays comprennent l'Australie, la République tchèque, l'Estonie, l'Allemagne, la Hongrie, l'Italie, la Lettonie, la Lituanie, la Pologne, la Slovaquie, la Slovénie, et l'Espagne. Notamment, la notion occidentale d'autonomie en tant qu'absence de l'intervention de l'État peut ne pas être appropriée pour la Chine vu sa longue tradition d'universitaires de cooptation des étudiants dans le service public (Pan 2007, p. 123).
13. Dix pays anglophones d'Afrique subsaharienne étaient inclus dans l'enquête menée en 1996 sur l'autonomie institutionnelle auprès des universités dans 27 pays membres du Commonwealth (Richardson et Fielden 1997). Basé sur la révision des lois universitaires, et sur l'enquête basée sur un questionnaire de 55 éléments, un score d'autonomie était attribué à chaque pays. Les résultats ont révélé que l'Afrique subsaharienne (10 pays) d'état légèrement inférieure à la moyenne du Commonwealth mais qu'elle jouissait d'une plus grande autonomie que les pays du Commonwealth en Méditerranée (2 pays) et en Asie (7 pays). Cette situation montre que même avant les réformes relatives à la bonne gouvernance de la dernière décennie, les universités africaines n'étaient pas tellement moins autonomes que les autres institutions du Commonwealth. Ce qui soulève la question de savoir s'il faut continuer à accorder une plus grande autonomie aux institutions africaines d'enseignement supérieur ou si il faut simplement qu'elles tirent pleinement partie de l'autonomie qu'elles ont déjà.
14. Les parties prenantes sont normalement considérées comme partie intégrante du gouvernement de la société civile, du personnel universitaire et des étudiants. Cependant, avec le développement de la mondialisation, les représentants des entreprises privées ont été largement reconnus comme un groupe de parties prenantes distinct.
15. Le Malawi est devenu le tout dernier membre de ce groupe en 2008.
16. Pour les pays pour lesquels l'information est disponible sur le site Internet de l'Association Internationale des Universités, la date moyenne de la législation dans 12 pays francophones est 1994 alors que la date pour 9 pays anglophones est 1998.
17. Les réformes engagées au cours de la dernière décennie en Australie, au Danemark, en Nouvelle Zélande et en Grande Bretagne ont entraîné la réduction des membres du Conseil d'administration des universitaires de 10 à12 personnes. (Fielden 2007: 42).
18. Lorsque le personnel universitaire n'est pas très différent des fonctionnaires, lorsque l'augmentation des salaires dépend des années de service, lorsqu'il est impossible de renvoyer quelqu'un pour mauvaise performance, et lorsque l'ingérence politique affecte l'autonomie de l'institution, c'est la recette même de la médiocrité universitaire (Kapur et Crowley 2008: 43).
19. Par exemple, la prédominance du personnel administratif sur les fiches de paie de l'institution, qui atteint les 60 % dans les pays francophones en ASS (Brossard et Foko 2007).

20. Des études de cas des « des choses qui marchent » dans l'enseignement supérieur en Afrique ont constitué la toile de fond de la conférence régionale organisée par la Banque mondiale en 2003, à Accra au Ghana. Consulter www.worldbank.org/afr/teia.
21. Au rang des pays présentant des parts d'inscriptions qui oscillent entre 20–25 % figurent l'Australie, le Chili, la France, l'Inde, la Grande Bretagne et les Etats-Unis (UNESCO ISCED Données sur les inscriptions).
22. Les données issues de l'Institut de statistique de l'UNESCO, bien qu'insuffisantes pour le niveau supérieur (ISCED Level 6), semblent montrer une baisse de 2 à 1 % du nombre total des inscriptions depuis l'année 2000.
23. L'un des résultats de cette approche serait de donner plus de prestige à la titularisation et d'accroître la concurrence pour son obtention. Le Pakistan a récemment adopté cette démarche comme faisant partie de la réforme de son système d'enseignement.
24. Le RAIST a offert plus de 200 bourses pour les études supérieures dans la région entre 1994 et 2003 (www.ansti.org/index.php?option=com_content&task=blogsection&id=12&Itemid=46).
25. Informations issues du site : http://www.aims.ac.za/english/index.php.
26. Les universités privées comptent pour 72% des inscriptions de l'enseignement supérieur au Brésil, 71% au Chili et 75% en Corée (PROPHE 2007 ; Banque mondiale 2002).
27. Les fonds pour la recherche concurentielle ont produit de bons résultats de renforcement de capacités au Chili, au Brésil, en Inde, au Vietnam et ailleurs. L'Ouganda est actuellement en train de les mettre en place. Le Mozambique et le Nigeria ont récemment créé des fonds nationaux de recherche pour accorder des subventions pour la recherche concurentielle.
28. Une autre alternative consiste à soutenir les programmes postsecondaires. Pour plus d'informations sur cette question, voir Fine (2007) et Tongoona et Mudhara (2007).

Annexe A

Collèges universitaires privés et universités d'Afrique subsaharienne

Pays	Nombre de Collèges universitaires privés et universités
Angola	7
Bénin	27
Botswana	5
Burkina Faso	4
Burundi	2
Cameroun	13
Cap Vert	1
Congo	4
Côte d'Ivoire	1
Érythrée	1
Ethiopie	12
Gabon	3
Gambie	0
Ghana	25
Guinée	1
Île Maurice	2
Kenya	19
Lesotho	15
Liberia	3

(continued)

Collèges universitaires privés et universités d'Afrique subsaharienne
(Continued)

Pays	Nombre de Collèges universitaires privés et universités
Madagascar	16
Malawi	0
Mali	2
Mauritanie	0
Mozambique	5
Namibie	1
Niger	0
Nigeria	34
Ouganda	23
RCA	4
RDC	39
Rwanda	12
Sénégal	41
Sierra Leone	0
Soudan	22
Swaziland	0
Tanzanie	17
Tchad	2
Togo	22
Zambie	0
Zimbabwe	4
ASS	468
Francophone	*53%*
Anglophone	*34%*
Autres	*13%*

* Il n'existe pas encore de liste complète d'institutions d'enseignement supérieur en Afrique subsaharienne. Les données présentées ici proviennent de toutes les sources disponibles; y compris Teferra et Altbach (2003), les données de la Banque mondiale, les bulletins d'information et les journaux. Cependant, les résultats doivent être considérés comme une estimation.

Région Afrique de la Banque mondiale—Nouveaux engagements pour l'Éducation par sous-secteur Exercice fiscal 90-08

Nouveaux engagements de l'IBRD+IDA (millions de dollars américains (en valeur actuelle).

Sous-secteur	Ex90	Ex91	Ex92	Ex 93	Ex 94	Ex95	Ex96	Ex97	Ex98	Ex 99	Ex00	Ex01	Ex02	Ex03	Ex04	Ex05	Ex06	Ex07	Ex08
Enseignement primaire	91	153	83	184	99	104	95	15	226	126	57	60	214	238	92	106	91	258	45
Enseignement secondaire	39	19	40	32	26	12	—	19	98	11	14	14	—	54	124	11	18	141	4
Enseignement supérieur	**120**	**31**	**164**	**131**	**70**	**30**	**42**	**12**	**46**	**25**	**14**	**17**	**69**	—	**46**	**61**	**29**	**106**	**105**
Total	**250**	**203**	**287**	**347**	**195**	**146**	**137**	**46**	**370**	**162**	**85**	**91**	**283**	**292**	**262**	**178**	**138**	**505**	**154**

Source: Données de la Banque mondiale.

Région Afrique de la banque mondiale – Nouveaux financements de l'Education par sous secteur Exercice fiscal 90-08

Nouveaux engagements de l'IBRD+IDA (millions de dollars américains (en valeur actuelle)

Sous-secteur	FY90	FY91	FY92	FY93	FY94	FY95	FY96	FY97	FY98	FY99	FY00	FY01	FY02	FY03	FY04	FY05	FY06	FY07	FY08
Enseignement primaire	122	108	140	122	129	100	72	112	123	137	81	111	171	181	145	96	152	131	151
Enseignement secondaire	29	33	30	33	23	19	16	59	43	41	13	14	34	89	63	51	43	43	55
Enseignement supérieur	**75**	**105**	**109**	**122**	**77**	**47**	**28**	**33**	**27**	**28**	**19**	**33**	**43**	**58**	**54**	**45**	**77**	**92**	**123**
Total	**226**	**246**	**279**	**277**	**229**	**166**	**116**	**204**	**193**	**206**	**113**	**158**	**248**	**328**	**262**	**192**	**272**	**266**	**329**

Moyenne sur 3 ans bidimensionnelle (MA).
Source: Calculs basés sur les données de la Banque mondiale.

Annexe B

Enseignement supérieur et implications des compétences des ressources humaines, cas de 14 documents de stratégie de réduction de la pauvreté (DSRP)

Pays	Durée du DSRP	Objectifs principaux	Implications du DRH, diplômés de l'enseignement supérieur
BURKINA FASO	2005–2007	• Promouvoir le développement rural et assurer la sécurité alimentaire ; • Amélioration de l'accès des populations à l'eau potable ; • Lutte contre le VIH/SIDA ; • Protection de l'environnement ; • Développement des PME/PMI et des entreprises minières de petite taille ; • Renforcement de la sécurité publique et Amélioration des capacités nationales, avec un accent particulier sur les nouvelles technologies de l'information et de la communication.	• Chercheurs en agriculture (disciplines diverses), spécialistes du développement rural, ingénieurs agricoles, enseignants des techniques d'irrigation ; • Techniciens du génie civil, topographes ; • Médecins, infirmières, agents d'éducation sanitaire, techniciens de santé publique, pharmacologues et techniciens en pharmacologie, hématologie ; • Spécialistes de l'environnement (disciplines diverses), gestion des ressources naturelles, éducation aux questions environnementales ; • Formation aux techniques de l'entreprise, comptabilité, finance, ingénieurs des mines ; • Ingénieur des ponts et chaussées, techniciens en maintenance routière ; • Ingénieur électricien, électrotechniciens et techniciens en informatique, télécommunications, instructeurs des TIC.
BURUNDI	2007–2009	• Amélioration de la gouvernance et de la sécurité • Promotion d'une croissance économique durable et équitable • Développement du capital humain • Prévention et lutte contre le VIH/SIDA	• Administration publique, forces de police et militaires formés, foresterie, techniciens du génie civil, avocats, juges, administration pénitentiaire ; • Gestion des terres, aménagement du territoire, arpentage, finance rurale, production agricole (riz, café, thé, coton, blé, maïs, haricots, manioc, bananes), technologie alimentaire, production animale, aquaculture, gestion des ressources naturelles, entreprises et finance, ingénieurs et techniciens des mines, gestion touristique et hôtelière, ingénieurs de la voirie et techniciens de maintenance routière ;

TCHAD	2004–2015	• Promotion de la bonne gouvernance • Assurer la croissance économique • Amélioration du capital humain • Réduction de la pauvreté dans les groupes les plus défavorisés (santé, éducation, route, développement rural) • Restauration et sauvegarde de l'écosystème.	• Ingénieurs électriciens, électrotechniciens, techniciens en informatique, télécommunications, instructeurs des TIC, formateurs d'enseignants, gestion de l'éducation, enseignants des filières professionnelles, eau et assainissement ; • Médecins, infirmières, agents d'éducation sanitaire, spécialistes des questions de santé publique, conseiller des questions liées au SIDA, pharmacologues et techniciens en pharmacologie. • Administration publique, appareil juridique et judiciaire ; • Économistes, technologie et génie pétroliers, production du coton et du textile, sécurité environnementale, finance ; • Génie civil, génie mécanique, génie électrique, technicien en génie civil, techniciens en énergie alternative, télécommunications, finance, comptabilité, formation aux techniques de l'entreprise, enseignement professionnel ; • Médecins, infirmières, agents d'éducation sanitaire, spécialistes des questions de santé publique, conseiller aux questions liées au SIDA, pharmacologues et techniciens en pharmacologie, formateurs d'enseignants, gestion de l'éducation ; • Réglementation environnementale, éducation aux problèmes environnementaux, gestion des ressources naturelles.

(continued)

Enseignement supérieur et implications des compétences des ressources humaines, cas de 14 documents de stratégie de réduction de la pauvreté (DSRP) *(Continued)*

Pays	Durée du DSRP	Objectifs principaux	Implications du DRH, diplômés de l'enseignement supérieur
REPUBLIQUE DEMOCRATIQUE DU CONGO	2007-2009	• Promotion de la bonne gouvernance et consolidation de la paix (par le renforcement des institutions) • Consolidation de la stabilité macroéconomique et de la croissance • Amélioration de l'accès aux services sociaux (routes, éducation, santé, eau et assainissement). • Lutte contre le VIH/SIDA • Promotion des initiatives locales	• Administration publique, appareil juridique et judiciaire, administration et droit fiscal, administration douanière, comptabilité, forces de sécurité ayant reçu une formation professionnelle ; • Macroéconomique, statistiques, démographie, production des graines (coton, patates, légumes), production animale, extension, marketing, crédit et finance, foresterie, technologie minière ; • Ingénieurs des ponts et chaussées, formateurs d'enseignants, ingénieurs sanitaires, gestion des déchets, ingénieurs électriciens et électrotechniciens, enseignement professionnel/technique, enseignement à distance, télécommunications ; • Médecins, infirmières, agents d'éducation sanitaire, spécialistes des questions de santé publique, conseiller des questions liées au SIDA ; • Planification et gestion des projets, finance communautaire.
ETHIOPIE	2003-2006	• Accent particulier sur l'agriculture comme principal moteur de croissance économique. • Renforcement du secteur privé. • Promotion des produits agricoles d'exportation à fort rapport économique, en particulier le cuir et le textile. • Vulgarisation de l'éducation et développement des ressources humaines.	• Recherche et vulgarisation agricole, production des graines, production animale, gestion des ressources en eau, construction et gestion des irrigations, formation des éducateurs de l'enseignement technique et professionnel, coopératives et marketing ; • Alimentation et santé animales, technologies de traitement du cuir, production du coton, technologies textiles ; • Promotion de l'exportation, administration fiscale et douanière, aménagement du territoire, finance, comptabilité ;

		• Accélération du processus de décentralisation gouvernementale et amélioration de la gouvernance.	• Formation des enseignants, enseignement technique, gestion et administration de l'enseignement supérieur, spécialistes des questions de santé publique, médecins, infirmières, techniciens du génie civil, ingénieurs sanitaires ; • Administration publique, éducation civique, prévention et interventions en cas de catastrophes.
GHANA	2006-2009	• Priorité au développement des ressources humaines. • Modernisation de l'agriculture. • Promotion de nouveaux secteurs, moteurs de la croissance. • Développement du secteur privé.	• Formation des enseignants, enseignement technique et professionnel, enseignement des sciences, télé-enseignement, gestion de l'éducation, médecins, infirmières, spécialistes des questions de santé publique, démographes, ingénieurs sanitaires, développement urbain ; • Recherche et capacités technologiques liées au cacao et fruits tropicaux d'exportation, aquaculture, gestion des ressources en eau, production des graines, personnel de vulgarisation, technicien en réfrigération, ingénieurs du génie civil, ingénieurs agricoles, spécialistes en technologie de transformations des produits agricoles, gestion et conservation des ressources naturelles ; • Gestion touristique, gestion hôtelière, dessinateurs textiles, ingénieurs industriels, ingénieurs des mines, techniciens des TIC, arts cinématographiques ; • Enseignants en techniques de l'entreprise, avocats, finance, comptables, promotion des échanges, poids et normes, ingénieurs électriciens.

(continued)

Enseignement supérieur et implications des compétences des ressources humaines, cas de 14 documents de stratégie de réduction de la pauvreté (DSRP) *(Continued)*

Pays	Durée du DSRP	Objectifs principaux	Implications du DRH, diplômés de l'enseignement supérieur
KENYA	2003-2007	• Création des conditions favorables à la croissance. • Réhabilitation et maintenance des infrastructures. • Amélioration de l'accès à l'éducation de base et aux services de santé. • Développement de l'agriculture dans les zones arides et semi-arides. • Amélioration des conditions de vie du pauvre vivant en zone urbaine. • Renforcement de l'état de droit et de la sécurité. • Renforcement des capacités de l'administration publique.	• Planification et gestion financière, administration fiscale, administration publique, banque, gestion portuaire, sources d'énergie durables, gestion hôtelière et Administration hospitalière ; • Techniciens du génie civil, techniciens de maintenance routière, gestion des ressources en eau, planificateur en transports, aviation civile, télécommunications, techniciens des TIC, maintenance des aéronefs ; • Formation des enseignants, médecins, infirmières, spécialistes des questions de santé publique, pharmacologues, techniciens en pharmacie ; • Techniques d'irrigation, gestion des ressources naturelles, recherche agricole, vulgarisation des techniques agricoles, finance rurale, transformation et stockage des produits agricoles, médecine vétérinaire ; • Ingénieurs sanitaires, techniciens de traitement des déchets ; • Planification et gestion de la sécurité, formation des forces de police ; • Gestion des bases de données, techniciens en informatique, ingénieurs en logiciel, administration judiciaire, droit en matière de contrat, planification et gestion des ressources marines, gestion des pensions.
MADAGASCAR	2007-2012	• Gouvernance responsable • Connexion des infrastructures • Réforme du système éducatif	• Avocats, assistants juridiques, gestion de la sécurité professionnelle, formation aux droits de l'homme, administration fiscale, administration publique ;

- Développement rural et révolution verte
- Santé, planning familial et VIH/SIDA
- Économie de forte croissance
- Protection de l'environnement
- Solidarité nationale

- Gestion portuaire, planification des transports, entretien du réseau routier, gestion des projets, génie civil, sécurité publique, génie électrique, énergie alternative, énergie thermique, techniciens des TIC, télécommunications, météorologie, eau et systèmes d'assainissement ;
- Formateurs des enseignants, planificateurs de programmes scolaires, pédagogues, gestion de l'éducation, bibliothécaires, éducateurs de l'enseignement professionnel et technique, moniteurs des TIC, systèmes d'information de gestion, télé-enseignement, corps enseignant universitaire pour la formation des diplômés ;
- Géomètres, droit foncier, systèmes d'information de gestion, finance rurale, techniques d'irrigation, production des graines, génie agricole, production rizicole, vulgarisation des techniques agricoles, industrie agricole ;
- Médecins, infirmières, spécialistes des questions de santé publique, pharmacologie, économie de la santé, planning familial, spécialistes des IST, hématologie, épidémiologie, obstétrique, gynécologie, nutritionnistes ;
- Finance, assurance, statistiques, enseignement professionnel et technique, banque, politique des échanges, politique commerciale, droit commercial, macroéconomie, gestion des ressources naturelles, génie minier, gestion hôtelière et hospitalière, publicité ;
- Conservation environnementale, cartographie, économie des ressources, foresterie, science des sols, planification environnementale, loi de réglementation ;
- Éducation civique, beaux-arts, prévention des catastrophes, loi sur les droits de la femme.

(continued)

Enseignement supérieur et implications des compétences des ressources humaines, cas de 14 documents de stratégie de réduction de la pauvreté (DSRP) *(Continued)*

Pays	Durée du DSRP	Objectifs principaux	Implications du DRH, diplômés de l'enseignement supérieur
MALI	2002-2025	• Développement institutionnel et amélioration de la gouvernance. • Développement des ressources humaines et accès aux services de base. • Développement des infrastructures et des secteurs productifs.	• Administration publique, administration juridique et judiciaire, macroéconomie, planification et gestion de la sécurité publique, gestion des ressources humaines, gestion touristique, planification du développement, systèmes d'informations de gestion, journalisme d'investigation, audit ; • Formation des enseignants, médecins, infirmières, administration hospitalière, santé maternelle/infantile, réglementation et suivi sanitaire, nutrition, hématologie, pharmacologie, planning familial, approvisionnement en eau et génie d'assainissement, enseignement technique et professionnel, psychologie, sécurité sociale ; • Développement et gestion énergétique, construction et entretien des routes, sciences agricoles (coton, riz, élevage, volaille, horticulture), sciences des sols, finance, banque, développement des marchés, politique commerciale, planification des transports, télécommunications, gestion des ressources naturelles, techniques d'irrigation, hydrologie, géomètres et enregistrement des titres fonciers, planification et gestion touristiques.
MOZAMBIQUE	2006-2009	• Amélioration de la gouvernance, de l'administration de la justice et de l'état de droit. • Accroissement du capital humain et amélioration de la qualité. • Création des conditions favorables au développement économique.	• Administration publique, loi sur les droits de l'homme, administration judiciaire, finances publiques, systèmes d'informations de gestion, gestion des ressources humaines, administration fiscale, audit et comptabilité, administration pénitentiaire, formation des forces de police ;

| | | | • Formateurs d'enseignants, enseignement technique et professionnel, sciences agricoles, sciences de la santé, planification et gestion de l'éducation, éducation spéciale, soins de santé primaires, santé reproductive, santé maternelle/infantile, pédiatrie, hématologie, pharmacologie, nutrition, spécialistes des questions de santé publique, épidémiologie, eau et assainissement, hydrologie, météorologie, éducation physique, technologie de la construction ;
• Administration fiscale, macroéconomie, microéconomie, finances publiques, comptabilité, banque, assurance, droit du travail, sécurité sociale, génie électrique, sources d'énergie alternatives, télécommunications, techniciens des TIC, recherche et vulgarisation agricoles, production des graines, assainissement des plantes et des animaux d'élevage, industrie agricole, gestion des ressources naturelles, pêche, foresterie, planification et gestion touristiques, géologie, génie minier, politique commerciale, administration portuaire. |
|---|---|---|---|
| RWANDA | 2003-2006 | • Développement rural et transformation des produits agricoles
• Accroissement du développement humain
• Amélioration des infrastructures économiques
• Amélioration de la gouvernance
• Développement du secteur privé
• Renforcement des capacités institutionnelles | • Sciences des sols, gestion des ressources naturelles, recherche et vulgarisation agricoles (riz, maïs, patates, soja, haricots, café), production des graines, finance rurale, production animale, marketing/stockage ;
• Spécialistes des questions de santé publique, santé maternelle/infantile, gestion des services de santé, hématologie, pharmacologie, eau et assainissement, éducation à la santé, planning familial, formation des enseignants, élaboration des programmes scolaires, enseignement de la science, enseignement à distance, recherche en technologie appliquée, techniciens des TIC, enseignement technique, bourse d'études pour les femmes ; |

(continued)

Enseignement supérieur et implications des compétences des ressources humaines, cas de 14 documents de stratégie de réduction de la pauvreté (DSRP) *(Continued)*

Pays	Durée du DSRP	Objectifs principaux	Implications du DRH, diplômés de l'enseignement supérieur
			• Aménagement du territoire, technologie de la construction, sources d'énergie alternatives, génie électrique, technique de la construction et maintenance routières, télécommunications ; • Résolution des conflits et médiation, droits de l'homme et éducation civique, administration de la justice, gestion des pénitenciers, administration publique, audit et comptabilité ; • Entreprise et finance, banque, droit commercial, droit minier, planification et gestion touristiques, techniciens des TIC ; • Sécurité sociale, gestion des ressources humaines, droit foncier, gestion des titres fonciers et enregistrement.
SENEGAL	2006-2010	• Création des richesses pour la croissance des pauvres. • Amélioration de l'accès aux services sociaux de base. • Protection sociale et prévention des catastrophes. • Décentralisation de la gouvernance.	• Gestion des ressources naturelles, science des sols, entomologie, aménagement du territoire, foresterie, hydrologie et techniques d'irrigation, recherche et vulgarisation agricole (sésame, asperge), production des graines, génie agricole, normes et certifications organiques, industrie agricole, production et assainissement des animaux d'élevage, finance rurale, pêche, géologie, technologie minière, conservation de l'environnement, politique commerciale, planification et gestion touristiques, techniciens des TIC, télécommunications, planification des transports, entretien des routes, sources d'énergie alternatives, génie électrique, administration fiscale ;

TANZANIE	2006-2010	• Croissance économique et réduction de la pauvreté • Amélioration de la qualité de vie et du bien-être social. • Amélioration de la gouvernance et de responsabilité	• Formation des enseignants, éducation spéciale, planification et gestion de l'éducation, enseignement technique et professionnel, gestion des systèmes de santé, spécialistes des questions de santé publique, santé maternelle/infantile, hématologie, épidémiologie, eau et assainissement ; • Sécurité sociale, prévention des catastrophes, assurance risque, éducation spéciale, planning familial ; • Finances publiques, administration fiscale, gestion des ressources humaines, administration de la justice, planification et mise en œuvre des stratégies, systèmes de gestion des informations. • Macroéconomie, politique commerciale, finances publiques, génie civil, maintenance des routes, entomologie, production et assainissement des animaux d'élevage, droit minier, technologie minière, recherche et vulgarisation agricoles, industrie agricole et technologie de transformation, développement des petites entreprises, foresterie, pêche, enseignement technique et professionnel, génie électrique, génie pétrolier ; • Formation des enseignants, élaboration des programmes scolaires (avec accent particulier sur l'égalité des sexes), planification et gestion de l'éducation, santé maternelle/infantile, nutrition, spécialistes des questions de santé publique, hématologie, pharmacologie, infirmerie, gestion des systèmes de santé, approvisionnement en eau, planning familial, gestion des ressources humaines, assainissement et gestion de l'eau, titres fonciers et enregistrements, conservation de l'environnement, gestion des ressources naturelles, sécurité sociale, travail social ; • Finances publiques, administration publique, gestion des ressources humaines, journalisme d'investigation, droit civil, droits de l'homme et assistance juridique, administration de la justice, assistance juridique aux handicapés physiques et mentaux, formation des forces de police.

(continued)

Enseignement supérieur et implications des compétences des ressources humaines, cas de 14 documents de stratégie de réduction de la pauvreté (DSRP) *(Continued)*

Pays	Durée du DSRP	Objectifs principaux	Implications du DRH, diplômés de l'enseignement supérieur
	2005-2008	• Renforcement de la gestion économique • Amélioration de la production, de la compétitivité et des revenus • Amélioration de la sécurité et de la gestion des conflits. • Promotion de la bonne gouvernance. • Promotion du développement humain.	• Finances publiques, administration fiscale, macroéconomie, gestion des pensions ; • Politique commerciale, recherche et vulgarisation agricoles, météorologie, production animale, éducation aux questions agricoles, gestion des ressources en eau, techniques d'irrigation, aménagement du territoire, titres fonciers et enregistrement, gestion de la pêche, formation aux techniques de l'entreprise, systèmes d'informations de gestion, foresterie, planification et gestion hôtelières, droit minier, construction et maintenance des routes, génie électrique, gestion des aéroports ; • Planification et gestion de l'aide aux réfugiés ; • Formation aux questions des droits de l'homme, administration de la justice, tribunaux pour jeunes, droit commercial, résolution des conflits, assistance juridique, audit et comptabilité, déontologie du secteur public, gestion des ressources humaines ; • Formation des enseignants, éducation spéciale, réforme des programmes scolaires, évaluation des connaissances, orientation et conseil, éducation à la science, enseignement technique et professionnel, médecins, infirmières, spécialistes des questions de santé publique, santé maternelle/infantile, pharmacologie, planning familial, eau et assainissement.

Annexe C

Programmes régionaux d'études supérieures en Afrique subsaharienne

Titre du programme	Institution de référence	Discipline	Niveau
Centre africain pour l'amélioration des cultures	Université du KwaZulu-Natal	Sélection des plantes et biotechnologie	Doctorat
Consortium pour la Recherche Économique en Afrique	Secrétariat du CREA, Nairobi	Science économique	Master, Doctorat
Programme régional d'études supérieures en sciences des insectes en Afrique	Centre international de physiologie et d'écologie des insectes (ECIPE)	Entomologie	Master en sciences, Doctorat
Industrie agricole	Université africaine, Mutare, Zimbabwe	Économie agricole	Master en sciences
Gestion de l'information et de la communication agricole	Université de Haromaya, Ethiopie, Université de Makerere, Ouganda Université de Sokoine, Tanzanie, Université de Nairobi, Kenya		Master en sciences
Aquaculture et sciences halieutiques	Université du Malawi	Pêche	Master en sciences, Doctorat

(continued)

Programmes régionaux d'études supérieures en Afrique subsaharienne (Continued)

Titre du programme	Institution de référence	Discipline	Niveau
Économie agricole et des ressources	Université du Malawi	Économie agricole	Master en sciences, Doctorat
Génie hydro-économique ANSTI	Université de Dar es-Salaam	Génie et environnement	Master en sciences, Doctorat
Biotechnologie et sélection des plantes	Université de Makerere	Technique culturale	Master en sciences, Doctorat
Renforcement des capacités scientifiques et institutionnelles de l'Afrique en agriculture et ressources naturelles (BASIC)	Forum pour la recherche agricole en Afrique (FARA)	Disciplines diverses	Master en sciences, Doctorat
Double master de sciences en économie agricole et appliquée (CMAAE)		Économie agricole	Master en science
Science et technologie laitière	Université du Zimbabwe	Production animale	Master en science
Gestion des ressources des terres arides	Université de Nairobi Kenya	Gestion des ressources naturelles	Master en sciences, Doctorat
Bromatologie et nutrition	Université d'agriculture et de technologie Jomo Kenyatta, Kenya	Technologie alimentaire	Master en sciences, Doctorat
Agriculture générale	Université de Free State	Agriculture	Master en sciences
Gestion des terres et des ressources en eau	Université de Sokoine, Tanzanie	Gestion des ressources naturelles	Master en sciences
Sélection des plantes et biotechnologie	Centre africain pour l'amélioration des cultures, Université du KwaZulu-Natal, Afrique du Sud	Technique culturale	Doctorat
Sélection des plantes et systèmes des semences	Université de Zambie	Technique culturale	Master en sciences
Forum des universités régionales pour le renforcement des capacités en Agriculture (RUFORUM)	Université de Makerere, Kampala, Ouganda	Disciplines diverses	Master en sciences, création d'un cycle de doctorat en cours

Programmes régionaux d'études supérieures en Afrique subsaharienne (Continued)

Titre du programme	Institution de référence	Discipline	Niveau
Méthodologie de la recherche	Université d'agriculture et de technologie Jomo Kenyatta, Université du Malawi	Agriculture	Master en sciences
Fond Sasakawa pour l'enseignement périscolaire en Afrique	Bunda, Unversité de Cape Coast, autres	Enseignement périscolaire	Master en sciences
Centre d'Afrique australe pour la coopération de la recherche en sciences agricoles et ressources naturelles et la formation (SACCAR)	(Quatre universités participantes)	Zootechnie phytotechnie Économie agricole, génie agricole et irrigation	Master en sciences Master en sciences Master en sciences Master en sciences
Science universitaire, sciences humaines et partenariats techniques en Afrique (USHEPiA)	Université de Cape Town Afrique du Sud	Science et génie	Master en sciences, Doctorat
Université de l'église méthodiste unie en Afrique	Université africaine, Mutare, Zimbabwe	Agriculture et autres disciplines	Master en sciences

Annexe D

Estimation des dépenses ordinaires par étudiant de l'enseignement supérieur en ASS, 2006

Pays	Dollars américains
Bénin	864
Burkina Faso	3,192
Burundi	5,893
Cameroun	864
République centrafricaine	864
Tchad	1,584
République démocratique du Congo	286
République du Congo	1,900
Côte-d'Ivoire	957
Érythrée	860
Ethiopie	2,016
Gambie	1,102
Ghana	1,924
Guinée	615
Kenya	1,508
Lesotho	7,742
Madagascar	588
Malawi	2,533
Mali	836

(continued)

Estimation des dépenses ordinaires par étudiant de l'enseignement supérieur en ASS, 2006 (*Continued*)

Pays	Dollars américains
Mauritanie	666
Mozambique	2,244
Niger	1,482
Nigéria	704
Ouganda	570
Rwanda	1,975
Sénégal	2,100
Sierra Leone	816
Soudan	891
Tanzanie	1,855
Togo	455
Zambie	1,827
Zimbabwe	782

Source: Les calculs des auteurs sont effectués sur la base des informations de Ledoux et Mingat 2008; Banque mondiale 2008

Références

About Malaria. (2007). « About Malaria. » http://malaria.jhsph.edu/about_malaria. http://malaria.jhsph.edu/about_malaria.

Acemoglu, Daron. 2002. « Directed Technical Change. » *Review of Economic Studies* 69(4): 781-809.

Acemoglu, Daron et Fabrizio Zilibotti. 2001. « Productivity Differences. » *Quarterly Journal of Economics* 116(2): 563-606.

Adams, Richard H. Jr. 2006. « International Remittances and the Household: Analysis and Review of Global Evidence. » *Journal of African Economies* 15(S2): 396-425.

Ade, Ajayi J. F., Lameck K. H. Goma, et Ampah Johnson 1996. *The African Experience With Higher Education*. London: James Currey Ltd.

« Africa Urged to Boost Spending to Fight Malaria. » (2007). *Financial Times.* March 14.

« Africa's Economic Prospects. » (2006). *Business Africa.* October 1.

« African Infrastructure. » (2006). *Financial Times.* November 21.

African Network of Scientific and Technological Institutions 2005. *The State of Science and Technology Training Institutions in Africa.* Nairobi, Kenya: UNESCO.

Afrozone. 2005. « raining Needs Assessments, Job Market Surveyset Tracer Studies. » mis en page. Morogoro, Tanzania: Sokoine University of Agriculture.

Agarwal, Pawan. (2006). « Higher Education in India: The Need for Change. » Document de travail 180. New Delhi: Indian Council for Research on International Economic Relations.

Aggarwal, Reena, Asli Demirguc-Kunt, et Maria Soledad Martinez Peria. (2006).« Do Worker's Remittances Promote Financial Development?. » World Bank Policy Research Document de travail 3957. Washington, DC: Banque mondiale.

Aghion, Philippe, Leah Boustan, Caroline Hoxbyet Jerome Vandenbussche. 2005. « Exploiting States' Mistakes to Identify the Causal Impact of Higher Education on Growth. » mis en page. Cambridge, MA: Harvard University.

Agrisystems (Eastern Africa). 2005. « Future Opportunities and Challenges for Agricultural Learning (Focal) Programme: Job Market Survey, Training Needs Assessment and Tracer Studies for Sokoine University of Agriculture in Veterinary Medicine and Animal Science. » mis en page. Morogoro, Tanzania: Sokoine University of Agriculture.

Al-Samarrai, Samer et Paul Bennell. 2003. « Where Has All the Education Gone in Africa? Employment Outcomes Among Secondary School and University Leavers. » mis en page. Brighton, RU: Institute of Development Studies, University of Sussex.

Altbach, Philip G. 2005a. « Private Higher Education: an Introduction. » in Altbach, Philip G. and Daniel C. Levy (eds.), *Private Higher Education: A Global Revolution*. Rotterdam: Sense Publishers.

———. 2005b. « The Anatomy of Private Higher Education, » in Altbach, Philip G. et Daniel C. Levy (eds.), *Private Higher Education: A Global Revolution*. Rotterdam: Sense Publishers.

———. 2007. « Peripheries et Centres: Research Universities in Developing Countries. » *Higher Education Management and Policy* 19(2): 106-130.

Amelewonou, K. et M. Brossard. 2005. « Développer L'Education Secondaire En Afrique: Enjeux, Contraintes Et Marges De Manæuvre. » Présenté à l'Atelier régional sur l'éducation secondaire en Afrique, Addis Ababa, November 21, 2005.

ANSTI. 2005a. « Revitalizing Science and Technology Training Institutions in Africa: The Way Forward. » Presented at The First African Conference of Vice-Chancellors, Provosts and Deans of Science, Engineering and Technology, Accra, Ghana, November 15, 2005a.

———. 2005b. *The State of Science and Technology Training Institutions in Africa*. Nairobi, Kenya: UNESCO.

Aromolaran, Adebayo B. (2006). « Estimates of Mincerian Returns to Schooling in Nigeria. » *Oxford Development Studies* 34(2): 265-292.

Arora, Ashish, Andrea Fosfuriet Alfonso Gambardella 2001. *Markets for Technology*. MIT Press.

———. 2001. *Markets for Technology: The Economics of Innovation and Corporate Strategy*. Cambridge, MA: MIT Press.

Artadi, Elsa V. et Xavier Sala-i-Martin. 2003. « The Economic Tragedy of the XXth Century: Growth in Africa. » RemarqueER Document de travail 9865. Cambridge, MA: National Bureau of Economic Research.

Artemisinin. (2007). « Artemisinin. » http://en.wikipedia.org/wiki/Artemisinin. http://en.wikipedia.org/wiki/Artemisinin.

Association of African Universities (2007). *HIV & AIDS and Higher Education in Africa: a Review of Best Practices Models and Trends*. Accra, Ghana: Association of African Universities.

Association of Commonwealth Universities. (2006). « The World Is One: Mobilising the Capacity of Tertiary Education in the Commonwealth for the Good of All. » Présenté lors de la 16ᵉ Conférence des ministres du Commonwealth chargés de l'Éducation, Cape Town: 11-14 Décembre 2006,

« Australia: « Universities- the New Polytechnics. » 2008. *University World News.* April 13.

Autor, David H., Frank Levy, et Richard J. Murnane. 2001. « The Skill Content of Recent Technological Change: An Empirical Exploration. » RemarqueER Document de travail 8337. Cambridge, MA: National Bureau of Economy Research.

Azam, Jean-Paul et Flore Gubert. (2006). « Migrants. » Remittances and the Household in Africa: a Review of Evidence. » *Journal of African Economies* 15(S2): 426-462.

Azcona, Ginette, Rachel Chute, Farah Dib, Loveena Dookhony, Heather Klein, Daniel Loyacano-Perl, Dominic Randazzoet Vanessa Reilly. 2008. « Harvesting the Future: the Case for Tertiary Education in Sub-Saharan Africa. » mis en page. Syracuse, NY: The Maxwell School of Syracuse University.

Banque mondiale. 1988. *Education in Sub-Saharan Africa: Policies for Adjustment, Revitalization and Expansion.* Banque mondiale.

———. 1991a. *The African Capacity Building Initiative: Toward Improved Policy Analysis and Development Management.* Washington, DC: Banque mondiale.

Banque mondiale. 1991b. « Vocational and Technical Education and Training. » World Bank Policy Paper. Washington, DC: Banque mondiale.

———. 1994. *World Development Report 1994.* Banque mondiale.

Banque mondiale. 1999. *World Development Report 1998/1999: Knowledge for Development.* New York: Oxford University Press.

———. 2002. *Constructing Knowledge Societies: New Challenges for Tertiary Education.* Washington, DC: Banque mondiale.

Banque mondiale. 2003. « Higher Education Development for Ethiopia: Pursuing the Vision. » mis en page. Washington, DC: Banque mondiale.

Banque mondiale. 2004a. « Cost, Financing and School Effectiveness in Malawi: Country Status Report. » Document de travail sur le developpement humain dans la région africaine 78. Washington, DC: Banque mondiale.

Banque mondiale. 2004b. *Strengthening the Foundation of Education and Training in Kenya.* Report No. 28064-KE. Washington, DC: Banque mondiale.

Banque mondiale. 2005. « Primary and Secondary Education in Lesotho: a Country Status Report. » Document de travail sur le developpement humain dans la région africaine 101. Washington, DC: Banque mondiale.

Banque mondiale. (2006). *Nigeria: Science and Technology Education at the Post-Basic Level.* Report No. 37973. Washington, DC: Banque mondiale: Département du développement humain dans la région africaine Region Human Development Department.

Banque mondiale. 2007a. « Le Système Éducatif Burundais: Diagnostic Et Perspectives Pour Une Nouvelle Politique Éducatif Dans Le Context De L'Éducation Primaire Gratuite Pour Tous. » mis en page. Washington, DC: Banque mondiale.

Banque mondiale. 2007b. « Le Système Éducatif Tchadien: Eléments De Diagnostic Pour Une Politique Éducatif Nouvelle Et Une Meilleure Efficacité De La Dépense Publique. » mis en page. Washington, DC: Banque mondiale.

Banque mondiale. 2007c. *World Development Report 2007: Development and the Next Generation.* Washington, DC: Banque mondiale.

———. 2008a. *At the Crossroads: Challenges for Secondary Education in Sub-Saharan Africa*. Washington, DC: Banque mondiale.

Banque mondiale. 2008b. « Closing the Skill Gap: the Role of Education Supporting Growth and Competitiveness in the ECA Region. » mis en page. Washington, DC: Banque mondiale.

———. 2008c. *Costs and Financing of Higher Education in Francophone Africa*. Washington, DC: Banque mondiale.

Banque mondiale. 2008d. « Higher Education in Francophone Africa: What Tools Can Be Used to Support Financially-Sustainable Policies. » Document de travail de la Banque mondiale 135. Washington, DC: Banque mondiale.

———. 2008e. *Migration and Remittances Factbook 2008*. Washington, DC: Banque mondiale.

Banque mondiale. 2008f. « Rising Food Prices: Policy Options and World Bank Response. » Background note for the Development Committee. Washington, DC: Banque mondiale.

Barro, Robert J. et Xavier Sala-i-Martin 1995. *Economic Growth*. New York: McGrow-Hill.

Bates, Robert H., John H. Coatsworth, et Jeffrey G. Williamson. (2006). « Lost Decades: Lessons From Post-Independence Latin America for Today's Africa. » RemarqueER Document de travail 12610. Cambridge, MA: National Bureau of Economic Research.

Beck, Thorsten and Ross Levine. 2002. « Industry Growth and Capital Allocation: Does Having A Market- or Bank-Based System Matter? » RemarqueER Document de travail 8982. Cambridge, MA: National Bureau of Economic Research.

Beintema, Nienke et Gert-Jan Stads. (2006). « Agricultural R&D in Sub-Saharan Africa: An Era of Stagnation. » ASTI Background paper. Washington, D.C.: IFPRI.

Bigsten, Arne, Paul Collier, Stefan Dercon, Bernard Gauthier, Jan Willem Gunning, Anders Isaksson, Abena Oduro, Remco Oostendorp, Cathy Pattilo, Måns Söderbom, Michel Sylvain, Francis Tealet Albert Zeufack. 1999. « Investment in Africa's Manufacturing Sector: a Four Country Panel Data Analysis. » *Oxford Bulletin of Econoimcs and Statistics* 61(4): 489-512.

Bils, Mark et Peter Klenow. 2000. « Does Schooling Cause Growth? » *American Economic Review* 90(5): 1160-1183.

Birnbaum, R. 1983. *Maintaining Diversity in Higher Education*. San Francisco: Jossey-Bass.

Bladh, Agneta. (2007). « Institutional Autonomy With Increasing Dependency on Outside Actors. » *Higher Education Policy* 20(4): 243-259.

Bleiklie, Ivar and Maurice Kogan. (2007). « Organization and Governance of Universities. » *Higher Education Policy* 20(4): 477-493.

Bleiklie, Ivar, Philippe Laredoet Sverker Sorlin. (2007). « Conclusion: Emerging Patterns in Higher Education Systems. » *Higher Education Policy* 20 495-500.

Bloom, David E., David Canning, et Kevin Chan. (2006)a. « Higher Education and Economic Development. » Africa Human Development Series, Banque mondiale 102. Washington, DC:

Bloom, David E., David Canninget Kevin Chan. (2006)b. « Higher Education and Economic Development in Africa. » mis en page. Cambridge, MA: Harvard University.

Bloom, David E., Matthew Hartleyet Henry Rosovsky. (2006). « Beyond Private Gain: the Public Benefits of Higher Education, » in Forest, James J. F. et Philip G. Altbach (eds.), *International Handbook of Higher Education*. Dordrecht, The Netherlands: Springer Netherlands.

Boarini, Romina et Hubert Strauss. (2007). « The Private Internal Rates of Return to Tertiary Education: New Estimates for 21 OECD Countries. » OECD Economics Department Documents de travail 591. Paris: OCDE.

Boateng, Kwabia et E. Ofori-Sarpong. 2002. « An Analytical Study of the Labour Market for Graduates in Ghana. » mis en page. Accra, Ghana: National Council for Tertiary Education.

Brenton, Paul et Mombert Hoppe. (2007). « Clothing and Export Diversification: Still a Route to Growth for Low Income Countries? » , mis en page. Washington, DC: Banque mondiale.

Brimble, Peter and Richard F. Doner. (2007). « University-Industry Linkages and Economic Development: The Case of Thailand. » *World Development* 35(6): 1021-1036.

Brito, Lidia. 2003. « The Mozambican Experience in Initiating and Sustaining Tertiary Education Reform », Présenté à la Conférence régionale africaine sur la formation, « Improving Tertiary Education in Sub-Saharan Africa: Things That Work! », Accra, Ghana, 23 septembre 2003.

Broadman, Harry G. June (2007). « Connecting Africa and Asia » *Finance and Development* 44(2).

Brossard, Mathieu et Borel Foko. (2006). « L'Enseignement Supérieur En Afrique Francophone: Coûts Et Financement Et Perspectives De Développement Dans Une Logique De Soutenabilité Budgétaire », mis en page. Dakar, Sénégal: UNESCO-BREDA.

Brossard, Mathieu et Borel Foko. (2007). « *Coûts Et Financement De L'Enseignement Supérieur En Afrique Francophone.* » mis en page. Washington, DC: Banque mondiale.

Budree, Reena. (2006). « Academic Staff Retention Survey » , mis en page. Durban: University of KwaZulu-Natal.

Bunwaree, Sheila et Sanjeev K. Sobhee. (2007) « University-Industry Linkages: The Case of Mauritius » mis en page. Washington, DC: Banque mondiale.

Butagira, Tabu et Agness Nandutu. 2008. « All University Staff to Lose Permanent Jobs » *The Monitor.*

Caesar, William K. Riese Jens and Thomas Seitz. (2007). « Betting on Biofuels. » *The McKinsey Quarterly*(2), 6 Juin.

Calderisi, Robert (2006). *The Trouble With Africa: Why Foreign Aid Isn't Working*. New York: Palgrave Macmillan.

Calderon, Cesar. 2008. « Infrastructure and Growth in Africa. » Présenté à la Banque mondiale, Washington, DC, 3 avril 2008.

Carnoy, Martin. (2006). « Higher Education and Economic Development: India, China and the 21st Century. » présenté à la Conférence pan asiatique: Focus on Economic Challenges, 31 mai-3 juin. Stanford University: Stanford Center for International Development:

« Cereal Offenders » 2008. *The Economist*. mars 27.

Chami, Ralph, Connel Fullenkampet Samir Jahjah. 2005. « Are Immigrant Remittance Flows a Source of Capital for Development? » *IMF Staff Papers* 52(1): 55-82.

Chandra, Vandana, Jessica Boccardoet I. Osorio. (2007). « Export Diversification and Competitiveness in Developing Countries » mis en page. Washington, DC: Banque mondiale.

« China: Fertilizer Follows Food Price Control » 2008. *Oxford Analytica*. Janvier 23.

« Chinese Set to Quadruple Agri-Biotech Spending » (2007). *Financial Times*. mars 16.

Cincotta, Richard. 2005. « State of the World 2005 Global Security Brief #2: Youth Bulge, Underemployment Raise Risks of Civil Conflict ». http://www.worldwatch.org/node/76. WorldWatch Institute.

Cohen, Daniel et Marcelo Soto. (2007). « Growth and Human Capital: Good Data, Good Results » *Journal of Economic Growth* 12(1): 51-76.

Collier, Paul (2007). *The Bottom Billion: Why the Poorest Countries Are Failing and What Can Be Done About It*. New York: Oxford University Press.

Commission for Africa. 2005. *Our Common Interest*. London: Commission for Africa.

Conley, Dalton, Gordon C. McCordet Jeffrey D. Sachs. (2007). « Africa's Lagging Demographic Transition: Evidence From Exogenous Impacts of Malaria Ecology and Agricultural Technology » RemarqueER Document de travail 12892. Cambridge, MA: Bureau national de la recerhce économique.

Connell, John, Pascal Zurn, Barbara Stilwell, Magda Awaseset Jean-Marc Braichet. (2007). « Sub-Saharan Africa: Beyond the Health Worker Migration Crisis *Social Science & Medicine* 64(9): 1876-1891.

Cooper, Frederick 2002. *Africa Since 1940*. Cambridge, U.K.: Cambridge University Press.

Court, David. 1999. « Financing Higher Education in Africa: Makerere, the Quiet Revolution. » document de travail 22883. Washington, DC: Banque mondiale.

Crafts, Nicholas. July (2007). « Recent European Economic Growth: Why Can't It Be Like the Golden Age? » *National Institute Economic Review* 199(1): 69-81.

Dang, Hai-Anh et F. Halsey Rogers. 2008. « How to Interpret the Growing Phenomenon of Private Tutoring: Human Capital Deepening, Inequality Increasing, or Waste of Resources? » World Bank Policy Research Document de travail 4530. Washington, DC: Banque mondiale.

Daniel, John. (2007). *Report of the Visitation Panel to the University of Ghana*.

de Ferranti, David, Guillermo E. Perry, Indermit S. Gill, J. Luis Guasch, William F. Maloney, Carolina Sanchez-Paramoet Norbert Schady 2003. *Closing the Gap in Education and Technology*. Washington, DC: Banque mondiale.

Devarajan, Shantayanan, William Easterlyet Howard Pack. 2002. « Low Investment Is Not the Constraint on African Development. » mis en page. Washington, DC: Banque mondiale.

Development Associates. 2005. « Focal Programme: Training Needs Assessment, Job Market Surveys and Tracer Studies for SUA Degree Programmes » mis en page. Morogoro, Tanzania: Sokoine University of Agriculture.

Docquier, Frederic and Abdeslam Marfouk. 2005. « International Migration by Educational Attainment: 1990-2000. » World Bank Policy Research Document de travail 3382. Washington, DC: Banque mondiale.

« Driving Growth » (2007). *Business Africa.* February 1.

Drying Up. (2007). « Drying Up and Flooding Out. » *The Economist.*

Dutta, Puja Vasudeva. (2006). « Returns to Education: New Evidence for India, 1983-1999. » *Education Economics* 14(4): 431-451.

Easterlin, Richard A. 1981. « Why Isn't the Whole World Developed? » *The Journal of Economic History* 41(1): 1-19.

Economic Commission for Africa. 1985. « Mbabane Programme of Action: The Response of the African Institutions of Higher Learning to Africa's Rapidly Deteriorating Economic and Social Conditions. » Présenté à la troisième Conférence des Recteurs et Présidents des Université, Mbabane, Swaziland,

Economic Report of the President. (2007). *Economic Report of the President.* Washington, DC: United States Government Printing Office.

Edwards, Sebastian. (2007). « Crises and Growth: A Latin American Perspective. » RemarqueER Document de travail 13019. National Bureau of Economic Research:

Eicher, Carl K. (2006). « The Evolution of Agricultural Education and Training: Global Insights » mis en page. Washington, DC: Banque mondiale.

Eicher, Carl K., Karim Marediaet Idah Sithole-Niang. (2006). « Crop Biotechnology and the African Farmer. » *Foreign Policy* 31(6): 504-527.

Eisemon, Thomas and Jamil Salmi. 1993. « African Universities and the State: Prospects for Reform in Senegal and Uganda » *Higher Education* 25(2): 151-168.

Ekong, Donald et Patricia Plante 1996. *Strategic Planning at Selected African Universities.* Accra, Ghana: Association of African Universities.

« Empowering Green Chemists in Ethiopia » (2007). *Science. 29 juin.*

Essegbey, George O. (2007). « University-Industry Linkages in Africa: The Ghana Case Study. » mis en page. Washington, DC: Banque mondiale.

Etzkowitz, Henry and Loet Leydesdorff. 1998. « The Endless Transition: a 'Triple Helix' of University-Industry-Government Relations » *Minerva* 36(3): 203-208.

Fafchamps, Marcel et Remco Oostendorp. 2002. « Investment, » in Gunning, Jan Willem and Remco Oostendorp (eds.), *Industrial Change in Africa: Micro Evidence on Zimbabwean Firms Under Structural Adjustment.* New York: McMillian.

Federal Ministry of Education (2007). *Nigerian Education Sector 10-Year Transformation Blueprint: (2006)-2015.* Abuja, Nigeria: Federal Ministry of Education, Nigeria.

Fielden, John. (2007). « Global Trends in University Governance. » Education Document de travail Series 9. Washington, DC Banque mondiale:

Fielden, John et Norman LaRocque. 2008. « The Evolving Regulatory Context for Private Education in Emerging Economies. » mis en page. Washington, DC: Banque mondiale and IFC.

Fine, Jeffrey. (2007). « Regional Mechanisms for Supporting Research and Development in Developing Countries » Présenté au Forum mondial : Building Science, Technologyet

Innovation Capacity for Sustainable Development and Poverty Reduction, Washington, DC, 13 février (2007).

« Finland: Polytechnics That Call Themselves Universities » 2008. *University World News.* April 13.

« Food for Thought » 2008. *The Economist.* March 27.

Foster, A. D. et Mark R. Rosenzweig. 1996. « Technical Change and Human Capital Returns and Investments : Evidence From the Green Revolution. » *American Economic Review* 86(4): 931-953.

Freeman, Richard B. et David L. Lindauer. 1999. « Why Not Africa? » RemarqueER Document de travail 6942. Cambridge, MA: Bureau national de la recherche économique Fried, Jochen, Anna Glasset Bernd Baumgartl. (2007). « Shades of Privateness: Non-Public Higher Education in Europe, » in Wells, P. J., J. Sadlaket L. Vlasceanu (eds.), *The Rising Role and Relevance of Private Higher Education in Europe.* Bucharest: UNESCO-CEPES.

Fry, Peter et Rogerio Utui 1999. *Promoting Access, Quality and Capacity-Building in Africa Higher Education: the Strategic Planning Experience at the Equardo Mondlane University.* Washington, DC: Banque mondiale.

Fung, Victor K., William K. Funget Yoram Wind 2008. *Competing in a Flat World: Building Enterprises for a Borderless World.* Upper Saddle River, NJ: Pearson Education Inc.

Gaillard, J. et R. Waast 2001. *Science in Africa at the Dawn of the 21st Century.* Paris: L'institut de recherche pour le développement.

Gans, Joshua S. et Scott Stern. 2003. « Managing Ideas: Commercialization Strategies for Biotechnology. » IPRIA Working Paper 01/03. Victoria, Australia: Intellectual Property Research Institute of Australia.

Gavin, Michelle. May (2007). « Africa's Restless Youth » *Current History* 220-226.

Gibbon, Peter et Stefano Ponte 2005. *Trading Down: Africa, Value Chains, and the Global Economy.* Philadelphia, PA: Temple University Press.

Gibbons, M., C. Limoges, J. H. Nowotny, P. Scott Schwartzmannet M. Trow 1994. *The New Production of Knowledge: Science and Research in Contemporary Societies.* Londres: Sage Publishers.

Gibbons, Michael. 1998. « Higher Education Relevance in the 21st Century » Human Development Network, Banque mondiale. Washington, DC:

Gibson, John et Osaiasi Koliniusi Fatai. (2006). « Subsidies, Selectivity and the Returns to Education in Urban Papua New Guinea. » *Economics of Education Review* 25(2): 133-146.

Gordon, Robert J. 2003. « Hi-Tech Innovation and Productivity Growth: Does Supply Create Its Own Demand? » RemarqueER Document de travail 9437. Cambridge, MA: Bureau national de la recherche économique.

Gordon, Robert J. 2004a. « Two Centuries of Economic Growth: Europe Chasing the American Frontier. » RemarqueER Document de travail 10662. Cambridge, MA: National Bureau of Economic Research.

Gordon, Robert J. 2004b. « Why Was Europe Left at the Station When America's Productivity Locomotive Departed? » RemarqueER Document de travail 10661. Cambridge, MA:Bureau national de la recherche économique

Gore, Charles. (2007). « STI and Poverty Reduction in Least Developed Countries. » Préssenté au Forum mondial: Building Science, Technology, and Innovation Capacity for Sustainable Development and Poverty Reduction, Washington, DC, 3 février 2007.

Graff, Gregory, David Roland-Holstet David Zilberman. (2006). « Agricultural Biotechnology and Poverty Reduction in Low-Income Countries. » *World Development* 34(8): 1430-1445.

Guarini, Giulio, Vasco Moliniet Roberta Rabellotti. Septembre 2006. « Is Korea Catching Up? An Analysis of the Labour Productivity Growth in South Korea. » *Oxford Development Studies* 34(3): 323-339.

Gunning, Jan Willem and Taye Mengistae. 2001. « Determinants of African Manufacturing Investment: the Microeconomic Evidence. » *Journal of African Economies* S2(48): 80.

Gupta, Sanjeev, Catherine Pattilloet Smita Wagh. (2007). « Impact of Remittances on Poverty and Financial Development in Sub-Saharan Africa. » IMF Document de travail WP/07/38. Washington, DC: International Monetary Fund.

Gyekye, Kwame. 2002. « A Vision of Postgraduate Education in Ghana. » mis en page. Accra, Ghana: National Council for Tertiary Education.

Haacker, Markus ed. (2007). *The Macroeconomics of HIV/AIDS*. Oxford University Press.

Hagmann, Jürgen and Conny Almekinders. 2003. « Developing 'Soft Skills' in Higher Education. » *Participatory Learning and Action*(48): 21-28.

« Half and Half » (2006). *Business Africa*. November 1.

Hall, Bronwyn and Alessandro Maffioli. 2008. « Evaluating the Impact of Technology Development Funds in Emerging Economies: Evidence From Latin America. » RemarqueER Document de travail 13835. Cambridge, MA: National Bureau of Economic Research.

Hanushek, Eric A. and Ludger Woessmann. (2007). « The Role of Education Quality in Economic Growth. » World Bank Policy Research Document de travail 4122. Washington, DC: Banque mondiale.

Hassan, Mohamed H. A. (2007). « Strengthening African Universities for Science-Based Sustainable Development. » Présenté à la Conférence sur le changement des rôles de l'enseignement supérieur dans le monde morderne , Tokyo, 29 août , (2007).

Hayward, Fred M. et Daniel J. Ncayiyana 2003. *A Guide to Strategic Planning for African Higher Education Institutions*. Pretoria, South Africa: Centre for Higher Education Transformation.

Heckman, James J. 2002. « China's Investment in Human Capital. » RemarqueER Document de travail 9296. Cambridge, MA: National Bureau of Economic Research.

Hesse, Heiko. (2006). « Export Diversification and Economic Growth. » mis en page. Washington, DC: Banque mondiale.

Howells, Jeremy. (2006). « Intermediation and the Role of Intermediaries in Innovation. » *Research Policy* 35(5): 715-728.

Huisman, J, L Meeket F Wood. 2008. « Institutional Diversity in Higher Education: a Cross-National and Longitudinal Analysis. ».forthcoming .

Hulten, Charles R. 1996. « Infrastructure Capital and Economic Growth: How Well You Use IT May Be More Important Than How Much You Have. » RemarqueER Document de travail 5847. Cambridge, MA: National Bureau of Economic Research.

Hummels, David, Jun Ishiiet Kei-Mu Yi. 2001. « The Nature and Growth of Vertical Specialization in World Trade. » *Journal of International Economics* 54(1): 75-96.

Humphrey, John et Olga Memedovic. (2006). « Global Value Chains in the Agrifood Sector. » UNIDO Documents de travail. Vienna, Austria:

Humphreys, Macartan, Jeffrey D. Sachset Joseph E. Stiglitz (eds.) (2007). *Escaping the Resource Curse (Initiative for Policy Dialogue at Columbia)*. New York: Columbia University Press.

ICHEFAP. (2007). « Ghana Profile ». http://www.gse.buffalo.edu/org/IntHigherEdFinance/CountryProfiles/Africa/Ghana.pdf. Center for International Higher Education, State University of New York at Buffalo.

IFAD. 2008. « Africa ». http://www.ifad.org/events/remittances/maps/africa.htm.

Imbs, Jean et Romain Wacziarg. 2003. « Stages of Diversification. » *American Economic Review* 93(1): 63-86.

Institut de la Banque mondiale. (2007). *Building Knowledge Economies*. Washington, DC: Banque mondiale.

InterAcademy Council 2004. *Realizing the Promise and Potential of African Agriculture*. Amsterdam: InterAcademy Council.

« International: Food Crisis Leads to Trade Restrictions » 2008. *Oxford Analytica*. April 2.

« International: Rice Rise May Mark Growing Food Crisis » 2008. *Oxford Analytica*. March 28.

« International: Wheat's Dramatic Rise Demands Response » 2008. *Oxford Analytica*. February 28.

Ishengoma, Johnson. 2004. « Cost Sharing in Higher Education in Tanzania: Fact or Fiction. » *Journal of Higher Education in Africa* 2(2): 101-134.

J.E.Austin Associates. (2007). « Using Value Chain Approaches in Agribusiness and Agriculture in Sub-Saharan Africa. » mis en page. Washington, DC: Banque mondiale.

Jimenez, Emmanuel Y. et Mamta Murthi. Septembre 2006. « Investing in the Youth Bulge. » *Finance and Development* 43(3): 40-43.

Johanson, Richard K. eet Arvil V. Adams. 2004. « Skills Development in Sub-Saharan Africa. » mis en page. Washington, DC: Banque mondiale.

Johnson, Simon, Jonathan D. Ostryet Arvind Subramanian. (2007). « The Prospects for Sustained Growth in Africa: Benchmarking the Constraints. » Documents de travail du FMI WP/07/52. Washington, DC: Fond monétaire international.

Johnstone, D. Bruce. 2004. « Higher Education Finance and Accessibility: Tuition Fees and Student Loans in Sub-Saharan Africa. » *Journal of Higher Education in Africa* 2(2): 11-36.

———. 2006. *Financing Higher Education: Cost-Sharing in International Perspective*. Sense Publishers: Rotterdam, Netherlands.

Jorgenson, Dale W. et Kevin J. Stiroh. 2000. « Raising the Speed Limit: US Economic Growth in the Information Age. » Documents de travail de l'OCDE. Paris, France: OCDE.

K-Rep Advisory Services. 2005. « Job Market Surveys, TNA, Tracer Studies for Undergraduate Degree Programmes. » mis en page. Morogoro, Tanzanie: Sokoine University of Agriculture.

Kaijage, Erasmus S. (2007). A Survey on the University-Industry Linkage in Tanzania and Its Impact on the Country's Economic Development. » mis en page. Washington, DC: Banque mondiale.

Kaiser, Frans, Harm Hillegerset Iwen Legro 2005. *Lining Up Higher Education: Trends in Selected Statistics in Ten Western Countries*. Twente, Pays-Bas: Centre for Higher Education Policy Studies.

Kalemli-Ozcan, Sebnem. (2006). « AIDS, Reversal of the Demographic Transition and Economic Development: Evidence From Africa. » RemarqueER Document de travail 12181. Cambridge, MA: National Bureau of Economic Research.

Kapur, Devesh and Megan Crowley. « 2008.Beyond the ABCs: Higher Education and Developing Countries. » Center for Global Development Documents de travail # 139. Washington, DC:

Karran, Terence. (2007). « Academic Freedom in Europe: a Preliminary Comparative Analysis. » *Higher Education Policy* 20(4): 289-313.

Kearney, Mary-Louise et Jeroen Huisman. (2007). « Main Transformation, Challenges and Emerging Patterns in Higher Education Systems. » *Higher Education Policy* 20 361-363.

Kiamba, Crispus. 2004. « The Experience of the Privately Sponsored Studentship and Other Income Generating Activities at the University of Nairobi. » *Journal of Higher Education in Africa* 2(2): 53-74.

Kibwika, P. and J. Hagmann. (2007). « Moving From Teaching to Learning in Universities: Implications for Competence and Management. » Présenté à la Coférence biennale du Forum des universités régionale pour le renforcement des capacités dans le domaine de l'agriculture, Mangochi, Malawi, 22-28 avril,

« Killing the Pampas's Golden Calf » 2008. *The Economist*. March 27.

Kimenyi, Mwangi S., Germano Mwabu, et Damiano Kulundu Manda. (2006). « Human Capital Externalities and Private Returns to Education in Kenya. » *Eastern Economic Journal* 32(3): 493-514.

Kjollerstrom, Monica et Kledia Dallto. (2007). « Natural Resource-Based Industries: Prospects for Africa's Agriculture, » in *Industrial Development for the 21st Century: Sustainable Development Priorities*. New York: United Nations, 119-181.

Kodama, Toshihiro. 2008. « The Role of Intermediation and Absorptive Capacity in Facilitating University-Industry Linkages: an Empirical Study of TAMA in Japan. » *Research Policy*.

Kokkelenberg, Edward C., Michael Dillonet Sean M. Christy. 2008. « The Effects of Class Size on Student Grades at a Public University. » *Economics of Education Review* 27(2): 221-233.

Krueger, Alan B.et Mikael Lindahl. December 2001. « Education for Growth: Why and For Whom? « *Journal of Economic Literature* 39(4): 1101-1136.

Kruss, Glenda and Jo Lorentzen. (2007). « University-Industry Linkages for Development: The Case of Western Cape Province, South Africa. » mis en page. Washington, DC: Banque mondiale.

Laing, M. (2006). « Regional Agricultural Education and Training Initiatives: University of KwaZulu-Natal Experiences in Plant Breeding. » Présenté à l'atelier de l'enseignement supérieur agricole en Afrique, Pietermaritzburg, Aftrique du Sud, 6 novembre, 2006.

Lao, Christine. (2007). « The Legal Constraints on University Autonomy and Accountability in Sub-Saharan Africa. » Mis en page. African Human Development Department. Washington, DC Banque mondiale:

Laredo, Philippe. (2007). « Revisiting the Thrid Mission of Universities: Toward a Renewed Categorization of University Activities. » *Higher Education Policy* 20(4): 441-456.

Lederman, Daniel et William F. Maloney. 2003. « R&D and Development. » Banque mondiale Policy Research Document de travail 3024. Washington, DC: Banque mondiale.

Ledoux, B. et Alain Mingat. 2008. « La Soutenabilité Financière Comme Référence Pour Le Développement De L'Éducation Post-Primaire Dans Les Pays D'Afrique Subsaharienne. » . Washington, DC: Agence Française de Développement et Banque Mondiale.

Lee, J. and H. N. Win. 2004. « Technology Transfer Between University Research Centers and Industry in Singapore. » *Technovation* 24(5): 433-442.

Lee, Jong-Wee. (2006). « Economic Growth and Human Development in the Republic of Korea, 1945-1992. » Occasional Papers 24. New York: UNDP.

Lemieux, Thomas. (2007). « Post-Secondary Education and Increasing Wage Inequality. » RemarqueER Document de travail 12077. Cambridge, MA: National Bureau of Economic Research.

Levy, Stephanie. (2007). « Public Investment to Reverse Dutch Disease: The Case of Chad. » Journal of African Economies 3.Oxford University Press.

Lin, Tin Chun. Avril 2004. « The Role of Higher Education in Economic Development: an Empirical Study of Taiwan Case. » *Journal of Asian Economics* 15(2): 355-371.

Lowell, B. Lindsay. 2003. « Skilled Migration Abroad or Human Capital Flight? ». http://www.migrationinformation.org/Feature/display.cfm?ID=135. Migration Information.

Luhanga, Matthew L 2003a. *Strategic Planning and Higher Education Management in Africa: the University of Dar Es Salaam Experience*. Dar es Salaam, Tanzania: University of Dar es Salaam Press.

———. 2003b. « The Tanzanian Experience in Initiating and Sustaining Tertiary Education Reform. » Présenté à la Conférence régionale africaine sur la formation, « Improving Tertiary Education in Sub-Saharan Africa: Things That Work! », Accra, Ghana, 23 septembre 23, 2003b.

Lundvall, Bengt-Ake. (2007). « Higher Education, Innovation and Economic Development. « Présenté à la Conférence régionale de la Banque mondiale sur les économies en développement , Pékin, Chine, 16 janvier , 2007.

Lutz, Wolfgang, Jesus Crespo Cuaresmaet Warren Sanderson. 2008. « The Demography of Educational Attainment and Economic Growth. » *Science* 319 1047-1048.

Lyakurwa, William M. 2004. « Building Human Capacity in Africa Through Networking: the AERC Example. » www.ifpri.org/2020africaconference/program/day2summaries/lyakurwa.pdf. African Economic Research Consortium.

Malaria Herb Now Turns Top Cash Crop. 2004. « Malaria Herb Now Turns Top Cash Crop ». http://www.technoserve.org/news/tanzania-artemisinarticle.htm.

Mario, Mouzinho, Peter Fry, Lisbeth Leveyet Arlindo Chilundo 2003. *Higher Education in Mozambique: a Case Study.* Oxford, RU: James Currey.

Mashelkar, Ramesh. (2007). « Scientific and Technological Opportunities and Challenges for Development. » Presented at Global Forum: Building Science, Technology, and Innovation Capacity for Sustainable Development and Poverty Reduction, Washington, DC, 13 février 2007.

« Massachusetts Signs Ground-Breaking China Deal » (2007). *University World News.* 6 avril.

Materu, Peter. (2007). « Higher Education Quality Assurance in Sub-Saharan Africa: Status, Challenges, Opportunities and Promising Practices. » Africa Regional Human Department, Document de travail de la Banque mondiale No. 124. Washington, D.C.: Africa Regional Human Department, Banque mondiale.

Mazeran, Jacques, William Experton, Christian Forestier, André Gauron, Serge Goursaud, Albert Preévos, Jamil Salmiet Fracis Steier (2007). *Short-Term Vocational Higher Education.* Paris: Hachette Education.

McMorrow, Kieran et Werner Roger. Janvier 2007. « An Analysis of EU Growth Trends, With a Particular Focus on Germany, France, Italy and the U.K. » *National Institute Economic Review* 199(1): 82-98.

Menon, Maria Eliophotou. 2008. « Perceived Rates of Return to Higher Education: Further Evidence From Cyprus. » *Economics of Education Review* 27(1): 39-47.

Mihyo, Paschal B. 2008. « Staff Retention in African Universities and Links With Diaspora Study. » Présentée à la conférence biennale de l'ADEA sur « l'Éducation primaire et après ? », Maputo, Mozambique, 5 mai 2008.

Mingat, Alain, Blandine Ledoux et Ramahatra Rakotomalala. 2008. « Financial Sustainability As a Reference for the Development of Post-Primary Education in Sub-Saharan Africa. » Présentée à la conférence biennale de l'ADEA sur « l'Éducation primaire et après ? », Maputo, Mozambique, 5 mai 2008.

Mingat, Alain et Kirsten Majgaard. 2008. « A Cross-Country Study of Education in Sub-Saharan Africa. » mis en page. Washington, DC: Banque mondiale.

Ministry of Education of Ethiopia 2005. *Education Statistics Annual Abstract 2004/2005.* Addis Ababa: Ministère de l'Éducation.

Mkude, Daniel and Abel G. Ishumi Mkude, Daniel and Ishumi, Abel G. 2004. *Tracer Studies in a Quest for Academic Improvement: the Process and Results of a University-Wide Tracer Study Project Conducted in 2002-2003.* Dar es Salaam: Dar es Salaam University Press.

Mohrman, Kathryn, Wanhua Maet David Baker. 2008. « The Research University in Transition: the Emerging Global Model. » *Higher Education Policy* 21(1): 5-27.

Mokopakgosi, Brian. (2006). « A Survey of Academic Staff Retention at the University of Botswana. » mis en page. Gaborone: Université du Botswana.

Montgomery, John D. et Dennis A. Rondinelli (eds.) 1995. *Great Policies: Strategic Innovations in Asia and the Pacific Basin*. Westport, CT: Praeger.

Mouton, Johann. 2008. « Study on National Research Systems: a Meta-Review. » Perésenté au colloque de l'UNESCO sur l'analyse comparative des systèmes nationaux de recherche, **Paris**, 16 janvier, 2008.

MRTC. 2005. « Initiative Universitare Pour Le Developpement De Capacité De Recherche Africaine Sur Les Maladies Tropicales » mis en page. Bamako, Mali: Centre de fromation et de recherche sur le paludisme et Université de Bamako.

Mugabushaka, Alexis-Michel, Harald Schomburget Ulrich Teichler (eds.) (2007). *Higher Education and Work in Africa*. Kassel: International Centre for Higher Education Research.

Muir-Leresche, Kay (2006). *Improving Approaches for Effective Teaching and Learning: Tertiary Agricultural Education*. Nairobi, Kenya: World Agroforestry Centre.

Mullan, Fitzhugh. (2005). « The Metrics of the Physician Brain Drain. » *The New England Journa of Medicine* 353(17): 1810-1818.

Musisi, Nakanyike B. et Nansozi K. Muwanga 2003. *Makerere University in Transition: 1993-2000*. Oxford, RU: James Currey.

National Center for Education Statistics 2004. *Highlights From the Trends in International Mathematics and Science Study (TIMSS) 2003*. Washington, DC: Departement de l'Éducation américain

National Universities Commission. 2002. « Academic Staffing Profiles, Student Enrollment, Dropout and Graduation Rates at Nigerian Universities During 1995/96 to 1999/2000 Academic Years. » mis en page. Abuja, Nigeria: Department of Academic Planning, National Universities Commission.

Ndulu, Benno. (2004). « Human Capital Flight: Stratification, Globalization and the Challenges to Tertiary Education in Africa. » mis en page. Washington, DC: Banque mondiale.

Ndulu, Benno. (2007). « Facing He Challenges of African Growth: Opportunities, Constraints and Strategic Directions » mis en page. Washington, DC: Banque mondiale.

Ndulu, Benno, Lopamudra Chakraborti, Lebohang Lijane, Vijaya Ramachandranet Jerome Wolgin (2007). *Challenges of African Growth: Opportunities, Constraints, and Strategic Directions*. Washington, DC: Banque mondiale.

« Needed: a New Revolution » 2008. *The Economist*. March 27.

Nelson, Richard R. (ed.) 1993. *National Innovation Systems: A Comparative Analysis*. New York: Oxford University Press.

« New Zealand: Polytechnic Universities Opposed » 2008. *University World News*. April 13.

Ng'ethe, Njuguna et Charles Ngome. (2007). « University-Industry Linkages in Kenya: With Special Reference to the Jomo Kenyatta University of Agriculture and Technology (JKUAT). » mis en page. Washington, DC: Banque mondiale.

Ng'ethe, Njuguna, George Subotzkyet George Afeti. (2006). « Differentiation and Articulation in Tertiary Education Systems: A Study of Selected African Countries. » mis en pagemis en page. Accra, Ghana: ADEA Working Group on Higher Education, Association des universités africaines.

Ng'ethe, Njuguna, George Subotzky et George Afeti. (2007). « Differentiation and Articulation in Tertiary Education Systems: A Study of Selected African Countries. » mis en page. Accra, Ghana: ADEA Working Group on Higher Education, Association of African Universities.

« No Export Guarantees » (2007). *Business Africa*. 16 février.

Nordhaus, William D. 2001. « Productivity Growth and the New Economy. » RemarqueER Document de travail 8096. Cambridge, MA: National Bureau of Economic Research.

Noriega, Maria del Pilar. (2007). « The Role of a Technological Development Center: Lessons for Success. « Présenté au Forum mondial: Building Science, Technology, and Innovation Capacity for Sustainable Development and Poverty Reduction, Washington, DC, 13 février (2007).

Nunn, Nathan. (2007). « Historical Legacies: A Model Linking Africa's Past to Its Current Underdevelopment. » *Journal of Development Economics* 83 157-175.

O'Hare, Daniel. (2006). « Education in Ireland: 1960-2000. » traité. Paris: Organisation for Economic Cooperation and Development.

O'Neil, Kevin. 2003. « Brain Drain and Gain: the Case of Taiwan ». http://www.migrationinformation.org/Feature/display.cfm?ID=155. Migration Information.

OAU 1990. *The Lagos Plan of Action for the Economic Development of Africa: 1980-2000*. Addis Ababa: Organization of African Unity.

OECD (2006). *Evolution of Student Interest in Science and Technology Studies Policy Report*. Paris: OCDE

« Oiling Palms » (2006). *Business Africa*. November 16.

Okebukola, Peter, Suleiman Ramon-Yusuf et Abdulrahaman Sambo. (2007). « Cost-Benefit Analysis of Accreditation: Case Study of Nigeria. » mis en page Abuja, Nigeria: National Universities Commission.

Oluoch-Kosura, W. (2006). « Agricultural Education and Training in Sub Saharan Africa: Experiences of the Collaborative Master of Science in Agricultural and Applied Economics (CMAAE). » Présenté aux ateliers sur la formation postsecondaire régionale agricole Workshop on Post-Secondary Regional Agricultural Education Training en Afrique, Pietermaritzburg, Afrique du Sud, 6 november 2006.

Oni, Bankole. 2005. « Labour Market Requirements and the Nigerian Graduate, » in Jibril, Munzali (eds.), *Perspectives and Reflections on Nigerian Higher Education*. Ibadan, Nigeria: Spectrum Books, 119-138.

Ono, Hiroshi. (2007). « Does Examination Hell Pay Off? a Cost-Benefit Analysis of « Ronin » and College Education in Japan. » *Economics of Education Review* 26(3): 271-284.

Otieno, Wycliffe. 2004. « Student Loans in Kenya: Past Experiences, Current Hurdles and Opportunities for the Future. » *Journal of Higher Education in Africa* 2(2): 75-100.

Oyelaran-Oyeyinka, Banji et Boladale Abiola. (2007). « University-Industry Linkage in Nigeria. » mis en page. Washington, DC: Banque mondiale.

Paarlberg, Robert 2008. *Starved for Science: How Biotechnology Is Being Kept Out of Africa*. Cambridge, MA: Harvard University Press.

Page, John and Sonia Plaza. (2006). « Migration Remittances and Development: a Review of Global Evidence. » *Journal of African Economies* 15(S2): 245-336.

Pan, Su-Yan. (2007). « Intertwining of Academia and Officialdom and University Autonomy: Experience From Tsinghua University in China. » *Higher Education Policy* 20(4): 121-144.

Porter, Michael 1990. *The Competitive Advantage of Ntaions*. New York: Free Press.

« Precious Grains » 2008. *Financial Times*. April 14.

Pritchett, Lant. 2001. « Where Has All the Education Gone? » *The World Bank Economic Review* 15(3): 367-391.

PROPHE. (2007). « Country Data Summary: 2000-2006. » mis en page. Albany, NY: Program for Research on Private Higher Education, State Université de New York - Albany.

Psacharopoulos, George. (2006). « The Value of Investment in Education: Theory, Evidence, and Policy » *Journal of Education Finance* 32(2): 113-136.

Psacharopoulos, George and Harry Anthony Patrinos. 2004. « Returns to Investment in Education: a Further Update. » *Education Economics* 12(2): 111-134.

Rasiah, Rajah. (2006). « Explaining Malaysia's Export Expansion in Palm Oil and Related Products, » in Chandra, Vandana (eds.), *Technology, Adaptation, and Exports: How Some Developing Countries Got It Right*. Washington, DC: Banque mondiale, 163-192.

Raynolds, Laura T. 2004. « The Globalization of Organic Agro-Food Networks » Grande Bretagne.

Rhoades, G. 1990. « Political Competition and Differentiation in Higher Education, » in Alexander, J. C. and P. Colony (eds.), *Differentiation Theory and Social Change*. New York: Columbia University Press.

Richardson, Geoffrey and John Fielden 1997. *Measuring the Grip of the State: a Study of the Relationships Between Governments and Universities in Selected Commonwealth Countries*. Londres: Commonwealth Higher Education Management Service.

Robb, David and Bin Xie. August 2003. « A Survey of Manufacturing Strategy and Technology in the Chinese Furniture Industry. » *European Management Journal* 21(4): 484-496.

Rodrik, Dani. (2006). « Understanding South Africa's Economic Puzzles. » RemarqueER Document de travail 12565. Cambridge, MA: Bureau national de la recherche économiqueRodrik, Dani. (2007). « One Economics, Many Recipes: Globalization, Institutions, and Economic Growth. Princeton University Press, Princeton, NJ.

Romer, Paul M. 2000. « Should the Government Subsidize Supply or Demand in the Market for Scientist and Engineers? » RemarqueER Document de travail 7723. Cambridge, MA: Bureau national de la recherche économique.

Saint, William. 1992. « Universities in Africa: Strategies for Stabilization and Revitalization. » Document technique de la banque mondiale 194. Washington, DC: Banque mondiale.

Saint, William. (2006). « Innovation Funds for Higher Education: A User's Guide for World Bank Funded Projects. » Washington, DC: Banque mondiale.

Salisu, Mohammed. 2005. « The Role of Capital Flight and Remittances in Current Account Sustainability in Sub-Saharan Africa. » *African Development Review* 17(3): 382-404.

Salmi, Jamil. 1999. « Student Loans in an International Perspective: the World Bank Experience. » LCSHD Document de travail 44. Washington, DC: Banque mondiale.

———. 2007. « Autonomy From the State Vs Responsiveness to Markets » *Higher Education Policy* 20(4): 223-242.

Salmi, Jamil. 2008. « The Challenges of Establishing World-Class Universities. » HDNED. Washington, DC Banque mondiale:

Salmi, Jamil and Arther M. Hauptmann. (2006). « Innovations in Tertiary Education Financing: a Comparative Evaluation of Allocation Mechanisms. » Education Document de travail Series 4. Washington, DC: Banque mondiale.

Sambo, A. S. 2005. « The Role of Science and Technology Training Institutions in Socio-Economic Development. » Présenté à la première conférence africaine The First African Conference of Vice-Chancellors, Provosts and Deans of Science, Engineering and Technology, Accra, Ghana, 15 novembre 2005.

Savery, John R. and Thomas M. Duffy. 2001. « Problem Based Learning: an Instructional Model and Its Constructivist Framework. » CRLT Technical Report 16-01. Bloomington, Indiana: Centre de recherche sur l'enseignement et la technologie - Indiana University.

Sawyerr, Akilagpa. 2004. « African Universities and the Challenge of Research Capacity Development. *Journal of Higher Education in Africa* 2(1): 213-242.

Saxenian, AnnaLee (2006). *The New Argonauts*. Cambridge, MA: Harvard University Press.

Schady, Norbert. 2003. « Convexity and Sheepskin Effects in the Human Capital Earnings Function: Recent Evidence for Filipino Men. » *Oxford Bulletin of Econoimcs and Statistics* 65(2): 171-196.

« Scholarships for Africans Set to Double » (2006). *China Daily*. November 3.

Schultz, T. Paul. 2004. « Evidence of Returns to Schooling in Africa From Household Surveys: Monitoring and Restructuring the Market for Education. » *Journal of African Economies* 13(S2): ii95-ii148.

Schultz, Theodore W. 1975. « The Value of the Ability to Deal With Disequilibria. » *Journal of Economic Literature* 13(3): 827-846.

Seo, Sungno Niggol and Robert Mendelson. (2007). « Climate Change Adaptation in Africa: A Microeconomic Analysis of Livestock Choice. » Recherches de politiques de la Banque mondiale Document de travail 4277.

Shabani, Juma. (2006). « Higher Education in French-Speaking Sub-Saharan Africa, » in Forest, James J. F. and Philip G. Altbach (eds.), *International Handbook for Higher Education*. Pays Bas: Springer.

Silles, Mary A. (2007). « The Returns to Education for the United Kingdom. » *Journal of Applied Economics* 10(1): 391-413.

« Slipping » (2006). *Business Africa*. 1er novembre.

Solimano, Andrés. 2002. « Globalizing Talent and Human Capital: Implications for Developing Countries. » Présenté à la 4è Conférence européenne de la Banque mondiale sur l'économie du développement, Oslo, Norvège 24 juin, 2002.

Solow, Robert. 2001. « Information Technology and the Recent Productivity Boom in the U.S. » Présenté au Sommet NCN 2001, Cambridge, M.A.,

Sonu, Jungho. (2007). « Imitation to Internalization: the Case of Korea. » *Development Outreach* (Juin): 10-13.

Stark, Oded and C. Simon Fan. (2007). « Losses and Gains to Developing Countries From the Migration of Educated Workers: an Overview of Recent Researchet New Reflections.« *World Economics* 8(2): 259-270.

Stern, Nicholas (2007). *The Economics of Climate Change: The Stern Review.* Cambridge University Press.

Stern, Scott, Michael Porteret Jeffrey Furman. 2000. « The Determinants of National Innovative Capacity » RemarqueER Document de travail 7876. Cambridge, MA:

Tanzania Education Authority (2007). *Annual Report 2006.* Dar es Salaam: Ministry of Higher Education, Scienceet Technology.

Tanzania Ministry of Science, Technology and Higher Education 2004. *Medium Term Strategic Plan: 2004-2007.* Dar es Salaam, Tanzania: Tanzania Ministère des Sciences, Technologies et de l'enseignement supérieur.

Task Force on Higher Education and Society 2000. *Higher Education in Developing Countries: Peril and Promise.* Washington, DC: Banque mondiale.

Teferra, Damtew et Philip G. Altbach (eds.) 2003. *African Higher Education: An International Reference Handbook.* Bloomington, IN: Indiana University Press.

Tekleselassie, Abebayehu. 2002. « Cost-Sharing in Higher Education in Ethiopia: Demystifying the Myth. »The International Comparative Higher Education Finance and Accessibility Project Discussion Paper. Buffalo, NY: Graduate School of Education, University of Buffalo.

Tettey, Wisdom. (2006). « Staff Retention in African Universities: Elements of a Sustainable Strategy. » mis en page. Washington, DC: Banque mondiale.

Thomas, Harold G. 1999. « Developing a Strategic Plan: a Case Study From the National University of Lesotho » *Higher Education Policy* 11(2/3): 235-243.

Thorn, Kristian, Lauritz Holm-Nielsenet Jette Samuel Jeppeson. 2004. « Approaches to Results Based Funding in Tertiary Education: Identifying Finance Reform Options for Chile. » Recherches de politiques de la Banque mondiale Document de travail 3436. Washington, DC: Banque mondiale.

Thurow, L. 1999. *Building Wealth: New Rules for Individuals, Companies and Nations in a Knowledge-Based Economy.* New York: Harper Business.

Tongoona, P. and M. Mudhara. (2007). « Regional Training Strategies for Post-Secondary Agricultural Education in Sub-Saharan Africa: When Do They Work and How Should They Be Done. » mis en page. Washington, DC: Banque mondiale.

Trinidade, Sergio. (2007). « Public-Private Partnerships in Science and Technology Capacity Building. » Présenté au Forum mondial: Building Science, Technology, and Innovation Capacity for Sustainable Development and Poverty Reduction, Washington, DC, 13 février 2007.

Trow, M. 1974. *Problems in the Transition From Elite to Mass Higher Education.* Paris: OECD.

Tusubira, F. F. et Ali Ndiwalana. (2007). « University-Industry Linkages for Development: The Case of Uganda. » mis en page. Washington, DC: Banque mondiale.

« UK: End of the British Binary System » 2008. *University World News*. April 13.

UNCTAD. (2007). *The Least Developed Countries Report*. Geneva: United Nations.

UNESCO 2005. *Experiences With Technical and Vocational Education and Training*. Paris: UNESCO.

———. 2007. *Education for All by 2015: Will We Make It?* Paris: United Nations Educational, Scientific and Cultural Organization.

UNIDO. 2004. « Industrial Development in Sub-Saharan Africa, » in *IDR 2004: Industrialization, Environment and the Millennium Development Goals in Sub-Saharan Africa*. UNIDO, 29-72.

———. 2005. *Industrial Development Report 2005*. Vienna: UNIDO.

Urdal, Henrik. (2006). « A Clash of Generations? Youth Bulges and Political Violence. » *International Studies Quaterly* 50(3): 607-629.

Van Harte, Meagan. 2002. « Can Student Loan Schemes Ensure Access to Higher Education: South Africa's Experience. » The International Comparative Higher Education Finance and Accessibility Project Document de discussion. Buffalo, NY: Graduate School of Education, University of Buffalo.

Van Vught, Frans. (2007). « Diversity and Differentiation in Higher Education Systems. « Présenté à la 10th Anniversary Conference of the centre for Higher Education Transformation, Johannesberg, South Africa,

Varghese, N. V. 2008. « State, Markets, Faith and Proliferation of Private Higher Education in Africa. » Présenté à la Conférence biennale de 2008 de l'Association pour le développement de l'éducation en Afrique, Paris: UNESCO,

Wagner, Joachim. (2007). « Exports and Productivity: A Survey of the Evidence From Firm-Level Data. » *The World Economy* 30(1): 60-82.

Watson, Robert T., Marufu C. Zinyowera, et Richard H. Moss (2007). *IPCC Special Report on the Regional Impacts of Climate Change: An Assessment of Vulnerability*. World Meteorological Organization (WMO); Programme d'environnement des Nations unies (UNEP).

Weir, Sharada et John Knight. (2007). « Production Externalities of Education: Evidence From Rural Ethiopia. » *Journal of African Economies* 16(1): 134-165.

Wondimu, Habtamu. 2003. « Ethiopia, » in Teferra, Damtew and Philip G. Altbach (eds.), *African Higher Education: An International Reference Handbook*. Bloomington: Indiana University Press, 316-325.

Wood, A 1994. *North-South Trade, Employment and Inequality: Changing Fortunes in a Skilled-Driven World*. Oxford.

Wood, A et K. Berge. 1997. « Exporting Manufactures: Human Resources, Natural Resources, and Trade Policy. » *Journal of Development Studies* 34(35): 39.

Wood, A et J. Mayer. 2001. « Africa's Export Structure in a Comparative Perspective. » *Cambridge Journal of Economics* 25(369): 394.

Woodhall, Maureen. (2007). « Funding Higher Education: the Contribution of Economic Thinking to Debate and Policy Development. » Education Document de travail Series 78. Washington, DC: Banque mondiale.

World Development Indicators, 2006 2006. *World Development Indicators, 2006*. Banque mondiale.

Yang, Deninis Tao. 2005. « Determinants of Schooling Returns During Transition: Evidence From Chinese Cities. » *Journal of Comparative Economics* 33(2): 244-264.

Yesufu, T. M. Yesufu, T. M. 1973. *Creating the African University: Emerging Issues of the 1970s*. Ibadan: Oxford University.

Yizengaw, Teshome. (2006). « Cost Sharing in the Ethiopian Higher Education System: the Need, Implications, and Future Directions. » www.gse.buffalo.edu/org/inthigheredfinance/publications.html. Exposé préparé pour l' International Comparative Higher Education Finance and Accessibility Project à SUNY/Buffalo.

Yusuf, Shahid. 2008. « Intermediating Knowledge Exchange Between Universities and Businesses. » *Research Policy*.

Yusuf, Shahid, M. Anjum Altaf, Barry Eichengreen, Sudarshan Gooptu, Kaoru Nabeshima, Charles Kenny, Dwight H. Perkinset Marc Shotten 2003. *Innovative East Asia: The Future of Growth*. New York: Oxford University Press.

Zeng, Douglas Zhihua (ed.) 2008. *Knowledge, Technology, and Cluster-Based Growth in Africa*. Washington, DC : Banque mondiale.

ECO-AUDIT
Environmental Benefits Statement

The World Bank is committed to preserving endangered forests and natural resources. The Office of the Publisher has chosen to print *Faire de l'Enseignement supérieur le moteur du développement en Afrique Sub-saharienne* on recycled paper with 30 percent postconsumer fiber in accordance with the recommended standards for paper usage set by the Green Press Initiative, a nonprofit program supporting publishers in using fiber that is not sourced from endangered forests. For more information, visit www.greenpressinitiative.org.

Saved:
- 4 trees
- 3 million BTUs of total energy
- 329 lbs. of CO_2 equivalent of net greenhouse gases
- 1,365 gallons of waste water
- 175 lbs. of solid waste

www.ingramcontent.com/pod-product-compliance
Lightning Source LLC
Chambersburg PA
CBHW062002180426
43198CB00036B/2096